中国禅宗美学智慧读本

雅道相传

纯道　编著

文匯出版社

图书在版编目（CIP）数据

雅道相传 / 纯道著. -- 上海 : 文汇出版社, 2020.8

（禅艺文化丛书 / 纯道主编）

ISBN 978-7-5496-3224-4

Ⅰ. ①雅… Ⅱ. ①纯… Ⅲ. ①中华文化—文化研究 Ⅳ. ①K203

中国版本图书馆CIP数据核字(2020)第108876号

禅艺文化丛书

雅 道 相 传

丛书主编：纯　道
作　　者：纯　道
责任编辑：竺振榕
装帧设计：蔡沪建

出版发行：文匯出版社
上海市威海路755号
（邮政编码200041）
经　　销：全国新华书店
印刷装订：上海新文印刷厂
版　　次：2020年8月第1版
印　　次：2020年8月第1次印刷
开　　本：787×900　1/16
字　　数：252千字
印　　张：22.5

ISBN 978-7-5496-3224-4
定　　价：68.00元

雅道，让生活充满书卷气

（代序）

纯道

2019 年 8 月 24 日下午，我应邀在苏州西园寺静心讲堂作题为“雅道，让生活充满书卷气”的专题讲座，谨以讲座内容作为本书序言。

各位法师，各位师兄，下午好！

很高兴来到苏州西园寺，就我最近几年关于雅道的研究与思考心得与大家分享。今天讲座的题目中出现了两个重要的关键词，一是“雅道”，二是“书卷气”。什么是雅道？这是我今天要用一个下午来回答大家的问题。

那么，什么是书卷气呢？书卷气应该是一种饱读诗书之后由内而外自然流露出来的优雅气质与风度，是一种受人尊重并希望自己也能够得到的风范。现在的中国人已经很少能见到这种书卷气了，我们希望通过自己的努力去把它重新找回来。与“书卷气”相近的有一个词，叫“书生气”。书生气给人以幼稚，不谙世故，因此稍许有些贬义的味道，我们所提倡的是书卷气，不是书生气。

一、雅道人家

今天我们谈起“雅道”这两个字，许多人还以为这是从日本进口来的东西。其实，中国使用“雅道”一词，至少已有近两千年的历史了。《三国志·蜀志·庞统传》中记载：“当今天下大乱，雅道陵迟，善人少而恶人多。”陵迟，有两层意思：一是渐趋衰败，二是一种酷刑，那么在陵迟之前，雅道却是客观存在的。庞统生活在公元179至214年，距离今天一千八百四十年，在庞统之前，雅道在中国已经存在，只是雅道的内涵与今天所说的有所不同，但大方向却是一致的。

在三国之后大约两百年，通过国家的重新治理，到了晋朝，雅道又回来了。《南史》卷十九传论赞谢氏曰：“谢氏自晋以降，雅道相传，景恒、景仁以德素传美，景懋、景先以节义流誉。”这是赞美谢氏家族的一句话，其中的“雅道相传”四个字吸引到我了。这个谢氏家庭人才辈出，不仅出文官，还有武官，更多的是文人墨客，在正史里出现过的人物就有五十位之多，这一家族对中国雅道的发展起到了推动的作用。要认识这一庞大的谢氏家族，我们可以先来看一下刘禹锡的一首七绝《乌衣巷》：

朱雀桥边野草花，乌衣巷口夕阳斜。
旧时王谢堂前燕，飞入寻常百姓家。

后两句是诗人感慨沧海桑田，人生多变，以往栖息在王谢两家高大厅堂檐檩之上的旧燕，如今早已飞入了普通老百姓家。诗中提到的王谢，就是指东晋的两位宰相王导和谢安，王导比谢安大 44 岁，他们两个家族正是那个时代最具代表性的雅道人家。

王导家族也称“琅邪王氏”，起步于今天的山东临沂一带，除了做宰相的王导外，这个大家族中最出名的就是书圣王羲之了。王导是王羲之的堂伯父，大了一辈，到王导是“官三代”，到王羲之已是“官四代”，王羲之做过宁远将军、江州刺史、会稽内史、领右将军等官职。他与谢安是好朋友，王羲之任会稽内史时与谢安等四十多人在兰亭举办雅集，饮酒赋诗后写了一篇序文，即《兰亭集序》。王羲之的书法早年跟随卫夫人学习，《唐人书评》评论说：“卫夫人书如插花舞女，低昂美容。”舞蹈中的翩翩起舞、插花中的枝条灵动，与书法中的自由洒脱有着异曲同工之妙，在草书中尤其如此。王羲之有七个儿子、一个女儿，个个书法极好，传到第七代又出了一位书法名家释智永。智永虽然做了和尚，但他的书法十分了得，传说就是他发明了“永字八法”，将书法中八种笔画的写法融于一字之中，对书法培训和推广起到了重要的作用。“琅邪王氏”对于雅道的贡献主要表现在书法这一项上，但在诗词、花道、琴道、收藏等方面也有涉及。

谢安家族被称为“陈郡谢氏”，主要发源于河南太康，到谢安这一代也已经是“官四代”了，与王羲之一样，因此他们俩可以说是同辈。作为东晋名士的最重要人物，谢安在玄学、儒学、文学、音乐、舞蹈、围棋、绘画、诗词等方面都有涉猎。谢安的兄长叫谢奕，谢奕的重孙叫谢灵运，他是中国山水诗的创始人，在中国诗词的发展史上有着极高的地位。“陈郡谢氏”人才辈出，后来又出了一位著名的诗僧，叫释皎然，他自称是谢灵运的十世孙。但有专家考证说，他其实是谢安的十二世孙，区别只是皎然究竟为谢安这一系的还是谢奕这一系的。其实再往上推，他们都是谢奕和谢安之父、吏部尚书谢裒的后代。皎然是历史上首次提出“茶道”一词的人，而茶道正是如今雅道中最重要的内容之一。

皎然与茶道的关系极其密切，当时他在湖州的妙喜寺做住持，在“安史之乱”后，陆羽从湖北的竟陵，就是现在的天门，一路逃难到江南，经南京到了湖州。在湖州遇到皎然后两人相谈甚欢，皎然比陆羽大十三四岁，非常欣赏陆羽的才华，就劝陆羽留下来专心研究茶。皎然作为高僧有人供养，他再来资助陆羽，帮助陆羽来完成自己的理想。结果，陆羽就真的不再流浪了，在湖州住了四十多年，写下了世界茶史上的第一本茶著作《茶经》。皎然本身也研究茶，他甚至觉得陆羽的《茶经》只停留在茶叶生产、制作、饮用这些术与艺的方面，就自己写了一本《茶诀》，主要想从道的高度来阐述茶道的内涵，可惜这本书失传了。

从上面这些事例中就可以看到，雅道在中国早已有之，以王导、谢安为代表的两大家族对中国早期的雅道发展起到了十分重要的作用。因此，我们可以定义“琅邪王氏”与“陈郡谢氏”是两大最早的雅道人家，“雅道相传”自此开始，只是在近代才出现了明显的断层与断代。

二、雅道内容

雅道的内容究竟包括哪些？这其实是在变化发展之中，不同的时代会有不同的重点，在这里我们做一个初步的梳理。

1.周礼“六艺”

在大约公元前1046年的周朝，也就是距今三千多年前，开始实施了“六艺”，《周礼·保氏》中有记载：“养国子以道，乃教之六艺：一曰五礼，二曰六乐，三日射，四曰五御，五曰六书，六曰九数。”在“六艺”中的礼、乐、书三项其实就是雅道的内容，礼又分成五种、乐分六种、书分六种，这些属于精神与文化方面的要求。“养国子以道”，指的是贵族子弟，那时的普遍百姓没有受教育的权利，因此国家之子就是王家和贵族的子弟，他们才被称为“国子”，也就是“国子”才有资格受到雅道的教育。

2. 君子“九雅”

君子“九雅”是指古代君子喜爱的九种生活娱乐方式，其中充满了雅趣，把惬意的生活过得极其丰富多彩。一是寻幽，包括踏青、寻古、访幽，喜爱到人少的地方去，这样才会有新的发现和乐趣；二是酌酒，可以是独酌，也可以对饮，偶尔举办一下酒宴，以酒助兴，诗意大发；三是抚琴，弹奏、作曲、填词，样样都会，古时的琴以古琴和古筝为主，也会有一些其他的乐器；四是莳花，包括了插花、盆栽、园艺等方式，让人可以生活在草木花卉之中，其乐无比；五是焚香，点香、敬佛、坐禅，过去老房子里都有一个中堂，条桌上都会点香，佛教家庭会礼佛，一般家庭会祭祖，或者挂字画，焚香是每天清晨首先要做的一件事；六是品茗，品茗论茶，许多人因此变成了“茶痴”，一时一刻都离不开茶；七是听雨，下雨的时间最适合独坐与静虑，整理一下思路，想想哪些地方需要调整，哪些方面需要进一步去加强实施的；八是赏雪，四季轮回，终于又等到了下雪的时节，窗外一片澄明的景象，这是观景的最好时候，决不能错过；九是候月，欣赏朗月，抒发思念之情。这些是不是特别有情调？这些古代君子都喜欢的雅趣，怎么现代人都不要了呢？

3. 生活"四艺"

中国宋人生活注重"四艺"，也称"四事"，这是当时文人雅士追求雅致生活的重要部分，包括了点茶、插花、焚香、挂画。从这四个词组上看，首字是动词，第二字是名词，基本确立了与如今雅道最为相近的内容体系，日本人则以此为基础发展了成熟的雅道。在宋代，茶道以点茶为主，发展到日本就变成了抹茶道，与明代传到日本的煎茶道有所不同。但是，点茶、插花与焚香三项传到日本之后都变成了"道"，固化了许多仪式感与宗教性，在精神诉求与文化定位上都有自己的位置，但中国的点茶、插花、焚香三项主要停留在"艺"的层面上，比较随性，也没有形式流派特点。挂画作为雅道的内容现在也被人忽视，在日本的茶室、花室、香室都有挂字画的习惯，茶挂则是日本茶道中的特别现象，在中国几乎不存在这一名词和品类。

4. 沈括"九客"

沈括是北宋的科学家和政治家，写过一本《梦溪笔谈》，在书中他提出了"九客"的概念，可能大家不太好理解。以前我们有"文人墨客"这么一说，就是说一个喜欢写字画画的文人，把"墨"视为自己的"客人"和"密友"，希望常伴常随。按照这样一个意思，沈括就列出了"九客"：琴、棋、禅、墨、丹、茶、吟、谈、酒，在中国就是指琴道、棋艺、禅修、书法、绘画、茶艺、诗词、叙谈和饮酒。到了日本，就变成了琴道、棋道、禅道、书道、绘画、茶道、俳句、交谈和饮酒。有一个有趣的现象，沈括生活在1031—1095年间，在他之前六百年左右，有一位叫沈约（441—513）的人，是吴兴郡武康县（如今浙江德清）人，他提出了"四声八病"的声律理论，形成了"永明体"，为律诗的形成奠定了基础，开创出中国近体诗发展的时代，因此他是在雅道中的诗词这一项的发展上有着重大贡献的人物。在沈括之后七百多年，又出现了一位清代的文学家沈复，他是长洲（如今江苏苏州）人，写了一部自传体作品《浮生六记》，书中有不少关于插花、品茗、焚香等方面的雅事记叙。沈约是浙江德清人，沈括是浙江钱塘人，沈复是江苏长洲人，这“三沈”都是沈氏单名，相继差六七百年，都是雅道发展中的重要人物，因此说这是一个比较有趣的现象，也说明江浙一带是雅道发展的最重要地区。

5. 古人“八雅”

雅道在中国民间的演变，慢慢又有了新的概括，那就是：琴棋书画、诗酒花茶。这八雅有不少人听说过，我们姑且把它称为旧八雅，与我们现在提倡的新八雅内容有所不同，新旧八雅的主要差别在于减少了旧八雅中的“棋”和“酒”，新增加了“收藏”与“诗词”。为什么要减少“棋”和“酒”？社会上倒是有不少经营性的“棋牌室”，主要是为打麻将与打扑克的人设置的，不说其中带有赌博的性质，就单单从棋牌室里常见的通宵与抽烟两方面来看就极不文明，与雅风相去甚远，因此只能把它减去。“酒”在古代是能够以酒助兴的，许多大诗人还通过饮酒来激发灵感，但此一时彼一时了，再看如今，中国酒席上的劝酒恶习只有一个目的，把人放倒，不醉不休，否则就是不尽兴，连喝红酒都是一箱箱地放在旁边，真正是雷倒了全世界的文明人。我们也从来没有看到过“酒鬼”还能吟诗和作诗的。此外，佛教中的“五戒”，其中之一就是“戒酒”。因此，“酒”已不雅，只能舍去。

三、雅道八项

在旧八雅中舍去了“棋”和“酒”，增加了“收藏”与“诗词”两项，形成了新八雅。新八雅又分成两组，叫作“客厅四雅”和“书房四雅”，现在我们来做一些分析。

（一）客厅四雅

过去中国人的房屋里有一间客堂，放的桌子要么是四方桌，客人来了之后面对面坐，要么是坐在中堂中央的一对对椅上，可以让客人与主人平起平坐，都是非常礼貌待客的表现。自从中国人用上了沙发和电视机，客厅里的重点和焦点都变成了电视机。

现在，我主张要改造自家的客厅，好在现在看电视的人越来越少了，电视机已经不再是我们生活的必需品。我建议把沙发移走，放一张长桌，长桌上可以插花、焚香和煮茶，一张长桌就自然而然容纳进了三雅。如果家里有孩子学琴，在旁边再放一张琴桌，这样琴道也就有了。2019 年我在江西宜春的南惹，一个算很偏僻的山区里，看到一户人家，男主人是一位画家，女主人原来在深圳任企业高管，他们辞职后就在山里买了房子定居下来，他们家的客厅就是这样安排的，背后满墙书籍，这正是山里的雅道人家。没有想到我在城市里提倡的改造方案，在山沟沟里却已经实现了。说明时代的变化，已经有越来越多的人主动转身为雅道人家，我现在对家里客厅也做了这样的改造，客厅里的四雅包括了茶道、花道、香道和琴道。那我们要选择怎样的四雅呢？

1. 茶道

日本茶道中的美学受到世人的喜爱，许多中国女孩子去了日本，看到日本茶室中展开的抹茶道，就专注地学习日本茶道了。愿意学习，总是一件好事，但是我觉得，中国要学习日本茶道的话，最好是选择学习煎茶道。

一则日本煎茶道都奉一位中国禅师为煎茶道的祖师，明末清初时隐元禅师从中国福建来到日本重振临济宗风，并带去了中国的煎茶方式，直到今日，在京都宇治的万福寺仍是全日本煎茶道联盟的总部，注册在联盟下的三十多个煎茶道流派都奉隐元禅师为祖师，可以说这是中国人带去的茶道；二则煎茶道虽然也有在榻榻米上的跪式礼仪，但还有在桌子上泡茶的坐式礼仪，这样的坐法比较适合中国人，中国人对跪坐不习惯，跪不久，因此坐在椅子上的煎茶道比较适合中国人；三是中国的公共环境和家庭里很少有空无一物的榻榻米房间，有时为了表演一场抹茶道需要费很多精力去找场地，因此抹茶道和榻榻米空间不太容易在中国得到普及。

我们注意到，日本的文人比较喜欢煎茶道，在开展茶道活动时，会用书画做细心的布置，有些茶道师本身就是书道家或画家，通过他们的讲解与气氛营造，会给人一种不同的美学体验。

2. 花道

这几年插花十分兴盛，由于中国的插花有断层，因此一些境外的插花风格和流派一度大行其道。先是有西式插花，主要是以堆花为主，用色块和鲜艳来打动人，满盆的花，甚至连几片叶子都没有。后来日本的花道进入中国，主要是三大流派，池坊、小原流和草月流，近来未生流和嵯峨御流也时有出现。这些精致优美的日本花道捕获了不少中国女性的心。这几年比较兴盛的还有来自台湾的中华花艺，这是黄永川先生于 20 世纪 80 年代在台湾创立的插花艺术风格，以努力挖掘中华传统插花的美学思想。

通过对日本花道的考察，我发现了源自中国明代袁宏道所著《瓶史》而创立的宏道流还活着，从第一到如今的第八代已经过去了二百八十年，当我通过各种方式收集到宏道流的几乎全部已出版的书籍后，被它震惊了。

宏道流有这样几个明显的特点：一是在花材方面，特别爱用松竹梅“岁寒三友”和梅兰竹菊“四君子”。第一代家元望月义想对创作竹子有特别偏爱，留下了许多插花图谱，现在第八代家元望月义瑄则是创作梅花插花的一流高手。二是对枝条的运用。枝条是中国传统插花的灵魂，也代表了一种风骨与气节，因此特别受古代文人墨客的重视，通过灵动的枝条来抒发自己的情感。我在日本宏道流本部访问时，竟然发现有池坊的正教授在宏道流恶补枝条运用的技巧。三是努力寻求自己最想要的意境。袁宏道写《瓶史》，他首先是一个文人，而不是以插花为业的花艺师或花道师，在他的文字中最关注的并不是技巧，而是通过插花想达到的精神诉求，因此营造了许多只有文人才能意会的气氛。宏道流的家元们为了捕捉到这些气氛，特别提出了“宏道流十体”，每一体的名称都从《瓶史》中获得灵感或直接取用其中的字词，如果大家以后有机会学习宏道流时可以慢慢体会深藏其中的奥妙。四是遵循了“多多许不如少少许”的禅宗美学思想。袁宏道本身是一位居士，他在苏州吴县任县令时去西洞庭的石公山后，开始自号“石公居士”。《瓶史》中指出插花不宜用太多种花材，最多两三种，因此宏道流中有大量作品只用一种花材，这种现象在日本花道中较为少见，在中国的插花中也不多见，但他们很好地保留了这个传统。用一种花材插花，甚至是没有鲜花的枝条和绿叶会好看吗？这个只有更多地看了他们的作品后才有发言权。四是特别重视插花作品的摆放。在中国盆景中会比较重视花架、花托之类的台座，日本花道中也有一些，但像宏道流那样重视的却是首屈一指的，宏道流不仅要求花器要放在合适的台座上，还特别指出台座应该是有脚的，以增加作品的立体感和画面感。

宏道流还有不少特别鲜明的特点，我正在整理他们的文献，同时开展一些研究，以后有机会分享给大家。宏道流没有创立在中国是一个遗憾，但能够出现在日本并存在了二百八十年也是一种欣慰，正因为它创立于日本，它也有一些日本美学特征，但看多作品之后，真的发现它的灵魂与精髓全是中国的东西，这就十分难能可贵了。

3. 香道

香道在中国的发展历史相当悠久，从出土文物来看，它至少有五千年的历史了。传到日本后，日本人又把它进一步精致化，有了如今的香道。与茶道和花道一样，香道在日本也有许多流派，大多数的流派都以日本人为祖师。

但是，日本人对鉴真大师在香道方面的贡献却是承认的。鉴真大师六渡东瀛，带去大量的物资与文献，包括许多香料与香材，随着这些有形物资带进日本，也把香文化带到了日本。公元751年，鉴真大师克服千难万险，终于抵达日本九州，将中华医学、香学等文化毫无保留地在日本传播，如药材的识别、收藏、炮炙、使用、配伍，香料的和合等，极大地促进了日本医学、香学的发展。

2019年4月，我组织中国花道禅花门访日代表团到奈良唐招提寺向鉴真大师墓塔献花，唐招提寺正是由鉴真大师所建。我们去的时候，唐招提寺的西山明彦长老全程陪同，向我们介绍唐招提寺的历史渊源，以及赵朴初居士与唐招提寺的往来故事。当他介绍说，唐招提寺还保留着鉴真大师当年带来的制香秘方，有少部分线香可以供收藏品鉴时，大家十分高兴，一下子就把货架上的唐香购买一空，可见大家对于来自自己国家的高僧大德有很大的兴趣与偏爱。

因此，我想努力去寻找一个至少还保留着唐代形态的日本香道流派，最好就是以鉴真大师为香道祖师的流派，就像以袁宏道为祖师的花道流派一样，把它重新带回中国，相信这会引起更多人的关注与爱好的。

4. 琴道

中国的琴文化历史也十分悠久，这可以说是中国特有的。在唐代也就有了琴道一词。唐代赵璘写的《因话录》卷二中记载:（李约）“有山林之致，琴道、酒德、诗调皆高绝。”

琴道在过去主要是指古琴，但在今天我们把它的外延再扩大一些，可以包括更多乐器弹奏的乐曲，甚至可以包括西洋乐器，例如钢琴与小提琴，这样就使琴道与现代人的生活有更多的交集，也就上升到了全部的音乐范围，毕竟在六艺中早就有了“六乐”，当时的“六乐”应该已经泛指所有可以接触到的乐器与音乐了，只是后来的名士和文人更偏爱古琴而已，因为它更容易进入日常生活和平常人家。说琴道并不只是指古琴一项，而应该理解为以古琴为主，兼及其他，这样比较合理，也可以给后人更多的发展空间。

在客厅改造后的空间里，放一张琴桌，当知心朋友来访时，桌上茶花香齐备，如果家里刚好有小朋友在学琴，就可以让他（她）在一旁表演一曲，这样的场景一定十分温馨与和谐，就像一个家庭雅集一样，样样都有。如果没有古琴，也没有关系，钢琴、小提琴也可以来一曲，让大家欣赏更多的世界音乐，可以帮助中国人有更宽广的眼界，也就更容易与世界打交道。

（二）书房四雅

书房可以容纳书法、绘画、收藏和诗词，统称“书房四雅”。过去的大户人家都有自己的书房，或称为书斋、书屋、藏书阁、藏书楼等，现在我们经济基础好了，房子也越住越宽敞，大部分人家也有一两间不作为卧室使用的空间，有的就把它设为书房，但也有人把它变成了棋牌室，或者变成了堆放杂物的仓库。你要人家把棋牌室变为书房，有时蛮困难，但是，做父母的一定希望自己的儿女有出息，为了给他们的学习营造一个安静的环境，建议有条件的家庭都要设一个书房。

1. 书法

书法出现在雅道中大概历史最悠久了，周朝的“六艺”中已经有了“书”。它本是中国人的看家本领，但是，现在的情况有些不妙，用笔写字的人越来越少了，通信、传达意思都普遍使用电脑与手机，铅笔和钢笔不再是必须携带的物品，更何况是毛笔了，这种情形着实让人担心。书法在中国已经变成了一个“死去”的艺术。

为什么这么说呢？因为在日常工作和学习中，我们已经不需要书法了，书法只是少部分书法家在“玩”的艺术了，报纸和网络上出现的都是印刷体，店铺招牌与单位牌子上都是黑体为主的美术字，已经很少见到过去店堂和匾额上必见的手书体了。反观日本，书法，他们叫“书道”，却似乎还活着，看他们发的更种证书，从毕业证书到资格证书，都是书法体，绝大多数还是直接书写上去的真书法，不是印刷上去的书法体，而中国的各种证书基本上都是印刷体了。到日本的佛教寺院或神社去，门口都有一个“御印所”，有专人给游客的纪念本上书写特别的文字和盖上特制的印章，而且还是收费的，每次200~300日元不等。

因此，我有一个判断：现在日本的书法整体水平已经高于中国了。我这样说，肯定有人不同意，因为要选一些中国书法家的作品与日本人相比，一定会高过日本人的，但这只是少数现象，不能代表整体。我们来做三个假设：在中国和日本随机各选一百名高中生来写书法，看看整体水平哪个高？在中国和日本随机各选一百名大学教授来写书法，看看整体水平哪个高？在中国和日本随机各选一百名僧人来写书法，看看整体水平哪个高？

所以，我们倡导的新雅道八项，把书法放在了书房四雅中的第一项，希望有更多人可以去练练字，让中国的书法重新活起来，成为我们日常中的一部分，而不仅仅是作为高雅艺术中的一种。

2. 绘画

绘画很早就被列入雅道范围，所谓琴棋书画，虽然是最后一项，但却十分重要，通过绘画其实可以记载许多雅道的内容，就如同诗词一样，后代的人们经常通过绘画来了解古代文人墨客和普通百姓的精神生活内容。绘画虽然不是所有人必须掌握的技能，却是文人墨客最为欣赏的生活内容之一，许多我们知道的大文人，除了擅长书法外，往往还是大画家。例如苏东坡是一位大文豪，也是一位大画家；赵孟頫是一位书法大家，同时也是一位大画家；米芾也是，米芾和他的儿子米友仁被称为画坛“二米”，如同书法界里的“二王”。

要现代人都去学画画显然不可能，也不现实，但一定要有欣赏绘画的能力。我们可以经常去美术馆转转，有条件的当然可以收藏一些绘画作品，最简单的功能就是把自己的厅堂和居室好好布置一下，挂一些自己喜欢的书画，让自己可以每天与绘画有个近距离接触。更进一步，则可以收藏绘画，古代的、现代的、当代的都可以，把它当作可以保值和升值的投资品来对待。要想收藏绘画，就要学习美术鉴赏知识，当这方面的知识一多，学识自然就会渊博起来，自信起来，优雅起来。

书房可以作为收藏绘画的地方，既是收纳的场所，也是欣赏的场合，当一人独处时可以与自己喜爱的绘画对话，当知心朋友来访时，也可以一展画卷，共同评头论足一番，让自己的精神生活丰富起来。

3. 收藏

刚才已经谈到了收藏书画的问题，但收藏本身的范围可以更加宽广，不仅仅限于书画，书房里的收藏，最简单的就是收藏书籍了。过去大户人家都有藏书室、藏书阁，这被认为是家教最重要的基础，失去这样的基础还想让自己的子女成龙成凤，就只能是做梦一场了。如果家里只有棋牌室而没有一个书房的，那就奉劝做父母的不要再给自己的孩子去上任何补习班了，也别指望孩子能考上好大学。麻将牌一般有一百四十四张牌，如果家里没有一百四十四本书，一百四十四本书大约可以放满一个书架，不用起跑，生活在这样家庭里的孩子就已经输了。

中国人家庭财富增加之后，特别是一些家庭在满足小康生活后，就会把更多的钱花在精神生活的领域，旅游是一个重要方面，收藏则是另外一个方面。收藏中有许多学问，门类相当多，它既可以装点环境，也可以保值增值，人们还可以从中获得许多历史与人文知识，因此它被认为是相当高雅的行为。收藏的乐趣还在于淘的过程和收的过程，都十分有益于身心健康，在淘的过程中就在不断忘我地运动，在收的过程就会有自鸣得意的快感。随着藏品的丰富与高级，人的谈吐也会高雅起来，因知识渊博而更容易受到人们的好评与赞扬。

4. 诗词

诗词是我们非常熟悉的内容，从小我们就要背诵古诗词，许多千古绝句人们可以脱口而出，大家都认为诵读诗词是一件十分高雅的事情，谁能够背诵得多，谁就容易获得大家的赞叹。诗词大赛上，最后脱颖而出的选手所掌握的诗词量令人咋舌，好生让人羡慕，恨自己不能如此渊博。

但是，有一个问题可能被大家忽视了。这些优秀的赛手纵然满腹诗词，却极少有自己能够作诗的，他们掌握的基本上是一种知识，储备量很大，这在过去很有优势，但现在是信息时代，其实这样的优势并不大。一个人的知识量再大，也比不过百度百科和维基百科，原来那些记忆力不是太好的人，只要记得一首诗词中的一两个句子，甚至几个词，通过智能手机就可以在第一时间内把它找出来，而且可以获得更为正确的检索，毕竟通过大脑记忆的知识存在一定的错误率，可能自己没有意识到，但却是记错了一两个字。知识并不代表就是能力，能够记住一些诗词固然好，但如果自己不能创作，还只能是小作为。

江西省宜春市复建郑谷草堂，那是一个在唐代就存在过的草堂，与杜甫草堂一度齐名，郑谷就是成语“一字之师”中的老师角色。草堂建成后想做一些文化活动，我就跟当地的领导建议办一个针对青少年的诗词夏令营，而且要求孩子不仅仅在夏令营里背诗词，理解诗词，还要求他们按照格律诗的要求写作诗词。2019年7月中下旬，首届郑谷诗词夏令营在宜春的温汤小镇开营，来自全国各地的一百零六位中小学生，经过十五天的集中强化训练，共创作出了一千多首诗词，取得了预想的效果，最后选择其中二百三十二首优秀作品，由江西教育出版社公开出版发行了一本《童真诗集》。

茶道、花道、香道、琴道、书法、绘画、收藏、诗词，这八项雅道新内容正受到越来越多人的关注，许多人已经转身开始以其中一项或多项为业，把生活与事业结合起来，这将是一项非常有趣的积累，相信会有更多人投身到雅道复兴的事业之中，为全面复兴中国传统文化添砖加瓦。

目　录

第一章　雅道脉络

明代文人陈眉公在《小窗幽记》中描绘了一幅最闲适自在的人生景况："净几明窗，一轴画，一囊琴，一只鹤，一瓯茶，一炉香，一部法帖；小园幽径，几丛花，几群鸟，几区亭，几拳石，几池水，几片闲云。"在他看来："闭门即是深山，读书即处净土。""书屋前，列曲槛栽花，凿方池浸月，引活水养鱼；小窗下，焚清香读书，设净几鼓琴，卷疏帘看鹤，登高楼饮酒。"在书屋前的怡然自得，可谓是惬意好人生。

有"晋魂"之誉的傅山先生自题书斋一副对联："竹雨松风琴韵，茶烟梧月书声。"当竹林细雨飘来时，松树便迎风摇曳，此时最宜抚案，让琴声悠扬；当煮茶焚香执书时，梧桐树下可对月，任轻烟缭绕声起。傅山先生用常见而简单的六个事物，表示与文人雅士长伴的"良友"，写出了美好静谧之夜顿生的文人风雅意趣，从而组合出一幅清淡高雅的意象图，表现出安详惬意的隐逸生活。这是中国文人雅士一直在追求的雅生活方式，从远古到当代，无不得到名士大家的向往与追随，我们为此可以从前人留下的各种文献中理出一条这样的雅道脉络。

一、从诗经大雅到名士雅道

“雅”字，指“正，合乎规范”。《诗大序》是两汉时期诗学的重要文献，为《诗经》研究著作，其中有一句话直截了当：“雅者，正也，言王政之所废兴也。政有小大，故有《小雅》焉，有《大雅》焉。”《诗经》分为风、雅、颂三部分，《雅》为周王畿内乐调，《大雅》多为西周王室贵族的作品，主要歌颂周王室祖先乃至武王和宣王等人的功绩；《小雅》最突出的是关于战争和劳役的作品。“广大而静，疏达信者，宜歌《大雅》；恭俭而好礼者，宜歌《小雅》。”

《诗经·礼乐》中说：“正而有美德者谓之雅。”可见，雅不在事而在人，雅不在物而在心。古人以雅载道，以韵清心。旧训雅为正，谓诗歌之正声。大雅也是对品德高尚、才学优异者的赞词，《荀子·荣辱》言：“君子安雅。”即：正而有美德者谓之雅。《汉书·景十三王传赞》：“夫唯大雅，卓尔不群，河间献王之矣。”

《论语·述而》记：“子所雅言，《诗》《书》、执礼，皆雅言也。”说孔子在平常时说方言，但在吟诵《诗》《书》以及行礼时，都使用合乎规范的“雅言”，那时“雅言”是先秦时代汉民族的共同语，类似于如今的普通话。《汉书·艺文志》指出：“古文读应尔雅，故解古今语而可知也。”“尔”是近的意思，“雅”是正的意思，“读应尔雅”就是要求讲解应该正确。《尔雅》作为一部中国古代训诂学的开山之作，取“尔雅”两字为书名，其义可见一斑。

如果说一个人优雅、文雅、素雅，其实是在肯定这个人的内心正气，由内而外，就表现出为人比较谦逊，动作比较和缓，语调比较轻柔，处处懂得尊重人，十分在乎别人的感受。反之，如果一个人处世张扬、行为急躁，人们就会说其很粗鲁，没有教养。

在古代，“雅道”一词具有正道、忠厚之义。《隋书 · 杜台卿传》中说“性儒素，每以雅道自居”，唐代司空图《上考功》中也说“恭惟故府尚书王公，标延雅道，藻耀儒林，业裕匡时，仁周济物”，都有这样的意思。古代的名门望族都十分注重雅道的传承，由心正而至形雅，才能显出优雅与文雅之气。

讲雅道，就会对应到人，自然就会引出几个常见的概念：文人、君子、士大夫与名士、雅士。文人，狭义地说是指读书能文的人，广义地说则是有知识、有文化的文明人，现代的大学就是培育今日文人的主要阵地。

君子，在中国古代的不同时期有着不同的内涵，尤其指人格高尚、道德品行兼好之人，因此它要比文人更高一层，不仅要有才气，更要有德行。在《诗经》中有一首《淇奥》，较早地对君子做了定位，全诗如下：

瞻彼淇奥，绿竹猗猗。
有匪君子，如切如磋，如琢如磨。
瑟兮僩兮，赫兮咺兮。有匪君子，终不可谖兮。
瞻彼淇奥，绿竹青青。
有匪君子，充耳琇莹，会弁如星。
瑟兮僩兮，赫兮咺兮。有匪君子，终不可谖兮。

瞻彼淇奥，绿竹如箦。
有匪君子，如金如锡，如圭如璧。
宽兮绰兮，猗重较兮。善戏谑兮，不为虐兮。

在诗中，对有文采的风流君子（有匪君子）的描述与要求是：好似切磋精美（如切如磋）、恰如琢磨细白（如琢如磨）、威武庄重（瑟兮僩兮）、光明坦率（赫兮咺兮）、宽宏舒缓（宽兮绰兮）、器宇凌云（猗重较兮）、诙谐风趣（善戏谑兮）、不刻薄伤人（不为虐兮）。可以说从《诗经》那个时代起，中国人对于君子的形象已经十分清晰，完全是正面的描述。孔子则曰："君子有九思：视思明，听思聪，色思温，貌思恭，言思忠，事思敬，疑思问，忿思难，见得思义。"概括了言行举止的各个方面，包括个人道德修养的各种规范，如温、良、恭、俭、让、忠、孝、仁、义、礼、智、信等，所有这些共同构成了儒家的修养学说。

士大夫在古代中国是对社会上士人和官吏的统称，他们既是国家政治的直接参与者，同时又是文化艺术的创造者和传承者，他们的文化素养决定了这群人是文学、书画、篆刻、乡规、民约、收藏等文化的继承者和创造者，更像如今国家系统内的文化人士。

名士概念主要用于西晋和东晋时期已出名而未出仕的人，谢安在出仕之前创立的"东山风度"就是名士的一种风范。雅士是一个更宽泛的概念，通常指高尚文雅的人，那些从事文化活动的人都可以称为雅士，他们都是雅道的主要实践者、倡导者和贡献者。在许多时候，这四种人是重合的，可以是同一个人，但有时却又有分别，例如德行差劲的人可以成为文人，却不能成为君子；举止粗鲁的人可以成为士人，却不能成为雅士。

《三国志·蜀志·庞统传》中记载："当今天下大乱，雅道陵迟，善人少而恶人多。"此处的雅道内涵与如今的雅道之说不完全一样，主要指忠厚之道与文雅之气。中国的三国时期是指公元220—280年的东汉与西晋之间一个短期时代，"雅道陵迟"，就是说雅道"渐趋衰败”了，因为没有了雅道，所以“善人少而恶人多”。

《南史》卷十九传论赞谢氏曰:“谢氏自晋以降,雅道相传,景恒、景仁以德素传美，景懋、景先以节义流誉。”说明谢氏家族人才辈出，出现了一大批著名玄谈名士。“雅道相传”四字能够出现在谢氏家族传记中，并不是偶然的，这个大家族正是高度重视雅道的熏陶作用，才出现一代又一代的大文豪与名雅士。从“雅道陵迟”的三国，到“雅道相传”的东晋，其间又过了一百多年，表明社会相对安定之后，雅道又重新回到名门望族之中，在家庭教育和人才培养方面起到了重要作用。

皎然撰《杼山集》，由当时湖州刺史于頔（？—818）作原序，开首第一句就是：“诗自风雅道息二百余年而骚人作，其旨愁思，其文婉丽，亡楚之变风欤！”第四、第五字就出现了“雅道”两字，不过仔细阅读却发现，它并不是一个词组，而是说风雅的道风没有了，不过倒也表达出风雅曾经是很具风尚的，只是二百余年来此道风已熄灭。于頔担任湖州刺史时是贞元七年（791），他认为在公元590—790年间，风雅已不存。这个时期正是南北朝末期到隋朝和唐朝初期，天下再次不稳，战事连连，在这样的境遇之下，风雅无法维护，自然要“道息二百余年”了。

在广东化州市有一个雅道村，始祖蒋桂山，广西兴安人，后任石龙县（今化州）知县，任满离职后就直接落籍在化州，创建了一个雅道村，其雅道之名源于“雅言执语，道德传家”之意，取的正是“正而有美德者谓之雅”的意思。俭，在古代被认为是美德之一，诸葛亮《诫子书》中有名言:“夫君子之行，静以修身，俭以养德。”陆羽《茶经》中说，茶“为饮最宜精行俭德之人”。明代陈眉公在《小窗幽记》中进一步指出：“俭，美德也，过则为悭吝，为鄙啬，反伤雅道。”

明代剧作家冯梦龙（1574—1646）出身士大夫家庭，与兄冯梦桂、弟冯梦熊并称“吴下三冯”，是几乎与“公安三袁”（袁宗道、袁宏道、袁中道）同时代的文学兄弟组合。冯梦龙的作品比较强调感情和行为，最著名的作品是《喻世明言》《警世通言》《醒世恒言》，合称“三言”。作为通俗小说要达到醒世目的，必然要有健康的内容，“三言”中因此均有明确的劝善惩恶的导向。明代文学家凌濛初（1580—1644）认为“龙子犹氏所辑《喻世》等诸言，颇存雅道，时著良规，一破今时陋习”。这里的雅道取的也是“正而有美德者谓之雅”的意思。

“雅道”一词，如今的中国人用得少，日本人却常挂嘴边，殊不知“雅道”的首创者同为中国人。隋朝江总《庄周画颂》中有写：“丹青可久，雅道斯存。”唐朝诗人卢照邻在《三月曲水宴得尊字》中记有：“高情邈不嗣，雅道今复存。”唐朝郑谷《寄题诗僧秀公》又诗:“近来雅道相亲少,唯仰吾师所得深。”元朝辛文房则有《序》：“唐几三百年，鼎钟挟雅道，中间大体三变。”尽管这些文中的雅道内容与如今我们所说的雅道内容有所不同，但作为一个独立的词语，它却早已有之。

不可否认,现代雅道的概念,在整体上成形则主要出现在日本。日本从中国学到许多文化形态，并加以发展与创新，形成完整的系统。如今，雅道在日本主要指茶道、花道和香道，它是从中国庞大的雅道体系中逐渐提炼出来的结果。那么，从古至今，雅道的内涵究竟发生过怎样的变化，它又包括哪些具体项目呢？

二、从周礼六艺到沈括九客

公元前1046年的周王朝，已经形成了以“六艺”为特征的贵族教育体系，这是普通百姓不能接触到的教育内容，专门用于培养文武双全的国家统治与管理者。“六艺”，就是要学生掌握的六种基本才能：礼、乐、射、御、书、数。《周礼·保氏》记载：“养国子以道，乃教之六艺：一曰五礼，二曰六乐，三曰五射，四曰五御，五曰六书，六曰九数。”

“养国子以道”，培养国家的接班人以什么道？国子，最早专指公卿大夫的子弟，被认定为以后的国家接班人。在对“国子”的教育中，包含“六艺”。礼：礼教，类似如今的德育和美育；乐：音乐，类似如今的音乐；射：射箭，是打仗、狩猎必备技能，类似如今的体育；御：驾车驭马的技术，是古代打仗必备的技能，类似如今的驾驶、驾机、驾船等通用驾驶能力；书：书画，类似如今的美术教育；数：数术，类似如今的算术与数学教育。

在“六艺”中，礼、乐、书与今天的雅道关联度最大，礼是第一要求，也是精神诉求，“不学礼无以立”，其他都是指掌握的具体技术与方法。礼又分为五礼：吉礼、凶礼、军礼、宾礼、嘉礼。其中的吉礼、宾礼、嘉礼，就需要用到许多雅道的内容，在古代重大的礼宾和祭祀活动中，供茶、供花、供香等清供早已有之。乐，主要是配合贵族进行礼仪活动而制作的各种舞乐，发展到如今，其外延几乎可以覆盖到音乐与舞蹈的全部领域。书，则从书与画，可以延伸到如今历史文化的各种知识。

君子在古代是指有德行的文人。很早以前，中国就有了君子“九雅”的说法，表明想成为一名君子，就自然会喜欢“九雅”；反过来也一样，喜欢“九雅”的人，慢慢就陶冶出了君子风范。君子“九雅”，实际上就是古代中国君子的优雅生活方式。

一是寻幽。如同现在的踏青、寻古、访幽，君子喜欢到没有人去过的地方待一会儿，相信人迹罕至有胜景，特别是静静游山，可以独坐大雄峰。寻幽与独处是君子所为，借此可以远离尘嚣，清醒头脑，梳理思想，与大自然合二为一。所以，“闭门即是深山，读书即处净土”成为了他们最想拥有的生活状态。

二是酌酒。古人比较喜欢饮酒，独酌、对饮、酒宴都行。许多大文豪都喜酒，这是他们抒发诗情的重要方式；同时，对饮与酒宴也是古人人际交往的重要方式。但是，因为佛教“五戒”中有戒酒这一条，不少皈依佛门的居士就不再饮酒，改为吃茶了。

三是抚琴。如同“六艺”中的“乐”，是指喜欢弹奏、作曲、填词、轻舞。抚琴被认为可以陶冶情操，修身正德，历史上极少出现喜欢抚琴的人同时又是令人讨厌的小人的情况。琴在古代泛指古琴，认为它是君子之器，象征着正德。

四是莳花。人们喜欢插花、盆栽、园艺，却难以统称这些雅好，古人就用一个词来表达：“莳”。“莳”有移植、栽种的意思，它是从动作上定义这类雅趣，而不是从结果上定义这类行为。莳花者，生活在自然的芬芳之中，诗情画意，自然而生。

五是焚香。包括点香、敬佛、坐禅。焚香目的有的是为了自己，如在家里点一炷香，让空间清香；在茶室中点一炷香，让环境更加雅致。但是，更多时候，焚香是为了清供，供佛主、供菩萨、供祖先。在寺院里，打坐禅修则通常以一炷香焚烧的时间长短为单位来安排坐禅时间。古时的焚香，逐渐演变成了如今的香道。

六是品茗。吃茶论茶行茶道。中国人在世界上首先发现了茶的药用和饮用价值，从神农氏发现茶开始已经有五千年的历史，中国帝王饮茶的历史至少也有两千一百六十年之久。在公元800年前夕，皎然提出了茶道的概念，陆羽完成了世界上第一本茶著作《茶经》。

七是听雨。在独坐、闲适、静虑时，倾听来自大自然的声音，从听雨到听涛，反映出中国文人与众不同的雅致与个性，在听雨中激发文化与艺术的创作灵感，为后人留下了众多不朽名篇。听雨时，可以倚窗沉思，梳理一些值得思考的问题。

八是赏雪。与听雨一样，此时正是独处沉思的好时光，中国文人努力拉近自己与自然的距离，在赏雪中感受四季轮回、领悟天地澄明，让不一样的景观通过身心的体验，留下不一样的诗文。赏雪时，天地一体，景致别样，在纯洁的日月间获得新的感悟。

九是候月。十五的月亮象征着清澈与团圆，尤其到了中秋，朗月当空，思绪万千，这是一年中最好的季节，也是物产最丰沛的时节，思念故人，期待团圆。候月的过程，也是期待的过程，更容易让人浮想联翩。清代张潮说："赏花宜对佳人，醉月宜对韵人，映雪宜对高人。"候月赏月醉月，是最宜风雅有韵味的人的。

从周礼六艺到君子九雅的概括，直接启发了宋代的沈括，他倡导了"九客"新提法，成为较早对雅道内涵进行概括性描述的人。沈括（1031—1095）在众多学科领域都有很深造诣，被誉为"中国整部科学史中最卓越的人物"，他的二十卷《梦溪笔谈》，在世界文化史上有着重要的地位。沈括在镇江梦溪园著作期间，空闲时间或泛舟湖上，或垂钓泉边，或漫步竹林，他把"三悦"和"九客"视为密友。"三悦"即他喜爱的三位诗人陶渊明、白居易、李约；"九客"即琴、棋、禅、墨、丹、茶、吟、谈、酒。

在沈括的“九客”中，“客”是指客人中的知己，他把事物拟人化，视它们为自己的“贵客”。其中，琴、茶、酒这“三客”与君子“九雅”中的抚琴、品茗、酌酒一样。其他“六客”则是：

一是棋。主要是指围棋，有时也指中国象棋，古称“弈”，公元前2200年左右尧舜时代，中国人就开始玩棋了。下棋，有助于训练人的思维能力，在文人中展开一场虚拟的战斗，可解气除闷，斗智斗勇，增添趣味。

二是禅。古代文人中许多雅士最终皈依佛门，或者禅道双修，笔者在《禅艺茶道》中列举的十二位雅士，全是文人，也都是居士，更是修禅者，他们是香山居士白居易、六一居士欧阳修、莆阳居士蔡襄公、东坡居士苏轼、易安居士李清照、六如居士唐伯虎、衡山居士文徵明、柳泉居士蒲松龄、仓山居士袁枚、一佛居士马一浮、婴行居士丰子恺、在家居士赵朴初。

三是墨，四是丹。那就是书法与绘画，绘画古称丹青。古代中国对文人雅士的另外一种称呼就是文人“墨客”，“墨客”首先就要会书法，这要比会画画的人群更广，因此要好中先优、脱颖而出更难。在古代，书法家的地位要高过画家，所以用“墨客”来代替会书画的人。沈括在“九客”中也把“墨客”列在“丹客”之前。

五是吟。就是擅长吟诗填词，诗人在古代中国有着崇高的地位，诗词是中国古代文学的最重要表现形式，小说、戏曲、散文、随笔这些文学形式都很晚才出现，总体上的成就也都远远不及诗词，因此吟诗是古代中国文人的一项必备基本功。

六是谈。就是知己好友之间的一种轻松交流方式，所谓自古“酒逢知己千杯少，话不投机半句多”，是指一种谈话交流的状态，文人需要通过与知己的交流，传递各自的思想，分享彼此的智慧，因此谈也就成了文人的一种心理需求。

沈括“九客”虽然具有明显的个人色彩，他的“好客”之道，集中在以上“九客”，但也是当时文人的一种普遍倾向，并一直影响到之后的元明清的文人。

三、从宋人四雅到文人四雅

宋代时，喜欢君子雅好的人越来越多，更多平民百姓和乡绅士人也加入到雅集的活动中。他们在堂厅中张罗着茶、花、香，挂起书画，以表现得有内涵与教养。当雅好与生活相关联后，平民化和简单化就顺理成章，因此宋人就把百姓最喜爱的项目归纳为宋人四雅：点茶、插花、焚香、挂画。当时，宫廷里设有“四司六局”，专职掌管官府贵家宴请宾客事宜，一般庶民也可以花钱代办。吴自牧《梦粱录》记载，其中香药局管理烧香事务，茶酒司管理点茶事宜，帐设司管理挂画事宜，排办局管理插花事宜。在一些大户人家中，要求每人自小就应具备四艺的素修，纵使仆役也不例外。

其实，点茶、插花、焚香这三项在君子“九雅”中已有，挂画算是新的项目，但降低了要求，不是要求自己作画，而只要求挂字挂画就可以了，慢慢地中国都城与乡村的大户人家中堂里都挂起了书画，通常一副对联书法，中间夹一幅山水图或花鸟图，既能励志铭记，又可气吞山河，让家族中的子弟从小就胸怀天下，不忘家训。这从一个侧面可以看到，宋代以后，中国文人对书画的雅好热情开始高涨，这与皇帝书画家宋徽宗的嗜好与引导不无关系。

在宋代以前，绘画大多是画在墙上，称为壁画，画在室内的可移动的平面上，就属屏风画。唐以前方便收藏欣赏的都是横轴手卷形式，到五代出现竖轴。人们把画裱成竖轴，就容易悬挂欣赏和携带方便，居家鉴赏或雅集活动更容易用来展示，宋代文人踏青、雅集，通常都会携带字画挂于聚会处。

由于宋人四雅中只提挂画，而不必一定是挂自己作的画，促进了书画作品的流通与收藏，譬如南宋末到元初的赵孟頫辞官归家后，就靠鬻画谋生，明代的唐寅也是如此，他们都成了中国最早期的自由职业画家，宋人提倡的四雅为他们发挥专长提供了市场基础。古人作画彩绘的较多，在户外容易引来鸟雀啄画，为驱逐鸟雀，特于挂轴上首装两根飘带，随风飘扬，用来赶走燕雀，故名“惊燕”，如今日本的书画装裱中依然保留着“惊燕”。

宋代吴自牧著《梦粱录》中有四句话说得很好：

焚香点茶，挂画插花，
四般闲事，不适戾家。

“焚香点茶，挂画插花”就是宋人雅道四项，“四般闲事，不适戾家”是说这样的雅道不适合外行人家，“戾家”也指品德低劣的人。雅道养性也养德，一炷香、一杯茶，静室虚窗，伴着花香画影，听一曲古琴，这是文人最向往的闲适境界。

元代文人张雨（1283—1350）善诗文、词曲、书法与绘画，他有一首散曲《双调・水仙子》这样写道：

归来重整旧生涯，潇洒柴桑处士家。

草庵儿不用高和大，会清标岂在繁华。

纸糊窗，柏木榻。

挂一幅单条画，供一枝得意花。

自烧香童子煎茶。

张雨是元代文人中的代表，在这首散曲中，最后三句写的就是雅道四项：挂画、插花、焚香与点茶，说明宋人四雅几乎完整沿袭到了元代。这与如今日本现代雅道展现的形态几近相同。“挂一幅单条画”，是日本茶室的典型布置，茶室里更多时候是挂一幅茶道书法（日本称书道）；“供一枝得意花”，既是茶室插花，也是禅艺插花；“自烧香童子煎茶”，则是香道与茶道的内容。挂画是视觉与空间之美，插花是触觉与视觉之美，点茶是味觉和仪态之美，焚香是嗅觉与视觉之美，四雅合一展现了宋代文人雅士风雅，十分注重生活品质和生活美学。

由于宋人四雅与日常生活息息相关，富贵人家和文人墨客都可以采用，这就进一步促进了这四雅的发展。这样的文化偏好从宋代开始逐渐传到日本，到了中国的明代时，在日本已经成了气候，日本人重新拾起中国人早期使用的“雅道”概念，将茶道、花道、香道完善成一种家元制度与培训体系，集合成具有日本特色的“雅道”，并普及千家万户。

其实，在更广泛的领域中，中国的文人雅士在君子九雅和沈括九客的基础上，慢慢又形成了新的“文人八雅”：琴棋书画、诗酒花茶。在这“文人八雅”中，琴酒花茶这四雅早已出现在君子“九雅”中，琴棋书画诗酒茶这七雅也已出现在沈括“九客”中，因此“文人八雅”并无多少新意，只是对提法和排列顺序做了些调整，可以说“文人八雅”实质上就是对君子“九雅”与沈括“九客”高度概括的结果，更有利于推广与普及，也更有利于理解和操作。由于有了宋人四雅，后来又出现了更为简单的“文人四雅”：琴棋书画。

追查出处，这“琴棋书画”合在一起出现的年岁更早一些，据唐代张彦远编《法书要录》卷三有：“辩才俗姓袁氏，梁司空昂之玄孙。辩才博学工文，琴棋书画，皆得其妙。”辩才是王羲之七世孙智永禅师的弟子，唐太宗派萧翼从他手上骗走王羲之的传家宝《兰亭集序》，辩才本身就是一位雅道中人。宋代孙光宪《北梦琐言》卷五中有：“唐高测，彭州人。聪明博识，文翰纵横。至于天文历数，琴棋书画，长笛胡琴，率梁朝朱异之流。”

“文人四雅”琴棋书画，到了明朝和清朝就用得比较多了，在文学作品和人物评述中时常会出现。明代冯梦龙《喻世明言》卷十二评述柳永时写道：“年二十五岁，丰姿洒落，人才出众，琴棋书画，无所不通。”清代张南庄《何典》第七回中有描写：“不拘描龙绣凤，件件皆精，琴棋书画，般般都会。”有时，说一个人琴棋书画样样都会，并不一定真说他四项都擅长或只会这四项，而仅仅是表达其“才华出众”的意思。

明代陈眉公在《小窗幽记》中说：“山栖是胜事，稍一萦恋，则亦市朝；书画赏鉴是雅事，稍一含痴，则亦商贾；诗酒是乐事，稍一徇人，则亦地狱；好客是豁达事，稍一为俗子所挠，则亦苦海。”可见，对书画、诗酒的爱好，也是要适度为好，不应过于重利图报，否则雅事变俗事，雅士变商人，因此特别要注意把握好其中的度。陈眉公又言：“名茶美酒，自有真味，好事者，投香物佐之，反以为佳。此与高人韵士，误堕尘网中何异？”

朱锡绶在《幽梦续影》中写道：“花底填词，香边制曲，醉后作草，狂来放歌，是谓遣笔四称。”即起笔有四种用法：在花草下填写词，在香烛旁制作曲子，在醉酒后书写草书，在狂劲时放声歌唱。四句话中包括了八雅中的五雅：花、香、琴、书、诗，把雅道诸项内容进行了很好的融合。

也许后来的人不及古人那样有“根器”的因素，对于文人雅道的要求和范围总体上是在逐渐缩小，君子“九雅”和 沈括“九客”后来就成了“宋人四雅”和“文人四雅”。但好处是，它可以更加普及了，平民也能参与其中，对提升城市和乡村的平民素质有一定益处。

四、茶室书房里的雅道八项

从中国古人的雅好、君子的雅趣，到今人的雅道，其间有过间断与不间断的演变。如今，雅道正在中国复兴，与其他传统文化内容一起加速进入中国人的生活之中。将若干项目上升与归并，最终集合在雅道这一概念之中，一定是经过了沉淀与提炼、淘汰与选择。道是一种连接生命内在能量的精神力量，通过类似宗教信仰般的虔诚，把自己的身心全部投注其中，当我之本性与物之本质相契相合时，才能获得雅道的真谛。

“雅道”一词在中国早已有之，正因为这样，当人们把日常生活中已经熟视无睹的茶、花、香等纳入雅道轨道之中时，人们并不会感到惊讶和不解，只是如今的雅道内容与古人的雅集项目有所不同，不仅项目种类和名称有差异，即使是同一项目其内涵也发生了变化，这是与时俱进和因势利导的结果。

现代雅道包括八项内容，可以简称其为“雅道八项”或现代“八雅”，它们是：茶道、花道、香道、琴道，我们把前四项归在一起，给它们一个空间叫：茶室。茶室是开放的、共享的和雅致的，人们可以在这里放松自己、愉悦知己、分享智慧。在这样的空间中，除了茶道，同时还可以容纳花道、香道和琴道。当然，花道、香道和琴道不只是存在于茶道空间中，它们还可以独立存在，或者与其他的艺术门类相结合，广泛出现在更多的美学空间之中。

书法、绘画、收藏、诗词，我们把后四项归在一起，给它们一个空间叫：书房。书房是私密的、独处的和安静的，主人可以在这里梳理思想、储藏宝物、传承文化。书房也不只为了储存图书而存在，它还是创作与鉴赏书画的最适宜空间，也是写作与吟诗的最佳场所，个人所爱的藏品也完全可以在书房的空间里得到展示、珍藏与欣赏。

如果一个家庭既有茶室又有书房，想必主人就是学问者、文化人、雅道师，国学距离他们不远，传统就在他们身边，教养时时可以展现，如此精彩的人物，有几人不希望走近他们？茶室是适合共享的空间，哪怕众多高朋亦可一同交流切磋；书房是适宜独处的地方，至多一两知己可以在此促膝谈心。在有条件的家庭，茶室和书房越来越多地成为一种共同的追求，渐渐地也会成为大户人家的标配。如果房屋面积不够大，在电视收看时间越来越少的情况下，亦可将客厅重新调整为茶室，调整后的共享空间功能不变，只是电视让位给了茶花香琴，从电视娱乐变成了现代雅集。

书房同时可以兼作书画室和收藏室，明代陈眉公在《小窗幽记》中把书房称为“丹房”，就源于丹青之意，他说：“独坐丹房，潇然无事，烹茶一壶，烧香一炷，看《达摩面壁图》，垂帘少顷，不觉心静神清，气柔息定，濛濛然如混沌境界，意者揖达摩与之乘槎而见麻姑也。”在这里，陈眉公把烹茶和烧香之事也搬到了书房中，那如果有了茶室，自然可以分而治之了。书房，古时多名书斋，陈眉公说入他书斋者必是知己：“吾斋之中，不尚虚礼。凡入此斋，均为知己；随分款留，忘形笑语；不言是非，不侈荣利；闲谈古今，静玩山水；清茶好酒，以适幽趣。臭味之交，如斯而已。”

明代张谦德在《瓶花谱》里说：“堂厦宜大，书室宜小。”虽指堂供，但从堂厦和书写的空间要求来说，也应该如此。“堂厦”在古代专指房屋的堂室、正厅，常以“华堂广厦”来形容建筑的华美轩敞。“堂厦宜大”是因为在此需要迎送客人，更需要供茶供香，只有较大的空间，才能容纳下更多的内容，且更显气派和隆重；“书室宜小”则表明这是一个私密的空间，或收藏有珍贵书画与器物，不宜人进人出，需要相对密闭。

明代文人袁宏道在《瓶史》最后的“监戒”篇中，写到了什么事可以让人快乐：

花快意凡十四条：明窗，净几，古鼎，宋砚，松涛，溪声，主人好事能诗，门僧解烹茶，蓟州人送酒，座客工画花卉，盛开快心友临门，手抄艺花书，夜深炉鸣，妻妾校花故实。

用这段话来比较我们所说的雅道八项，袁宏道至少直接论及了茶、花、书、画、藏、诗六项，虽没有直接写香，但古鼎在侧，兴许就是为了点上一炷香；文中也没有写琴，但松涛与溪声宛如天籁，与琴相仿，不亦乐乎？在这般称心的快意事下，“主人好事能诗”是关键一条，雅道入诗，实在是悠哉妙哉！

明朝晚期，江南一带文化昌盛，雅士云集，他们经常在精心营造的私家园林中举办各种雅集活动，宴饮游乐、诗词唱和、玩赏器物、清雅有致。明代沈仕辑《林下盟》，书中介绍当时文人日常生活，“读义理书，学法帖子，澄心静坐，益友清谈，小酌半醺，浇花种竹，听琴玩鹤，焚香煎茶，登城观山，寓意弈棋”，茶、花、香、琴、书以及其他，雅道之风蔚然，雅士们清高自适，追逐云月，过着舒适安逸的日子。

如今，在自己的生活空间中，有一间茶室，又有一间书房，众多朋友来时可以在茶室里共享雅集，一两知己来时可以在书房里促膝交流。这样的空间安排，是一种生活选择，更是一种人生境界。现代“八雅”虽然是为现代人量身定做的雅道内容，但它们不是凭空而来，只因它们从遥远的过去传承至今，依然适合现代人，而今人在参加各类雅集活动中，更应该记得它们的来龙去脉，至少了解这些名称不是今天才有，更不是从域外抄袭而来。

在现代社会中，许多家长重视对孩子的国学教育，甚至不惜金钱送孩子去私塾学校，背诵了大量的经书，但是这些知识如果不加以应用，只能成为死知识，以后孩子长大进入社会后可能连生存都会发生困难。而雅道是把一些文化的要求与经书的内容生活化，让孩子在生活中潜移默化地受到滋养。从这个意义上说，雅道是活的教化，而书本是死的教条，死的教条只能通过活的教化才能真正影响到下一代，“陈郡谢氏”就是一个明证，因此与其让孩子死读书，不如早点在家中引入雅道。

在雅道八项中，每一项内容都可以得到扩展，它只是取其领域的核心字概括而已，八项的外延可以包括并不限于以下内容：

茶——茶德茶境、茶叶茶园、茶席茶具、茶室茶挂

花——茶室插花、文人插花、佛前供花、商业插花

香——专业香道、文人焚香、佛前供香、商业香事

琴——古琴古筝、古乐梵呗、音乐作曲、歌唱演奏

书——书法欣赏、书法创作、篆刻创作、书法收藏

画——绘画欣赏、绘画学习、绘画创作、绘画收藏

藏——书籍收藏、文物鉴赏、古董收藏、玩物收藏

诗——诗词欣赏、诗词创作、歌词鉴赏、佳文鉴赏

当下中国，雅道之风正在蔓延，民众对雅道的热情不断高涨，但是大多数人还流于表面，人们对于雅道的人文价值，特别是其在精神和美学方面的价值了解甚少，这就更加迫切需要专家学者的引领。雅道需要文学的介入，通过雅道这个领域也可以让文学得到新的发挥空间。不论是对东亚中日韩的雅道比较，还是与西方的贵族与精英教育的研究，我们都可以提炼出雅道的作用和对文学的影响。

第二章　琅邪王氏

唐朝诗人刘禹锡有一首七言绝句《乌衣巷》：

朱雀桥边野草花，乌衣巷口夕阳斜。
旧时王谢堂前燕，飞入寻常百姓家。

诗中的朱雀桥，是六朝时都城建康（现南京）南门外的大桥；乌衣巷，则是东晋贵族王氏与谢氏等族人所居住的区域。前后两位宰相王导与谢安都曾居住在秦淮河畔，这里也是三国时代孙权旧部乌衣部队的驻地，故称乌衣巷。

乌衣巷先作为王导的私邸，后来谢安也在此购买房产，谢安和他的孙辈谢混都经常在乌衣巷的府邸里活动。过去读《乌衣巷》这首诗时，知道王谢两大东晋家族在当时很有势力，是权贵人家，但世事变幻，最终如同"朱雀桥边野草花"，两大家宅门前的燕子也已"飞入寻常百姓家"了，可见沧海桑田，人间多变。但是，在研究雅道后再来读这首诗，却有了一个惊人发现：原来王谢两大家族是中国历史上雅道人家的典范。

一、王氏望族才人多

《三国志·蜀志·庞统传》云："当今天下大乱，雅道陵迟，善人少而恶人多。"说明在三国前，大约在周朝至秦汉时期，雅道很受重视，培养与熏陶了一批文雅之士。魏晋南北朝是一个思想活跃时期，当时的贵族士大夫大多风流潇洒，特立独行，思想与行为都极为自信，颇喜雅集，雅道之风大行。魏晋风流中的竹林七贤是那个时期玄学和清谈的代表人物，七贤之一的嵇康在被押到刑场时，还从容不迫地弹奏了一曲《广陵散》，就是在这样的历史背景下出现了琅邪王氏和陈郡谢氏两大家族。

史料记载："周灵王太子晋以直谏为庶人，其子敬宗为司徒，时人号曰：王家，因以为氏。"此为王氏来源。王家的第十八世孙王翦和他的儿子王贲，在秦始皇统一六国之初立下过汗马功劳。秦始皇去世后，天下再次大乱，王贲的儿子王离奉命前往山东镇压诸强，结果被项羽俘虏。其间，王离的两个儿子王威和王元先后出逃，王威逃到太原后落户定居，王元由咸阳迁至琅邪虞城（今山东即墨）定居，从此王氏便分为了太原王氏和琅邪王氏两大分支。王元即东晋宰相王导的第十九世祖，也是王羲之的第二十世祖。

魏晋时代，世家大族兴起，他们或朝朝为官，或世代儒门。琅邪王氏就是这样一个既出高官，又出名儒的大家族。王导（276—339），字茂弘，家世显赫。祖父王览官至光禄大夫，是二十四悌之一"王览争鸩"典故的主人翁，也是二十四孝之一"卧冰求鲤"的主人翁西晋太保王祥的同父异母弟弟；父亲王裁担任过镇军司马。王导年少时就风姿飘逸，见识器量清越弘远。

永嘉元年（307），西晋岌岌可危，在族长王导的带领下，琅邪王氏族人举家南迁，落户于会稽山阴（今浙江绍兴）。随同此次南迁的西晋望族数以万计，史称“永嘉之乱，衣冠南渡”。在此“衣冠”特指士以上的服装，代称缙绅、士大夫，由此借指文明与礼教。

永嘉元年，司马睿与王导等人一起南渡到江左建康（今南京）。当时王导堂兄王敦在扬州担任刺史，王导对他说，现在你威名天下，应该去匡扶司马睿。因在帮助司马睿成为东晋元帝的过程中劳苦功高，司马睿为此尊称王导为“仲父”。司马睿后在建康称帝，建立东晋。在举行皇帝登基时，司马睿要王导与他一起坐在御床上，但被王导谢绝了。当时的百姓知道“王与马，共天下”，元帝任命王导为尚书令，太子太傅，王导成为一人之下万人之上的宰相，从而使琅邪王氏很快上升为东晋第一望族。王导与司马睿则保持着一种“素相亲善”“雅相器重，契同友挚”的关系。

当时的东晋实权都在琅邪王氏家族手中，王导任宰相，其堂兄王敦管理江、扬、荆、湘、交、广六州的军事，控制着东晋的军事大权，其他重要官职大多也被王氏家族成员占有。永昌元年（322），王敦在武昌起兵；太宁元年（323），王敦与其兄王含还准备一起夺取帝位，但陈郡谢氏中的谢鲲（谢安的大伯）时任长史，是当时的史士，劝王敦尊重皇帝，不要谋反。结果谋反失败，王敦病亡，王含被杀；王导幸免，留朝中仍录尚书事，依官名是统辖一切的宰相，但实权已转到与其共同辅政的中书令庾亮手中，庾亮是明帝庾皇后之兄。

在琅邪王氏中早就有擅长书法的氛围，王导本身擅长行书和草书，“晋元、明二帝并攻书，皆推难于导，故当世尤所贵重”。南朝的王僧虔在《论书》中对王导的书法评论说：“亦甚有楷法，以师钟、卫、好爱无厌。丧乱狼狈，犹以钟繇《尚书宣示帖》藏衣带中。过江后，在右军处。”说他在战乱逃难中还不忘携带钟繇《尚书宣示贴》来学习，可见王导对书法的认真态度，之后才有他的书法威望不在其权势之下的美誉。王导传世的书法作品有《省示帖》和《改朔帖》，其中《改朔帖》是今草书中的佳作之一。

王敦（266—324）也好书法，据文献记载说，王敦“初以工书得家传之学，其笔势雄健，如对武帝击鼓，振袖扬袍，旁若无人”。“竹林七贤”之一的王戎，也是王羲之的堂伯父，从小就被称为“神童”，在书法上有很高的造诣，时人称其为“所造渊深，一出便在人上”。

王廙（276—322）是王羲之的叔叔，“工书画，善音乐、射御、博弈、杂伎”，是一位会六艺的通才，主要成就在书画方面，善画人物、故事、鸟兽、鱼龙，当时的镇军谢尚在武昌昌乐寺建造东寺，戴若思建造西塔，都请王廙去画画。张彦选在《论画·叙师资传授南北时代》中评论王廙为江东“书画第一”。张彦选在《历代名画记》中曾提到，王廙曾画一幅《孔子十弟子图》，并勉励王羲之说：“画乃吾自画，书乃吾自书，吾余事虽不足法，而书画固可法，欲汝学书则知积学可以致远；学画可以知师弟子知己之道。”王廙书法极佳，在王羲之书法出名之前，王廙称得上是当时的“书法之最”，后人有“右军之前，唯廙为最”的评价。王廙还是一位书画理论家，是继蔡邕之后又一位将书法和绘画融为一体的人，他对王羲之在书法上的影响是最大的。王廙的书法作品主要有楷书《两表帖》、草书《二月十六日帖》以及《嫂何如帖》等；绘画作品有《异兽图》《列女传仁智图》《狮子图》《吴楚放牧图》《鱼龙相戏图》《贞观公私画史》等。

王旷（274—？），字世弘，历官丹杨太守、淮南内史、淮南太守，也是东晋著名书法家，尤擅隶书、行书，他就是王羲之的父亲。

王旷与东晋开国皇帝司马睿还是姨表兄关系，因为王旷的母亲正是司马睿母亲的亲姐姐。当年（306）也是王旷给司马睿谋划出路：朝廷不稳，北方不保，是时想要有所作为，必谋镇建邺。后来（310），掌握朝政的司马越派王旷去救壶关，王旷率三万军与刘聪战于上党，全军覆没，王旷下落不明。以王旷的深谋远虑，公元 309 年以前，他的地位名望还在王导之上，可惜突然失踪，或死于乱箭，或莫名而去。时年，王羲之 7 岁。

在东晋时，已经有人把王导与谢安进行比较，称他们是江左两位“风流宰相”，不过谢安要更“文雅”。但到了南齐，差不多一百五十年后，王导的后代尚书仆射王俭却说：“江左风流宰相，唯谢安一人而已。”江左是指长江下游的南岸地区，南朝人专称东晋为江左，这里是东晋的政治权力中心。南宋思想家陈亮在分析王导与谢安时指出：“导安相望于数十年间，其端静宽，弥缝辅赞，如出一人，江左百年之业实赖焉。”

在琅邪王氏的杰出人物中，除了王导之外，还有书法家王羲之和王献之等一批文人墨客，后面还有释智永，成为佛门伟器。琅邪王氏家族中的不少人，大多能诗文，还擅长丹青，而书法、绘画、诗词则是后世雅道的核心内容。

二、绝代更无王羲之

晋太安二年（303），王羲之出生于琅邪郡临沂县，他是王旷的第二个儿子，取名羲之，字逸少，号澹斋，小字阿菟。王导的父亲与王羲之的祖父是亲兄弟，因此王导实为王羲之的堂伯父。由于王导的夫人还是王旷夫人的亲妹妹，因此对于王羲之来说，王导既是堂伯父，又是亲姨夫。

在王氏家族中，长辈们闲暇时间练习和交流书法的场景很早就影响到了王羲之。一次，王羲之在父亲的枕头底下发现一本前代的书法论著《笔说》，就偷拿来阅读。父亲担心王羲之年龄还小，理解不了，就说：“等你长大后再传授给你吧！”没有想到，王羲之跪下请求：“让孩儿现在就读它吧！等我长大就晚了。”父亲一听，觉得也有道理，就高兴地把书给了王羲之。

王羲之7岁时跟从女书法家卫夫人学习书法．第一次去拜访卫夫人时，王羲之带了自己的一幅字，卫夫人看后十分惊讶，并当即表示愿意收王羲之为徒。卫夫人喜欢王羲之的聪明伶俐，她还用“张芝临池”的故事来勉励王羲之。东汉时，敦煌酒泉一带的张芝，为了写出好字，每天在自家门口的池塘边亭子里练字，从早到晚，都在池塘里洗刷笔砚，从不间断。有一天，张芝生病了，妻子就劝他别去写字了，张芝就说：“这么点小事就不练字了，那怎么成为书法家呀？”经过长年累月，他家的池塘都被墨汁染黑了，张芝的字也越写越好，他的草书笔势活泼流畅，富于变化，大家都敬称他为“草圣”。

在卫夫人的教导下，王羲之有了“学书临池，池水尽黑”的精神，勤学苦练，常常废寝忘食，进步很快，因此受到卫夫人的称赞。后来，王羲之每次搬家，都要在门前的水池里洗笔砚，北宋文学家曾巩十分敬佩王羲之的勤奋刻苦精神，专门写了一篇《墨池记》来赞颂王羲之。王羲之苦练的精神一直保持到婚后，有一次王羲之一边练字，一边吃馒头，竟然把墨汁当蒜泥蘸，弄得满嘴乌黑。

卫夫人名卫铄（272—349），河东安邑（今山西夏县）人，是东晋著名女书法家，其夫为江州太守李矩，也出身于一个书法世家。明代陶宗仪在《书法会要》卷三中记载："旷与卫氏，世为中表，故得蔡邕书法于卫夫人。"原来，王旷与卫夫人是亲戚，由卫夫人教王羲之书法算是近水楼台了。

卫夫人家学识渊博，他的父亲卫凯、伯父卫瓘、兄长卫恒，都是著名书法家，生活在这样的家庭中自小受到熏陶，卫夫人的书法在当时自然负有盛名，唐代张怀瓘在《书断》中记载：卫夫人"隶书尤善，规矩钟公。云：碎玉壶之冰，烂瑶台之月，宛然芳树，穆若清风"，这是对卫夫人的极高评价。卫夫人师承于钟繇，传世之作有楷书八行《淳化阁帖》《名姬帖》《卫氏和南帖》、书论《笔阵图》等。

宋代的陈思在《书小史》中引用唐人书评，说卫夫人的书法如"如插花舞女，低昂美容；又如美女登台、仙娥弄影，红莲映水、碧沼浮霞"。表明卫夫人仪态优雅，并融入书法的表现之中，并将此美感影响到了王羲之。

或许早年父亲的失踪给王羲之留下了心理阴影，《晋书•王羲之传》提道："羲之幼讷于言"，他在与堂兄弟之间交流时也不愿意多提及自己的父亲。但是，生活在名门望族中，王羲之的生活质量没有下降，生活和仕途上一直受到王导和王敦的帮助与提携，而王羲之的教育成长主要是由他的亲叔王廙负责的。

王廙主要教王羲之书法前辈张芝、卫凯、索靖等人的笔法。与王羲之同时接受教导的还有王廙的侄子王彪之、儿子王胡之等人，他们日后都成为了书法家或画家。王羲之在王廙倡导的张扬个性思想的影响下，在不断的积累沉淀中，谋求厚积薄发。王廙十分珍爱索靖的《七月二十六帖》，永嘉年中他将此帖折成四叠缝缀在衣服中渡江，爱不释手。后来，王廙将此帖章草真迹赠送给了王羲之，可以看出他对侄儿的厚爱与期望。

那时，博学多才、豪爽正直的阮裕担任王敦的帐下主簿，他看到王羲之写字后就十分推崇，认为王羲之是后辈中不可多得的人才，并表态说："等你长大，我将亲自传授你学业。"王羲之的两位堂兄弟王治和王恬书法也非常出色，他们与王羲之共同成长，互相影响，王羲之能够在这样良好的家庭环境中学习书法，正是他成为书法大家的重要因素。最终，王羲之博采众长，兼善隶书、草书、楷书及行书，挣脱了汉魏遗风，自成一家，对后世影响极大。

王羲之喜爱鹅，如同"陶渊明爱菊、周茂叔爱莲、林和靖爱鹤"（加上"羲之爱鹅"，被称为"文人四爱"）一样，固然是文人雅事中的一种；更为关键的是，王羲之是从鹅的体态、行走、游泳等姿势中，体会出书法运笔的奥妙，领悟到书法执笔、运笔的道理。他认为执笔时食指要像鹅头那样昂扬微曲，运笔时则要像鹅掌拨水，方能使精神贯注于笔端。

永和九年（353）3 月，王羲之与谢安等四十二人在会稽山阴（今浙江绍兴）举行兰亭雅集，饮酒作诗，曲水流觞，共写下了三十七首诗，集成《兰亭集》，王羲之作序，共写下了二十八行三百二十四字的《兰亭集序》，从此诞生了"天下第一行书"，"遒媚劲健、绝代更无"。王羲之的《兰亭集序》与颜真卿的《祭侄季明文稿》、苏轼的《寒食帖》并称为"三大行书书法帖"。"天下第一行书"被后人视为至宝，梁武帝说王羲之"书字势雄逸，如龙跳天门，虎卧凤阙，故历代宝之，永以为训"。唐太宗李世民亲自为王羲之作传，道他"心慕手追，此人而已，其余区区之类，会员可以足论矣"。如今的兰亭还留有"鹅池"两个大字，相传"鹅"由王羲之所写，"池"由王献之所写，因此石碑被后人称为"父子碑"。

传说东晋太尉郗鉴到王导家寻觅佳婿，王导家子侄个个整齐衣冠，等待郗鉴来为爱女相亲，唯有王羲之毫不在意，不换衣服，扣子也不扣，袒露胸腹在东厢的床上吃东西，一副不拘小节的样子。郗鉴的门生在东厢观察一番后，向郗鉴汇报，郗鉴听后连忙说："那个躺在东厢床上吃东西的就是我的佳婿！"可见王羲之风流倜傥的样子。后来，郗鉴亲自到王府，见到了那天坦腹东厢床上的王羲之，发现他豁达文雅，气度不凡，才貌双全，很是中意，决定将爱女郗璿嫁予王羲之。从此以后，"坦腹东床"就成了女婿的美称，而"东床快婿"则成为美谈。

王羲之与妻子郗璿婚后恩爱和睦，相敬如宾，共育有七子一女：长子王玄之、次子王凝之、三子王焕之、四子王肃之、五子王徽之、六子王操之、七子王献之，一女王孟姜。郗璿是历史上著名的寿星，活到了 90 岁，这在当时是十分罕见的，她的儿女都在她之前过世，朝廷怜悯她次子王凝之因为孙恩作乱而死，故赐予郗璿鞠养敕书，即由国家赡养到终老。

三、子承父业王献之

王羲之承继琅邪王氏的家风，着重耕耘书法一项，使几位子女在书法上都有不凡表现。北宋晚期的书法理论家黄伯思在《东观余论》中说："王氏凝、操、徽、涣之四子书，与子敬（献之）书具传，皆得家范而体各不同。凝之得其韵，操之得其体，徽之得其势，涣之得其貌，献之得其源。"可见，王羲之的子女受到家风熏陶，得其真传而各得其所。当然，最出名的是王献之，与父亲两人并称"二王"。王羲之七子一女分别为：

长子王玄之（326—357），字伯远，工草书和隶书，有幸参加了兰亭雅集，并留下诗一首："松竹挺岩崖，幽涧激清流。消散肆情志，酣畅豁滞忧。"王玄之还有书法帖流传于世，可惜在婚后不久病逝，身后无子，以其弟王凝之之子王蕴之为嗣。

次子王凝之(334—399)，字叔平，善草书、隶书，做过江州刺史、左将军、会稽内史等，娶谢奕之女谢道韫为妻。王凝之深信五斗米道，被孙恩杀害。王凝之与谢道韫育有四子一女，四子是蕴之、平之、亨之、恩之，女儿成人后嫁给庾氏。

三子王焕之（335-396），自幼学习书法，善行草书。与大哥王玄之一起参加了兰亭雅集，并留有兰亭诗一首："去来悠悠子，披褐良足钦。超迹修独往，真契齐古今。"黄伯思《东观余论》说"焕之得其貌"，指王涣之的书法写得很像父亲王羲之书法的样子。

四子王肃之（生卒年不详），字幼恭，历任中书郎、骠骑咨议。与大哥和三哥一起参加兰亭雅集，并留下诗作："嘉会欣时游，豁尔畅心神。吟咏曲水濑，渌波转素鳞。"未见书法帖传世。

五子王徽之（338—386），字子猷，历任车骑参军、大司马参军、黄门侍郎等，生性高傲，放诞不羁，对公务并不热忱，时常东游西逛，后来索性辞官，住在山阴，当时人们钦佩其才华，但对其行为不敢苟同，后世传帖有《承嫂病不减帖》《新月帖》等。

六子王操之（约340—391），字子重，工草书和隶书，有传世《淳化阁帖》，也参加过兰亭雅集，历任秘书监、侍中、尚书、豫章太守等职。其妻贺氏，育有王宣之、王慧之二子。

七子王献之（344—386），字子敬，小名官奴，生于会稽山阴。王献之少负盛名，才华过人，也参加了兰亭雅集。历任州主簿、秘书郎、司徒长史、吴兴太守、中书令等职。古时吴兴郡在现在的湖州、杭州、宜兴一带，与会稽郡和吴郡并称三吴，是江东最富庶的地方。吴兴太守是很重要的官职，这个职务王羲之和王献之父子担任过，而陈郡谢氏也先后有十人出任过，包括谢安。王献之先后娶郗道茂及新安公主司马道福为妻，成为晋简文帝司马昱女婿。王献之的女儿神爱于公元 396 年成为太子司马德宗妃，司马德宗继大统为晋安帝后，神爱受封为安会僖皇后。

一女王孟姜（生卒年不详），成年后嫁给浙江余姚的刘畅，两人生有一子一女。儿子刘瑾，颇具才华，后任尚书、太常侍卿等职。女儿刘氏则嫁给了谢玄的独子谢瑍，生下后来成为中国山水诗开创人谢灵运。

王羲之十分注重对儿女的书法教育，为了培养他们的雅趣，在与文人雅士的聚会时总是尽量带上他们，让这些孩子可以耳濡目染、潜移默化地受到感染。在著名的兰亭雅集上，王羲之的七个儿子就去了五个，年龄最小的王献之当时只有九岁，却已经可以与当时一流的名士同伍，他们能够作诗的尽量作诗，不能作诗的也一起在曲水流觞中遭受“罚酒”的待遇，能够遇到这样的雅道氛围，正是王羲之儿女天生得到的福分。一次，王羲之在王献之背后默默看着儿子练字，突然伸手去抽王献之手中的毛笔，没有想到王献之握笔很用力，笔没有被王羲之抽出，对此，王羲之很高兴，夸赞儿子说：“此儿后当复有大名。”王献之听后也美滋滋的，更加努力练字了。

在王羲之与他的子孙中，名字里都有一个“之”字，除七个儿子外，他的孙辈中有十二人带“之”，曾孙辈中更有十三人带“之”，可见王羲之一族对“之”字的钟爱。究其原因，一说王羲之家族信道教，“之”字是道教的信仰标志，著名史学家陈寅恪在《崔浩与寇谦之》一文中解释说：“盖六朝天师道信徒之以‘之’字为名者颇多。”二说“之”字在当时没有被视为名字的一部分，如王献之在《晋书》中作“王献之”，而在《初学纪》一书中作“王献”。

王献之自幼随父练习书法，以行书及草书闻名，但是在楷书和隶书上亦有深厚功底。《西溪丛语》记载：“卫夫人，王逸少师。善钟法，能正书，人妙能品。王子敬，年五岁，已有书意，夫人书《大雅吟》赐之。”从这段文字可以看出，卫夫人不仅教过王羲之，而且也教了王献之，并书写了《大雅吟》赠送给王献之，以示奖励。

名师出高徒，高徒显名师。王羲之和王献之父子以极高的书法成就向自己的老师卫夫人献礼，这样的师生关系实在让世人推崇备至，让后人无限敬仰。在七子中，只有王献之与父亲王羲之并称为“二王”，可见在七子中王献之书法成就最大，并有“小圣”之称，还与张芝、钟繇、王羲之并称“书中四贤”。谢安曾问王献之：“你的书法比你父亲如何？”王献之说：“故当胜。”谢安不以为然，王献之便说：“世人哪得知？”

王献之很小的时候就去见过谢安，当时一起去的还有王徽之和王操之等人。坐定后，王徽之和王操之开始滔滔不绝，议论世事，但王献之只是说了几句寒暄话后就不再言语。离开谢家之后，有人问谢安，王氏兄弟中哪个最优秀？谢安说：“小的优。”并解释说，“大凡杰出者一般都少言寡语，因为他不多言，所以我知道他不凡。”

王献之胸怀大志，别为一体，他的手笔从“内擫”转为“外拓”，王献之传世小楷《洛神赋十三行》，即用笔外拓，结体匀称严整，如大家闺秀，姿态妩媚雍容，让人陶醉。前人评论王献之书法为“丹穴凰舞，清泉龙跃。精密渊巧，出于神智”。

现藏于上海博物馆的王献之《鸭头丸帖》，是他的行草书精品，这是王献之给友人的便札，共十五字，两行：“鸭头丸，故不佳。

明当必集，当与君相见。”清代吴其贞在《书画记》里，对此帖推崇备至，认为“书法雅正，雄秀惊人，得天然妙趣，为无上神品也”。

王献之还自创上下相连的草书，穷微入圣，他将张芝的章草和其父的今草又向前推进一步，变其父上下不相连之草为相连之草，可以一笔连续数字，以更显其书法的豪迈气势。王献之的《中秋帖》，是其草书“一笔书”的代表作，清代乾隆皇帝将它收入《三希帖》，视为国宝。

王羲之五子王徽之也是才华出众，却生性落拓，与七子王献之关系最为密切，但王献之显然更为处惊不乱、镇定自若。《晋书》说：（王献之）“尝与徽之共在一室，忽然火起，徽之遽走，不遑取履。献之之神色恬然，徐呼左右扶出。”《晋书·王徽之传》中记载了王徽之与王献之兄弟俩夜读嵇康文章的情景，王献之表现对井丹的仰慕，嵇康在《井丹赞》中写道：“井丹高洁，不慕荣贵，抗节五五，不交非类。”

王献之去世时，家里人怕对王徽之打击太大，就一直瞒着他。一天，王徽之问身边的人：“为什么一点也没有听到子敬的音讯？这是已经去世了？”尽管说话时一点也不悲伤，但他马上就要了车去奔丧。王献之平时喜欢弹琴，王徽之坐在灵座前，拿过王献之的琴来弹，琴弦怎么也调不好，就把琴扔到地上说：“子敬，子敬，人和琴都不在了！”说完就悲痛得昏了过去，很久才醒过来，过了一个多月王徽之也去世了。

王献之还善画，不过在张彦远的《历代名画记》中，评论王献之画仅为“中品下”。不管怎样，在雅道八项中，王羲之世家牢牢占据着书法一项的高地，同时也兼顾到了绘画与琴道。

关于王羲之代表作《兰亭集序》的传世过程有许多趣闻。据传，王羲之在去世前叮嘱儿女：《兰亭集序》是他一生习书练字的精华，一定要好好保存它，把它当作传家宝世代相传，千万不能落入旁人手中。王羲之的子孙严守祖训，将《兰亭集序》一代代珍藏，直到陈、隋年间，传到了王羲之的七世孙智永禅师手中。

四、书法相传永禅师

智永，本名王法极，字智永，称号“永禅师”，出生于会稽山阴，是王羲之五子王徽之的后代，为南朝书学名家。智永妙传家法，精力过人，年百岁而终。明解缙《春雨杂述》谓：“自义、献而下，世无善书者，唯智永能寤寐家法。”给予智永很高评价，说他很好地继承了“二王”的书法真谛。

智永少小出家，常居湖州永欣寺，喜欢临池学书，大有“二王”的习字风范。智永对先祖王羲之和王献之的书法极为钦佩，决心使祖上书法万古流芳。智永练习书法极为刻苦，他在永欣寺时就曾盖一座小楼专供练字，发誓“书不成，不下此楼”。自此，他在永欣寺书阁闭门临书三十年，先后写秃的笔头就有十大瓮，埋后曰“退笔冢”。由于上门求字者太多，以致踏破门限（门槛），只能用铁皮将其包裹起来，因此他的门限被称为“铁门限”，可见当时智永书法的影响已经很大。

智永临写《真草千字文》八百多份，分送浙东诸寺，广为分发，影响远及日本。尽管如此，他的《真草千字文》真迹到唐代已经很少见，宋代时更为罕见，唯一传世墨迹是在唐代时流入日本，今归日本小川简斋氏，原名谷铁臣所藏，故称“铁臣本”，著录于日本《东大寺献物帐》中。另有智永《真草千字文》刻本，于宋大观己丑年（1109）刻于西安，原石碑今尚存于西安碑林，称为“陕西本”，“颇极精工，无复遗恨”。北京故宫博物院现在藏有智永《真草千字文》拓本，共十行，二百零二字，此帖法度谨严，笔力精到。《真草千字文》真草二体，是智永传世代表作，也是中国书法史上留传千古的名迹，即使现在，依然是书法学习的经典教材。

中国书法世代以此修身养性，影响了一代又一代的中国学人。“永字八法”流传至今已两千余年，因其为书写楷书的基本法则，后人又有将八法引为书法的代称。关于“永字八法”的来由，有许多种说法，其中一说即为智永所创，这与他的名字倒是极为相符。其他的说法则有认为是王羲之或唐代张旭所创。但不管怎么说，“永字八法”已为后世楷书立下了典范。

智永继承琅邪王氏的家族传统，乐教善教，培育了一批书法家，在有记载的书法家中，智果、辩才、虞世南等均是他的弟子。智果也是会稽人，居永欣寺，擅长隶、行、草书，写铭石尤为瘦健，有传世墨迹《评书帖》。传说隋炀帝特别喜欢智果的书法，他曾对智永说“和尚得右军肉，智果得右军骨”，意思是智永书法圆润，智果笔法腴润不足而骨力超过。辩才系梁袁昂玄孙，是智永的传法弟子，陈郡阳夏人，居越州永欣寺。唐何延之《兰亭记》谓辩才“博学工文，琴棋书画，皆得其妙。每临永禅师之书，逼真乱本”。

虞世南善书法，与智永同郡，因而拜智永为师，深得王羲之书法真传，由此名声更大。唐太宗称虞世南德行、忠直、博学、文词、书翰为“五绝”，与欧阳询、褚遂良、薛稷合称“初唐四大家”，日本学界则称欧阳询、褚遂良、虞世南为“初唐三大家”。虞世南个人收藏书画作品甚多，亦有图籍存于家。因此，智永的书法弟子虞世南，在书法、绘画、收藏和诗词方面都有成就，是早期雅道文化的践行者。

王羲之的《兰亭集序》传到智永手上，他就把传世宝物带到永欣寺保存。智永是出家僧人，自然再没有了子嗣，他一直好好保管着的王羲之《兰亭集序》只能交给自己的弟子了。临终之际，智永禅师把自己的弟子辩才叫到床前，再三叮嘱后把祖传宝物交给了辩才。辩才得到王羲之《兰亭集序》后，在梁上凿暗槛密藏。

唐朝初年，唐太宗李世民因酷爱王羲之书法，便广集王羲之墨宝，当知道《兰亭集序》在辩才和尚手中时，唐太宗召见辩才问情况，辩才只说曾经见过此帖，但现在不知下落。唐太宗无奈，只好放他回去。一天唐太宗对群臣说："朕梦寐以求右军《兰亭集序》，谁能从辩才手中取得，朕一定重赏！"尚书仆射房玄龄推荐梁元帝的曾孙萧翼担当此任。

萧翼随后便扮成书生随商船到山阴永欣寺，辩才见来了一位气宇不凡的游客，便招呼留下，晚上就在禅房一起用茶，两人下棋抚琴，谈天说地，探讨书法，十分默契，大有相见恨晚之感。过了几天，萧翼带来了美酒再访辩才。几次三番，辩才就对萧翼没有了戒心。一次，萧翼带了梁元帝的《识贡图》请辩才指教，辩才对此赞叹不已。之后，萧翼又带了几件王羲之真品给辩才看，辩才看后说："真迹倒是真迹，但不是佳品，贫僧有一王羲之真迹，颇不平常。"于是，辩才取下藏在梁槛上的《兰亭集序》给萧翼看，萧翼看后故意说这是赝品，为此两人还争议了起来。看后，辩才就把《兰亭集序》放在书桌上。

一天，萧翼趁辩才不在，谎称自己的书帖遗忘在这里了，寺院里的小和尚见是常来的萧翼就放他进入了辩才的房间。萧翼将《兰亭集序》放进衣袋后，转身急忙离开。唐太宗得到《兰亭集序》

后欣喜若狂，大摆宴席庆祝，并当众宣布：“房玄龄荐人有功赏锦彩八尺，萧翼加官五品，晋升为员外郎，并赏住房及金银宝器。辩才犯欺君之罪，本应加刑，因年迈获免。”唐太宗为示宽宏大量，还赐辩才谷物三千石，辩才后来将赐物变卖，在师父智永圆寂的永欣寺里建造了一座精美的三层宝塔。

唐太宗拿到《兰亭集序》真迹后，就让褚遂良、欧阳询、虞世南等人都来临摹。在临摹后流传下来最接近原件的叫“神龙本”，“神龙”（705—707）是当时的年号。“神龙本”用的硬黄纸，在上面上了蜡，上蜡以后的纸有点透，透了之后就可以把原件盖在下面，双勾填墨，把它的轮廓勾完以后填上墨，所以“神农本”是最接近原本的。欧阳询临的叫“定武本”，“定武本”后来流传到了日本，现在收藏在东京国立博物馆里面。传说唐太宗去世后，《兰亭集序》原迹随唐太宗陪葬了，为此又增添了不少传奇色彩。

王羲之家族的书法，向来是皇家争夺的目标。武则天想求王羲之的书法，王羲之的九世重孙王方庆只能将家藏十一代祖至曾祖二十八人书迹十卷进呈，编为《万岁通天帖》。

五、王谢人家裙带多

琅邪王氏和陈郡谢氏两大家族中的主要人物王导和谢安，都当过东晋宰相，王导比谢安大四十四岁。王导与谢安都推崇道教，执政时清静不扰民，让百姓休养生息，把国家治理得相对安定；而他们自己则属于风流雅士，才华出众。两大家族在当时往来颇多，属于门当户对，因此小辈中通婚的现象时有发生。

谢安与“二王”，即王羲之、王献之都是非常好的朋友，谢安比王羲之小十多岁，但比王献之大二十多岁。谢安曾跟王羲之学过草书，王羲之夸谢安是“解书者”，说明他不仅会书法，而且懂书法理论，具有很高的欣赏能力。公元335年，王羲之在会稽任职时，遭遇旱灾，庄稼颗粒无收，王羲之就上疏力争为灾民减少赋税，谢安在王羲之奏请的公文获批时起了一定作用。谢安与“二王”共同语言很多，因此往来频繁，这一度引起了王羲之夫人的不快，认为王家人对谢安热情有余，而对自己娘家的郗家人却有些冷淡，一度叫自己兄弟不要常来王家。后来，她发现谢安对郗家人也是毕恭毕敬的，才释怀了一些。

王献之在谢安的官府里做长史。有一次，王献之称赞谢安潇洒，谢安回答说：“我不潇洒，只是身心比较顺畅罢了。”潇洒一词，最早就出于此，形容神情举止洒脱不拘，或书法超逸绝伦。有一次，王献之去拜谢谢安，出生寒门的习凿齿也在座，王献之不肯与之同坐，谢安看到这般情形，就让王献之跟自己坐。等王献之走后，谢安就告诉在一边的谢朗：“献之虽然清高超群，但这样矜持拘泥，会损害人的自然天性。”可见，谢安虽然才华出众，但心地却还是相当善良的。

谢安与王献之关系虽好，但有时也会闹小别扭。谢安主政时重修建康宫，想请王献之题写太极殿的匾额，他让人把牌匾送到王献之家里去时，没有想到被一口拒绝。没有办法，谢安只能忍着不强求。没过两天，谢安与王献之一起路过太极殿，谢安就带着半开玩笑的口气说：“你顺着梯子爬上去，把字题了吧，从前魏国的韦诞他们就是这样做的。”王献之听后气得半天回不过神来，然后回了谢安一句：“你知道魏国为什么会这么快就灭亡吗？就是因为这个！”然后愤愤然地走开了。谢安一想，这话有道理啊，结果王献之就是不肯题写这块匾额，谢安也没有再为难他。

许多年之后，对于谢安的封谥之事，有人认为谢安生前已占尽风光，不应再加殊礼，而此时的中书令王献之等人则认为谢安鞠躬尽瘁，是东晋勋臣，理应加殊礼。孝武帝最终接受意见，诏赠谢安为太傅，封为庐陵郡公。

琅邪王氏与陈郡谢氏出现过多次通婚的现象，谢安、谢奕与王羲之属于同辈，王导则要比他们高一辈，王羲之的父亲王旷与王导是兄弟，属于同辈。以谢安和王羲之为第一代的话，在第二代中：谢奕是谢安的大哥，其长女谢道韫嫁给了王羲之次子王凝之；谢道韫与王凝之的婚姻似乎不太和谐，才女谢道韫回娘家时抱怨过王凝之迂腐和不够洒脱，不像谢家的男子有风度又潇洒。不过，做了王家的媳妇，谢道韫还是识大体的，不仅王家人认可她，当时的社会名流也都敬仰她。

谢安长子谢瑶，娶了王颐之女王氏。谢安的两个女儿谢氏分别嫁给琅邪王氏中王导之孙王珣和太原王氏中王坦之子王国宝。王珣是一时才俊，书法很好，但是颇有心机，会相时而变，与桓温关系十分密切，谢安觉得这个女婿“有才无德”，最终谢安同意这对夫妇分手，正式离婚了，史称“王谢交恶”。其实不完全对，因为谢安与王羲之一门的琅邪王氏关系还一直非常密切与友好。

谢安 66 岁时在建康病逝，死讯传到王珣耳中，他便跟王献之说：“我想去哭谢公。”王献之大出意外，忙说：“天下人正在等着你呢。”于是，王珣不顾他人目光直奔谢安灵前，恸哭一场，转身而去，都不握一下挂孝中的谢琰（谢安之子）的手，只是表明谢安在他们小辈的心目中还是崇高和值得尊敬的。谢安夫人去世时，王珣当时为仆射，仍因旧怨故意阻挠谢家丧事。谢安儿子谢琰心中十分耻恨，便自造丧车安葬母亲，舆论纷纷指责王珣器量狭小。

如果说王珣是“有才无德”，那么王国宝就是“无才无德”了，这人会谄媚擅谣言，且贪婪、奸诈，太原王氏原本家风忠正，没有想到出了这么个人。王宝国本想借谢安的权势飞黄腾达，就甜言蜜语地整天讨好岳父，结果反而引起谢安的反感，就是不给他高官做。最终，这个王国宝被司马道子当替罪羊给杀了。有如此夫君，真是难为了谢安的小女儿。

在第三代中，谢奕四子谢攸的第三子谢球，娶了王羲之三子王涣之的女儿王德光。最为有影响力的通婚，当属谢安的孙子谢瑍（谢玄之子）与王羲之外孙女刘氏结婚，生育和培养出了谢灵运。

此外，北宋王安石虽然与“琅邪王氏”没有血脉相承的记载，但却也与谢安扯上了关系。王安石的名“安石”，正好与谢安的表字“安石”相同，王安石在退居金陵后买下了谢安的府邸旧址，宅内还留有谢安命名的“谢公墩”。于是，王安石作诗《谢安墩二首》：

我名公字偶相同，我屋公墩在眼中。
公去我来墩属我，不应墩姓尚随公。

这首有着绕口令一般的“打油诗”，却反映出这位宋代宰相对东晋宰相的惺惺相惜和无限仰慕，以能够居住在谢安府邸旧址而扬扬得意，似乎由此可以日夜浸淫在谢安的“东山风度”和“雅道气息”中了。

琅邪王氏与陈郡谢氏在教育子孙方面取得成功，原因固然很多，但最重要的两点，一是优雅的世袭家风，为人才培养营造出良好教育氛围，二是得当的教育方法，雅道在其中起了重要作用。

第三章　陈郡谢氏

《南史》卷十九传论赞谢氏曰："谢氏自晋以降，雅道相传，景恒、景仁以德素传美，景懋、景先以节义流誉。方明行己之度，玄晖藻缋之奇，各擅一时，可谓德门者矣。"说谢氏"雅道相传"，说明这一家族人才辈出，或善于音声，或长于舞蹈，或钟情诗文，或文韬武略，出现了谢鲲、谢尚、谢安、谢万、谢灵运等一大批著名玄谈名士，谢氏人物见于正史的共有五十多位，其中不乏官员、将军、文学家、书法家，仅在吴兴（今天湖州一带）做地方长官的后代就有十人之多。

"雅道相传"四字能够出现在谢氏家族传记中，并不偶然，在这个大家族中正是高度重视雅道的熏陶，才出现一代又一代的大文豪与名雅士。南宋豪放派诗人刘克庄为此以诗评说："江左风流属谢家，诸郎如玉女尤佳。"在这个家族中与雅道直接相关的，除诗文和书法均擅长外，谢玄一度迷恋香道，而谢玄之孙谢灵运则是中国山水诗派的创始人，皎然在史上第一个提出"茶道"概念，还写有一本《茶诀》，可惜此书失传。

一、前辈开局传雅道

西周时期，申伯被周宣王封于谢邑，失去爵位后以“谢”为姓。千余年后，“陈郡谢氏”门庭赫奕，光宗耀祖。“陈郡谢氏”因最初出自陈郡阳夏而得名，即如今河南太康县，历经西晋、东晋、宋、齐、梁、陈六朝，绵延三百多年。

“陈郡谢氏”以谢安为核心，可前溯四代，代代相传，名士成群；下可追十余代，雅道续传，人才辈出，谱写了六朝的名士风流。古今史书中，涉及谢安或陈郡谢氏时，常常会加上一个“雅”字，《南史》说谢氏“雅道相传”，苏轼则诗评“谢公含雅量”和“雅志困轩冕”，辛弃疾也说“谢安雅志还成趣”，而优雅、文雅、清雅、风雅等评价更是散见于各类诗文之中。

陈郡谢氏的祖籍地阳夏，是老子和庄子足迹常到之地，周边的士人受老庄哲学的影响较深。据《晋书》记载，谢安曾祖父谢缵在曹魏时任长安典农中郎将，此时并不显赫，可能刚刚起自寒微，不为世人所重，属于“官一代”，白手起家，奠定基础，以继往开来。

谢安祖父谢衡是西晋儒学大家，博学多闻。永嘉五年（311），西晋王朝内部发生永嘉之乱，大批士族纷纷南逃，时在西晋朝廷任散骑常侍之职的谢衡，为避杀身之祸，举家南逃会稽，落籍于兼有水陆之利的上虞东山，从而成为上虞东山谢氏的始祖。一生笃信儒学又重名物的谢衡对东山的开发倾注了极大的热情，他先是修整了国庆寺，疏浚了始宁泉，继而经过实地踏勘，决定在东山上建造东眺亭、西眺亭、白云轩、明月堂、蔷薇门及供谢氏族人居住的大宅——始宁园等景观，以壮东山声色。可惜谢衡正着手实施其宏伟计划时，竟然撒手人寰了，下葬地就在东山之上。

谢衡担任过吴兴太守、侍中、吏部尚书、中护军等职，属于“官二代”，并开始留迹于江南吴兴。由于谢衡精通儒学经典，在朝中声名显赫而被称为“硕儒”，其官职先从守博士升为国子博士，后来又被擢升为国子祭酒，国子祭酒相当于当时最高学府国子学的“校长”，从而开启了陈郡谢氏重视教育的传统，在家庭中以儒家“五常”为道德准则，努力培养谦谦君子和礼仪之士。

谢安伯父谢鲲，年少时就通达简傲，有超人见识，不修威仪，与精通儒学的父亲不同，他更爱《老子》《易经》，能唱歌善弹琴，追随元康名士，是当时有名的“四友”和“八达”之一。在《晋书》里，谢鲲与“竹林七贤”中的阮籍等并列入传，是一位任性通脱的玄学家，著有玄学文章《元化论序》。对于为官，谢鲲毫不在意，大家都佩服他高远畅达，把荣辱看得淡漠。时任太傅的司马越曾邀谢鲲入仕，但不久又辞退了他，当消息传到谢鲲这里时，他反而操琴放歌，毫不在意，大家都佩服谢鲲的恬静淡泊。后来，谢鲲担任豫章太守时，为官清正廉明，深受百姓爱戴，最终死于任上。如果说谢衡将“内隐”的儒士风范注入了陈郡谢氏子弟的血脉之中，那么，其子谢鲲则开启了谢氏家族“外显”的谈玄家风，形成了“内儒外玄”的家风根基。

谢鲲的儿子谢尚和女儿谢真石与谢安同辈，谢尚多才多艺，工于书法，并精通音律，擅奏乐器，尤其能跳当时流行的鸲鹆舞，还曾为王导等人表演过鸲鹆舞。这种舞蹈跳起来，古书描绘为：“宛修襟而乍疑雌伏，赴繁节而忽若鹰扬。”永和九年（353），正是谢安与王羲之等人在兰亭举办雅集之年，担任尚书仆射等职的谢尚却在谋求恢复晋朝时期的太乐，这是一种朝廷在各种典礼仪式上演奏的音乐，他最终将太乐修缮完备。谢尚自己还是诗歌创作者，据《乐府广题》记载：谢尚身穿紫罗襦，在闹市的一座佛国门楼的胡床上，即兴创作并弹奏了一首琵琶曲《大道曲》："青阳二三月，柳青桃复红。车马不相识，音落黄埃中。"谢尚身上既有从父辈那里继承来的潇洒与儒雅，又为谢氏家风注入了清爽的雅致之风。谢真石的女儿褚蒜子后来则成为太后，曾三度"临朝摄政"，也在朝中巩固了谢氏的地位。

谢安父谢裒（一作褒）在"衣冠南渡"时携家眷正式南迁，在东晋朝中担任过侍中、吏部尚书等要职，虽然已经是"官三代"了，但比起当时的琅邪王氏、谯郡桓氏等名门望族，这样的家世还不足挂齿。谢裒曾为儿子求娶诸葛恢的小女儿而被拒绝，他去世时也只能葬在"冢墓相亚，不可识别"的乱石岗。但到了东晋，谢安主政后，陈郡谢氏的地位才迅速上升。

东晋大兴三年（320），谢安（320—385）出生，排行老三。老大是谢奕，老大的儿子谢玄很出色，谢安后来重用过这个侄儿。老二谢据，很早就去世了，把孤儿托付给了谢安。老四是谢万，老五谢石是淝水之战的前线主帅。老六谢铁，当过永嘉太守。

由于有良好的雅道教育和优越的成长环境，4 岁的谢安已经表现出聪明活泼、异于常人的举动，眉宇间透露着一股孩子身上鲜有的睿智之气。鲁迅在其辑录的《古小说钩沉》中记载：谢安从小出名，北方的慕容垂（后燕成武帝）就派人给谢安送来一对白狼眊，那时谢安 13 岁，慕容垂才 7 岁。白狼眊是用白狼毛做的装饰，一般安在长矛上。

与谢鲲同为"八达"之一的大名士桓彝，在见到少年谢安之后给出的评价是"风神透彻，后当不减王东海"。王东海即王承，是当时极受欢迎的清官，大有君子之风。二十来岁时，谢安等人一起去拜访名士王濛，与众人共解《渔父》，待谢安讲见解时，一连说了万余语，才峰奇逸，萧然自得，在座之人莫不钦服。

谢安年轻时，东晋朝廷就多次要召谢安入宫任职，但都被他以身体有病为借口推辞，并隐居到会稽郊外，东山脚下，曹娥江边，筑室而居。其间，常与王羲之、许询、支道林等名士高僧往来，出则渔弋山水，入则言咏属文，挟妓乐优游山林。人们为此忧心忡忡：谢安不出山，天下苍生可怎么办呀？

谢安“一生好妓乐”，在东山时，他就喜好音乐歌舞，“蓄养家妓”。当时的“妓”主要是歌舞伎，有如大户人家里的“文工团”，不等同于以出卖肉体为主的“妓女”，当然主人与歌舞伎有些暧昧关系还是有可能的。每次出外游赏，谢安总是携带乐伎同行。据说东山后来留下的两个亭堂，就是以谢安最喜欢的两位乐伎的名字来命名的。

李白（701—762）非常羡慕谢安，但又感叹时过境迁，就带着自己的歌伎去过一趟东山，与谢安进行了一次隔空交流，并写了一首《东山吟》，其中四句为：“携妓东土山，怅然悲谢安。我妓今朝如花月，他妓古坟荒草寒。”李白以谢安自况，开头虽有欢喜，但后却见悲凉，表达了李白对时光流逝、物是人非的感慨。在李白的《出妓金陵子呈卢六四首》（其一）中，又写谢安：“安石东山三十春，傲然携妓出风尘。”白居易在《题谢公东山障子》诗则写道：“唯有风流谢石安，拂衣携妓入东山。”杜甫《戏作寄上汉中王二首》亦云：“杳杳东山携汉妓，泠泠修竹待王归。”黄庭坚《醉落魄》曰：“东山小妓携丝竹。家里乐天，村里谢安石。”连谢安的后人皎然在《观李中丞洪二美人唱歌轧筝歌》中都写道：“时议名齐谢太傅，更看携妓似东山。”这些诗人写的都是谢安“蓄养”

东山妓的事情，可见对谢安“蓄养家妓”之事后代文人均念念不忘。

谢安在年轻时就有一种气定神闲、处事不惊的风度。一次，谢安与王羲之、孙绰等人一同坐船出海，一边吟诗作歌，一边欣赏美景。突然风起浪急，大家惊慌失措，大喊赶快回去。但是谢安不慌不忙，到最后就变成他一个人对着海浪放声长啸，直到慢慢地把自己的诗吟完才对大伙说，越是风浪之中，越不要慌乱，大家惊慌的话，就把船弄翻了，我们就可能真的回不去了。谢安的镇定马上让其他人安静下来，船很快也就平安返回了。王羲之后来就找大名士刘惔（谢安夫人的哥哥）商量说：谢安有镇服国家的气度，我们应该一起推举他出山仕官啊！李白根据这事，在他的《与南陵常赞府游五松山》一诗中写道：

安石泛溟渤，独啸长风还。
逸韵动海上，高情出人间。

谢安与东晋文人在东山创造的诗风，被称为“东山风度”。后来谢安出山归仕，但对东山的情结却一直存在。谢安出任宰相后，就在建康（今南京）市东南隅的梅岗附近，命人用土堆垒成小山头，名之小东山，并建有“东山华墅”，模仿会稽东山的景致，有亭子、有竹林，谢安经常带着孩子们在这里游玩。后来，此山成为谢安的魂归之地，周围也有过许多谢氏族人的坟墓，至今犹存。因为谢安与东山的佳话，在中国的词库中就有了东山归隐、东山逍遥、东山再起、归葬东山等这些让人充满想象的词语。

二、雅志成趣数谢安

谢安是陈郡谢氏的“官四代”，但从真正开启辉煌家族史起算，则又可以视作“谢安一代”。公元 359 年，谢安的弟弟谢万北伐前燕失守，士众自行溃败，谢万只身狼狈逃还，回京后被贬为庶人。一个大家庭，怎么能没有一个在朝中谋事的顶梁柱呢？出于重振谢氏门庭的考虑，谢安决定出仕，时已 40 岁。他做的第一个官，是在桓温的军府里当司马。

谢安应朝廷之请，两年后担任吴兴太守。这一官位继续了其父谢裒的位子，谢氏在吴兴第二代再任太守，为吴兴的人文环境建设投入了心血。到太元十八年（393），谢安侄孙谢邈也出任过吴兴太守。吴兴郡当时管辖范围包括如今的浙江湖州、杭州与江苏宜兴，是东晋经济腹地，江东最富庶之地，与当时的会稽郡和吴郡并称“三吴”。从经济和军事上看，吴兴太守是一个相当重要的地方官职，皇帝一向把这个官职安排给既有文韬武略，又有赤胆忠心的精英人才，它也是东晋世家大族晋升的主要路径，“二王”王羲之和王献之父子都担任此职，陈郡谢氏则先后有十人出任过此职。经过几代人的耕耘，陈郡谢氏的影响力在地方上已盘根错节，为江南一带，特别是吴兴地区的文化艺术发展做了大量促进工作。

谢安在吴兴时，组织民工开挖城西官塘，为居民提供优质“自来水”，民获其利，颂其为“谢公塘”，并立碑纪念。到唐天宝末年（756），这块碑石丢了。大历年间（766—779），颜真卿任湖州刺史，就用旧史遗文重立谢公碑，并在碑阴记述重立经过。通过此举，可以看出同为文人出身的颜真卿对谢安的尊敬，他不想让这位从隐士到宰相的千古名士所产生的文化影响力在湖州的历史上消失。后来，谢安又先后担任过诸多官职，实现了从文官到文武双全的过渡，从此声名大起，权势加重。

谢安任宰相后，凭借正确决策与精心治理，东晋出现了空前稳定局面，连前秦的人也不得不承认，东晋虽然衰微，但不曾“丧德”，一段时间内东晋朝廷君臣和睦，上下同心。

谢安相貌英俊，才华横溢，传世诗作有十余首。谢安闲居时，常与子侄们论文作诗，传为佳话。他所喜爱的雅道之类，也影响到周围许多人，在宫中和府内谢安都十分受人欢迎与钦慕。谢安吟诗的语调非常独特，叫“洛下书生咏”，声音高亢，后来成为整个东晋王朝时尚的吟诗语调。其实，谢安患有鼻炎，吟诗时声音浊浓，但士人们仍喜欢听其吟诵，甚至有人故意用手掩着鼻子来模仿他的浊音。

谢安“工书善画”，很喜欢顾恺之的画，称赞其画是“自苍生以来未有也”。可见谢安对绘画有很高的鉴赏能力，经他鉴定并称赞过的书画，往往身价倍增，出现了“谢相一评，挫成美于千载”的现象。谢安推崇王羲之书法，曾随王羲之学行书而笔墨精妙，连王羲之都说：“卿是解书者，然知解书者尤难。”从谢安时常要对书画进行鉴别这一情形来看，反映出当时的士大夫阶层已经有了收藏书画的风尚。

谢安的行书和隶书都写得很好，他的“尺牍”、信札都非常出名。南朝羊欣所编《古来能书人名》及王僧虔《论书》中，都把谢安列入东晋书法家中进行评论。北宋大书法家米芾称赞谢安书法是“山林妙寄，岩廊英举，不繇不羲，自发淡古”。南宋姜夔曾说：“《兰亭集序》及右军诸帖第一，谢安石大令诸帖次之，颜、柳、苏、米，亦后世之可观者。”他把谢安与颜真卿、柳公权、苏轼、米芾相提并论。可惜谢安的书帖留世极少，仅有几幅而已，《宣和书谱》中收录了谢安的三帖行书《近问帖》《善护帖》《中郎帖》，可见其貌，《中郎帖》真迹现藏于北京故宫博物院。

谢安还是一位有着超高造诣的琴师，孝武帝司马曜曾亲自到谢安府邸听他弹琴。《世说新语》记载了一个故事：被誉为“琴棋双绝”的戴安道到建康来，他是一名旷达名士，曾经摔琴也不弹给权贵听。身为宰相的谢安却特别去登门拜访，切磋琴艺。两人一见面，就十分投缘，相谈甚欢。史料记载，谢安用过的一把鸣琴一直被保存到齐代，至少有一百五十年历史，齐竟陵王萧子良在自家庭院里宴请宾客，十分自得地拿出这把琴，欣然请人来演奏。尽管那时战乱不断，武将当道，但大家对音乐与谢安的仰慕之心却一直收藏着。

谢安喜欢下棋，弈在当时也是雅道中重要的内容。前秦苻坚想借统一北方之势，直下东晋，一统天下。谢安临危受命，任谢石（谢安弟）为征讨大都督，谢玄（谢安侄）为前锋都督，率谢琰（谢安子）、桓伊等八万人拒敌。晋书记载，谢玄在淝水之战按照谢安的部署大败苻坚后，派人送文报给谢安告知消息。捷报传来时，谢安正在与客人下棋，他拿起军报稍稍看了一下就放到床边，脸上不露喜色，继续下棋。客人问他前线战况如何了，他才慢慢答复道：“小儿辈，大破贼！”如此气定神闲，不愧为魏晋名士第一人。等到下完棋想回房间时，谢安才抑制不住狂喜跳了起来，结果把木屐齿都折断了，故说其“矫情镇物”。

谢安喜欢弟弟谢万，在他身上没少花过心思；而谢万一直佩服和尊重比自己实际大不了一岁的哥哥，几乎是言听计从。谢万在吴兴郡当官，谢安会早上叩屏风叫谢万赶快起床办公；谢万当将军，谢安亲自去拜访谢万的手下，以“深著恩信”。谢安去世后，谢万伤心得不得了，居然十年不听音乐。

淝水之战的胜利，使东晋摆脱了亡国危机，朝廷奖擢功臣，加封谢安为太保、诏加都督十五州诸军事，任命谢玄为荆、江两州刺史，并且被封有“一门四公”：谢安被封为庐陵郡公、谢石被封为南康郡公、谢玄被封为康乐县公、谢琰被封为望蔡县公，使谢家的尊贵达到了顶峰。但谢安不居功自傲，且担心因此对其他名门有所不公，就建议朝廷同样加封桓氏家人，最终朝廷采纳意见，结果“彼此无怨”。谢安的高风亮节受到世人称赞，到处在传说他的佳话，有如此好的德行一定会被人牢记，事实证明此举不久就得到了回报。

谢安的女婿王国宝不学无术，品行恶劣，一直不受谢安喜欢，也从不重用他。王国宝因此怀恨在心，常到孝武帝面前挑拨离间，这事让桓伊也看不下去。一天，孝武帝在家中设宴，请桓伊吹笛，桓伊“善音乐，尽一时之妙，为江左第一”。桓伊鸣弦歌曰：“为君既不易，为臣良独难，忠信事不显，事有见疑患。周王佐文武，金縢功不刊，推心辅王政，二叔反流言。”唱的是陈思王曹植的《怨歌行》，当时桓伊“声节慷慨，俯仰可观”。晋孝武帝听后羞愤难当，而桓伊冒死进谏之事被传为千古美谈。当时谢安在座，这位在胜利捷报传来时可以镇定续弈的忠臣，此时“已泣下沾衿”，快步来到桓伊身旁，对他说“使君于此不凡”，以表谢意！将士忠臣在战场上可以浴血奋战，在琴声中却会不禁泪流满面，说明雅道在感化人心方面特别有功效，受到陈郡谢氏的特别重视。

北宋文学家苏轼《游东西岩》诗中，开首便是“谢公含雅量，世运属艰难。况复情所钟，感慨萃中年”。在《水调歌头·安石在东海》中，苏轼又写道："一旦功成名遂，准拟东还海道，扶病入西州。雅志困轩冕，遗恨寄沧洲。"在苏东坡眼中，谢安就是一位地道的雅士，才有了雅量，心怀着雅志，相传了雅道。南宋词人辛弃疾在《贺新郎》中写道："谢安雅志还成趣。记风流、中年怀抱，长携歌舞。"明末清初的思想家王夫之评论谢安说："安三宰天下，思深而道尽，复古以型今。岂一切苟简之术所可与议短长哉！"不仅对谢安的深邃思想和修道所为大加赞赏，而且认为正是他的行为，给德行、礼教和雅道等文化行为做了最基本的定型。

在雅道八项中，谢安涉及的领域相当广泛，包括了琴道、书法、绘画、诗歌、收藏等方面，成为雅道相传过程中的典范。

三、雅人深致育精英

陈郡谢氏的雅道相传，在家庭教育中十分注重方式方法。谢安在东山隐居时，兄弟们就把子女的教育都托付给他。谢安喜欢与孩子在一起过逍遥的生活，因此当上"启蒙班"班主任，他一共要教育多少个孩子呢？仅史书上可查人名的就有男孩十一人，女孩四人，或许还有邻里人家送过来的孩子。这种家族内部的带教方式形成了陈郡谢氏由大家族中长辈带领晚辈讲经论文的家庭聚会模式，保证了谢氏家风的延续与发展。

面对孩子时，谢安十分有耐心，从不唐突，言传身教，顺其自然。遇到名流聚会的时候，谢安会请子侄们一起参加，还鼓励他们积极参与讨论，创造机会让他们与高官名士交流。受谢安教育方式的影响，其他名士举行聚会时，也会把自己的孩子拉入队伍之中。谢氏的子侄们都十分敬重谢安，终生难忘谢安的培育之恩。

当时的谢氏家族主要属于道教人家，谢安深谙老子“行不言之教”的道理，处处以身作则，不训斥孩子，更不会体罚孩子，有一次他就与夫人发生了冲突。谢安夫人刘氏，一时对孩子不满意而训斥了孩子，谢安在旁边却一言不发，夫人就问谢安：“我怎么从来没有看见你教训过儿子呢？”谢安只是轻轻地回答说：“我喜欢按自己的方式来教育孩子。”

谢安的二哥谢据早逝，留下一个“胡儿”，即谢朗，由谢安养大。胡儿从小身体不好，谢安对他照顾颇多，也特别疼爱他。谢据小时候发现有老鼠跑到屋顶上，就自己也爬上房，点烟去熏老鼠。邻里都嘲笑谢据，觉得其行为很愚蠢。胡儿长大后，人们还会拿这个事情来嘲笑他。胡儿不知情，就跟着人家一起笑。谢安觉得这样不好，跟着人家来嘲笑自己死去的爹，自己还得意。

有一天，谢安就对胡儿说：“人们拿这件事来嘲笑你父亲，并且还说是我跟他一起干的，以后不要说这事了。”谢安这样说，是不想让儿子小看自己的父亲，就把自己也给扯上了，好让胡儿更容易接受。胡儿听了谢安的一番话后，懊恼烦躁得不得了，竟然一个月“闭斋不出”。魏晋南北朝时期著作《世说新语》的作者刘义庆认为：“太傅虚托引己之过，以相开悟，可谓德教。”谢安以德育人，以德服人，居家入仕都是身体力行，难怪后来的《晋书》评价他：“德政既行，文武用命，威怀外著。”谢朗虽然天资不好，但在谢安的教诲下，长大后担任了朝中著作郎，被史学家评价为“善谈玄理，文辞华丽”。

谢玄是谢安大哥谢奕的儿子，一度喜欢上香道，常佩着紫罗香囊，别手巾垂腰，谢安怕这个侄儿玩物丧志，就想改变他的嗜好。谢安从不训斥他，也考虑到谢玄的自尊心，就一直没有说，他要等到合适的机会来解决这个事。一次游戏中，谢安与谢玄打赌玩，结果谢玄输了香囊。谢安拿到香囊，确认谢玄不后悔了，香囊已经属于自己了之后，就把它扔到火里给烧了。

一次，谢安把子侄都叫到身旁，跟他们谈论人生之道。谢安突然问大家："你们准备怎样面对人世间的事情，可以让自己成为有才之士呢？"孩子们都被问倒了，谢玄开口却说："应该像'芝兰玉树'，在自家门庭前无拘无束地自由生长。"谢安听后微笑颔首，觉得他回答得很好。"芝兰玉树"一词间接表达了韬晦自处、少说多做的意思，流传下来而成为有风度美男子的代名词了。在谢安的教育下，谢玄终成将才，并十分敬重这位叔叔，对谢安交代的事情都能认真办好，让谢安十分放心。后来，谢玄成为淝水之战的前线主帅，打了胜仗凯旋而归。

有错必纠，有对即赞。有一天，谢安问谢玄："为什么晋武帝每次都赏赐很少东西给山涛（竹林七贤之一）？"谢玄想了想说："由于受赐的人要求不多，所以赏赐的人才不觉得少吧！"谢安听了很满意，马上点头称赞，要得少更容易满足，这其中就包括了一定的"德育"成分。还有一次，谢玄与其他人在一起议论"竹林七贤"中的人物，谢安听到后，就马上对谢玄说："前辈们是从不议论与褒贬竹林七贤的。"谢安没有用阻止他们评论别人的举动，而是用前辈的行为让他们自己去思考，以养成他们自己的立身处世之道。

谢安喜欢在家中举办讲论文义、品读诗书的聚会活动，这种雅集可以让子弟们在一起学习切磋，相互砥砺，从而使得家门雍睦，形成很强的凝聚力和向心力，结果子弟中或钟情诗文，或长于乐器，有的工于书，有的擅谈玄，文雅之士辈出族门。尤其值得一说的是谢家才女谢道韫，她是安西将军谢奕的女儿，谢安的侄女。

有一次，7 岁左右的谢道韫与弟谢朗一起，跟谢安讨论诗文，突然窗外飘起了大雪，谢安要他们用诗来回答“何所似也”。

谢朗说：“撒盐空中差可拟。”

谢道韫说：“未若柳絮因风起。”

谢安听了大为赞赏，谢道韫的诗文水平明显在谢朗之上，这就是“咏絮才”的来历。《红楼梦》中“堪怜咏絮才，玉带林中挂”，“玉带林”倒读即是林黛玉，林黛玉更有咏絮词《唐多令》而被认为具有“咏絮才”。

谢安教孩子们读书，自然少不了《诗经》这一课。有一次，谢安问孩子们：“你们觉得《诗经》中哪一句最好啊？”

谢玄说：“昔我往矣，杨柳依依，今我来思，雨雪霏霏。”

谢道韫说：“吉甫作颂，穆如清风。仲山甫永怀，以慰其心。”

谢道韫这句出自《诗经·大雅·荡之什》，“穆如清风”是指像清风那样有化养万物的雅德。谢道韫引用这一句，要比谢玄所引更深沉，谢安十分高兴。随后，谢安也说出了自己的看法，他引了《诗经·大雅·抑》中的一句“訏谟定命，远犹辰告”，其意是“把宏伟的规划审查制订，把远大的谋略宣告于众”。有如此念想，显示出此时的谢安虽在东山隐居，却已志在天下。

谢道韫自幼聪明好学，口才极佳，颇受长辈宠爱。有一次，谢安问谢道韫：“你觉得《毛诗》中哪首诗写得最好？”谢道韫说：“周朝贤臣文能安邦、武能治国的尹吉甫写的《烝民》一诗最好，其诗词清句丽，沐如春风。”谢安一听，竟然与自己的想法不谋而合，非常高兴，当即夸她“雅人深致”。在谢安的词库里，说一个人是雅人，是个很高的评价。

谢安去世后，有一次桓玄问谢道韫，当年谢安高卧东山，没有做官的意思，后来怎么又出山了呢？谢道韫想了想说："对我亡叔来说，出山与不出山，又有什么差别呢？"谢安并非"以天下为己任"者，他只是一位懂得顺应大局和"风宇条畅"的人，希望调顺一切，可以把事情做得无懈可击。出处同归，出山与不出山，人生的境界都是一样的，谢道韫可谓是叔叔谢安的真知音啊！

谢道韫儿时获得的教养，到老还保持着一股优雅之气，始终受人敬佩。王凝之遇害后，谢道韫在会稽寡居，主持残局，但仍不失家风。很多年后，会稽太守刘柳去拜访她，此时的谢道韫虽然已经鬓发苍白，但依然言语流畅，义理通达，虽有家门不幸，却依然风韵高迈，丝毫不失内在的高贵与优雅，令人敬佩。

四、雅意幽情谢灵运

谢灵运是中国山水诗开创者，18 岁袭封康乐公，世称谢康乐，历任永嘉太守、侍中、临川内史等职。从陈郡谢氏的族谱来看，谢灵运的祖父谢玄，是谢安之兄谢奕的儿子，谢安十分喜欢谢玄，重点培养又重点使用。谢玄之子谢瑍承袭封爵，官至秘书郎，26 岁时就早逝，由其子谢灵运承袭爵位。谢瑍天资一般，而谢灵运才气纵横，谢玄生前为此很高兴："我尚且只生了笨笨的谢瑍，谢瑍何以生了聪慧的灵运呢？"

太元十年（385）八月中，谢灵运生于始宁别墅，原名谢公义，字灵运，其母是王羲之的外孙女刘氏，谢灵运是"谢安四代"，只是曾祖父不是谢安，而是谢安的哥哥谢奕。就在谢灵运出世后十几天，谢安在建康乌衣巷的府邸中去世。

由于是三代单传，谢灵运出生时就得到特别呵护，为了确保他的健康成长，谢灵运被送到钱塘（杭州）的道教人家寄养。谢灵运还在外婆家书法气氛的熏陶下，写得一手好字。在良好的家教之下，南朝大臣兼书法家，也是王导曾孙的王弘当时就感叹，谢瞻的好诗、谢灵运的书法，再由谢混咏出，一定会传为文坛佳话的。此时的谢灵运已经显出旷达性格和四溢才华，喜书画，擅吟咏，好斗酒。

到15岁左右，谢灵运被家人接到建康生活。当时乌衣巷里的谢家灵魂人物是谢灵运的叔父谢混。谢混是谢安的孙子，也是晋孝武帝的女婿，他风流倜傥，风格高俊，孤芳自赏，工于诗，喜欢写山水诗。谢混秉承家族传统，对年轻的族人始终愿意费神竭力栽培。谢灵运的父亲去世得早，独子的他更加受到家族长辈的宠爱，养成了任性骄傲与唯我独尊的个性，喜欢“臧否人物”，谢混很想改掉他的这个毛病。一次出游，谢混特意让谢瞻（谢朗孙子、诗人）与谢灵运共乘一车，因为这两人都喜欢争执抬杠，想用以牙还牙的方式压制住谢灵运。果然一上车，谢灵运就开始大放厥词，谢瞻听后马上说他：“你的父亲去世得早，你喜欢别人对此论长说短吗？”谢灵运被问得哑口无言，只得默不作声。从此以后，他就开始注意谨慎说话，懂得收敛了。

谢混有意仿效谢安当年的家教做法，经常组织风流雅集，让年轻的族人在娱乐与竞争中变得更为出类拔萃，这种风雅的“乌衣之游”当时远近闻名，不知羡煞多少文人家庭，并影响到了他们，一度也竞相模仿，形成了良好的家庭教育氛围。据推算，“乌衣之游”发生在公元403年左右，此时谢灵运约19岁。告别“乌衣之游”后，意味着谢灵运结束了学业，开始步入仕途。

谢灵运生性喜好奢华，衣饰时尚，车驾华美，极受当时文人雅士的追捧与喜爱。谢灵运承袭了谢氏家门中的任达之风，个性不羁，不知如何退避与约束自己，朝廷并没有给予他实权，只是给他一个永嘉太守的职位，因此谢灵运常有怀才不遇之感。谢氏祖庭依山傍水，谢灵运经常会与一些隐士出游，过着“来无适从，去无所至”的畅意生活，他为此写下了万言长篇《山居赋》，叙述山中的幽情雅意。

谢灵运喜欢游山玩水，为了方便出游，就自制了一种“屐”，“屐”的前后齿是活络的，可以拆卸，上山时去掉前齿，下山时去掉后齿，可以轻松地登坡和在泥泞中行走，十分方便，被当地人称为“谢公屐”。他的这个发明成为当时最著名的“屐”，李白作诗《梦游天姥吟留别》“脚着谢公屐，身登青云梯”，指的就是谢灵运的这个发明。当年谢安因淝水之战胜利而“屐齿之折”时，可惜还没有谢灵运的发明，否则也就不会折断自己的木屐了。“谢公屐”一直流行到清朝，是当时文人雅士最喜爱的登山装备。

谢灵运喜欢戴一种带有曲柄的斗笠出游，这种曲柄笠可挂脖颈，能遮阳光，不易吹落，戴着它很有古拙之美，又不失名士的雅致，也引得大家纷纷效仿。谢灵运携带大批人马出游，专寻险峰攀登，从始宁南山伐木开道，一直走到临海，当时的临海太守还以为是山贼来搅扰，正想出兵平乱，才知道是谢灵运出游到此了。一路游玩探幽，吟诗作文，好不潇洒自在。谢灵运曾与族弟谢惠连等“四友”一起到山泽之中游览，赋诗属文，被后人称为“山泽之游”。这更像是一种文字游戏，互相激发文学上的灵感，从而留下了大量的诗歌，成为文人雅士的一段佳话。

谢灵运仕途不得志，他所开创的山水诗，把自然界的美景引进诗中，使山水成为独立的审美对象，影响了一代诗风，在他传世的一百零一首诗歌中，有六十多首山水诗，因而被称为中国山水诗鼻祖。谢灵运的作品主要见于《汉魏六朝一百三家集》《全汉三国晋南北朝诗》《全上古三代秦汉三国六朝文》等中。对于家族雅道相传的影响，谢灵运在《山居赋》中这样评述：

六艺以宣圣教，九流以判贤徒，国史以载前纪，家传以申世模，篇章以陈美刺，论难以核有无，兵技医日，龟荚筮梦之法，风角家宅算数律历之书，或平生之所流览，并于今而弃诸。

谢灵运“博览群书，文章之美，江左莫逮”。谢灵运写的诗刚开始传到京城时，一度被竞相传阅与抄写，名噪一时。宋文帝刘义隆对谢灵运的才华很欣赏，把他的文章和书法称为“二宝”，谢灵运对自己的诗文和书法也十分自信，每次作完诗文后总要自己书写完成，因此他的书法之中包含雅道两项：诗文与书法。

谢家人特别懂得营造庭院泉石之美，谢灵运出生处的始宁别墅位于会稽东山西侧约一里之外，左傍太康湖，右临浦阳江，四面有水；东西依山，远方则有天台、太平诸山，面南开门所见则是栖鸡峰；北面则是院山，正是当年谢安高卧的东山，也是谢家祖业所在地。始宁别墅最初由其祖父营造，谢灵运对它改造时，“凿山浚湖”，美化环境，在江水转弯处修建了一间房子，故意建造成朴拙的葺屋乡野感觉，以配临流赏景之趣；又在层岭顶上盖了一处远观楼，供登高远眺之用，建成后成了谢氏族人的世外桃源。梁代谢灵运的曾侄孙谢举将谢宅山斋施舍为庙时，庭院里的泉石之精美曾经轰动一时，引得当时的文人雅士流连。

在谢安一代，道家和玄学思想对家族人员的影响很大，然而成年后的谢灵运却信仰当时在士族中普遍流行的佛教，东晋时形成两大佛教重镇：一是以沙门支遁为中心的会稽佛教团体，二是以名僧慧远为中心的庐山佛教团体，谢灵运没有选择离家较近的会稽佛教团体，而对年高德劭的慧远和尚肃然心服，因此他选择的是庐山佛教团体。

作为一名虔诚的佛教徒，谢灵运亲近慧远、慧严等高僧，先后与十九位高僧往来，他还参与校释佛教经典，译过《金刚般若经注》。慧远和尚曾特意派人从寻阳赶到京城，请谢灵运作《佛影铭》。谢灵运对佛理下过一番深研的功夫，他所撰写的《辨宗论》，折中儒释两家之理，成为顿悟说的重要文献。在《辨宗论》中，谢灵运说："寂鉴微妙，不容阶级。"他认为理不可分，要想得道成佛，若不具有慧业，那是办不到的事情。谢灵运利用诗歌作为弘法工具，撰写了大量佛教题材的诗歌，如《过瞿溪山饭僧》《石壁立招提精舍》《石壁精舍还湖中作》等。为表虔诚之心，他在去世前布施自己的胡须，用来装饰南海祇园寺的维摩诘佛像。

由于谢灵运太过纵情山水，不理政事，被人检举后朝廷派人缉拿他时，他竟然起兵反抗，结果兵败被捕。宋文帝惜他才华，又下诏说："谢玄功勋可比管仲，他的后代应该得到宽恕，免其死罪，流放广州。"在去广州的路上，谢灵运却命人买弓箭刀盾等物，让人去营救他，在此情况下宋文帝下诏在广州处死谢灵运。元嘉十年(433),四十九岁的谢灵运被斩首。在斩首前他留下了一首《临终诗》，其中写道："恨我君子志，不得岩上泯。送心正觉前，斯痛久已忍。唯愿乘来生，怨亲同心朕。"以他佛子之心，叹其君子之志，未竟之业，入灭尽定。

谢超宗是谢灵运的孙子，当年与父亲和祖父一起被发配到广州，后来于元嘉末年回到京城。谢超宗承传了祖父的文采，一时颇负盛名。谢超宗的儿子谢几卿，擅玄理，通儒学，性格不羁，两次被罢官，赋闲在家时常常呼朋引伴，放歌纵酒，不理会别人的议论。

谢灵运的兄弟谢惠连也是一位山水诗诗人，留下了几首山水诗作的佳篇妙文。在南朝后期，又出现了一位可与谢灵运比肩的山水诗人谢朓。谢朓与谢灵运同为陈郡谢氏一族，祖父谢述为宋初宰相刘义康的亲信重臣；父亲谢纬，官至散骑侍郎，谢朓的母亲则是刘宋的长城公主。在谢朓的现存作品中，山水诗有六七首之多。为与“大谢”谢灵运区分，世称谢朓为“小谢”。

五、茶道先人释皎然

皎然是历史上第一位提出“茶道”概念的人，经雅道相传，由皎然首先提出，可谓顺理成章。皎然非常重视茶道中的精神内涵与美学价值，把茶放在雅道体系中，才结出了“茶道”这一硕果。

皎然（约 720—803），俗姓谢氏，名昼，字清昼，湖州长城人（今长兴），自称是谢灵运的十世孙。但据贾晋华《皎然年谱》考证，皎然实为谢安十二世孙，而谢灵运是谢安兄谢奕的曾孙，谢奕与谢安的父亲谢裒，才是皎然与谢灵运的共同祖先，但谢灵运是谢裒的五世孙，而皎然是谢裒的十三世孙，谢灵运与皎然辈分上差八代，而非十代。

出身世族的谢昼，幼时受儒家教育。那时的谢氏家族虽然已经失去了往日光芒，但丰储的家产和宏富的藏书，足以继续惠及后代。在谢昼青少年时代，他阅读最多的是儒墨两家书籍，觉得墨家伤于刻薄，而儒家平和中正，因此谢昼更多涵泳于儒家经典之中。后来，谢昼赴京赶考，却没有想到落寞而归。

天宝三年（744）前后，皎然于润州江宁县长干寺出家，受戒于杭州灵隐寺守直律师，之后曾七载登戒于常州福业寺。天宝后期皎然曾漫游各地名山，“安史之乱”后则开始定居于湖州。皎然重视律学，属于禅宗北宗一系，对律宗、天台宗、密宗、南北禅宗兼收并蓄，自大历后期起则日益倾心于南宗禅。

皎然在潜心佛典之余，留意篇什，雅好吟咏，自称“万虑都尽，强留诗道，以乐情性”（《寄权从事德舆书》）。但是，皎然“隐心不隐迹”，在《酬崔侍御见赠》中他说：“市隐何妨道，禅栖不废诗。”皎然作诗清逸闲淡，兼有意境情趣，宋人严羽《沧浪诗话》评之为“释皎然之诗，在唐诸僧之上”。任继愈主编《佛教大辞典》认为：“其诗论以佛语禅理为喻，沟通了诗与禅的联系，开宋代‘以禅喻诗’之先河，对后世诗学影响甚为深远。”

《新唐书・五行志》说，天宝以后，士人们多寄情于江湖僧寺。因为佛道两教在这个时代都特别提倡一种清净、高雅、淡泊的生活情趣与远离尘世、颐养天年的生活态度，而静谧的寺观多坐落在幽深的山水环境之中，这一切都吻合当时文人希望摆脱人世烦恼的心境。这种时代风尚和人生情趣又影响着他们的审美情趣，而皎然则是他们共同的好友，常在一起，互相感染，互相影响。

皎然虽属禅门中人，但亦受到道教思想影响，在其茶诗中体现出丰富而深刻的道教文化。在皎然的朋友中，不仅有官宦、诗友、茶友，甚至还与女道士李季兰来往颇多，意甚相得。

皎然写有许多著作，记载著有《儒释交游记》和《内典类聚》等四十卷。皎然论诗著作有《诗式》五卷，今存三卷；《诗议》（一作《诗评》）三卷，今存一卷。又有《儒释交游传》《内典类聚》四十卷、《号呶子》十卷、《茶诀》一卷，今皆不传。尤其是他的《诗式》，是唐代诗歌理论的重要著作，有着深刻的思想和完整体系，对后代诗学理论发展影响深远。皎然论诗虽然偏重于诗的艺术表现手法，在自述《诗式》的目的时特别指出这是为了救风雅之将浸，有补于诗教，他说："洎西汉以来，文体四变。将恐风雅浸泯，辄欲商较以正其源。"可见，风雅渐失，才是皎然最担心的事。

唐时的阳羡属于常州，而紧邻阳羡的长兴则属吴兴，阳羡茶在当时已十分流行，这为皎然品茗，获得茶道灵感提供了先天条件。皎然不仅喜茶，而且懂茶，居杼山妙喜寺时与陆羽相识。陆羽当时为安史之乱避祸江南，与皎然一见投缘，结为缁素忘年交，从年龄上看两人相差在十三岁左右，但他们之间显然没有那种所谓的鸿沟。有史料表明，陆羽曾在皎然所在的妙喜寺居住了约三年，皎然与陆羽的友谊，对陆羽产生了重大影响，如果没有皎然的帮助，陆羽很难顺利写出举世闻名的《茶经》。

在皎然《饮茶歌诮崔石使君》一诗中出现了"茶道"一词："孰知茶道全尔真，唯有丹丘得如此。"大意是指谁能知道茶道的全部真谛？只有仙人丹丘子才能够做到。一般认为，这里的"茶道"一词指的是"品茶之道"，即在同诗中提到的"三饮便得道，何须苦心破烦恼"之道。以唐代当时的风尚看，"茶道"主要指煮茶与饮茶之道，有时也泛指饮茶过程中的所悟之道。皎然作为一名禅师，佛家的思想对他的影响更为深刻，由于他修习的是禅宗的"心地法门"，很讲究心性的修养，故而对茶的养心作用尤为重视。

皎然以"在《全唐诗》编其诗为815~821共七卷，他为后人留下了四百七十首诗篇"的地位，足以代表他在诗作上的成就。在全唐两千两百位诗人中，平均每位诗人只收录诗作二十二首，而皎然有四百七十首，是其他人的二十一倍。如果加上后来发现，没有被收录于《全唐诗》中的作品，皎然在世的诗作多达四百八十八首，这在唐代诗人中并不多见。

皎然一生主要涉及了禅宗、茶道与诗文，但在诗文中也常写到花、香与琴，如在《冬日梅溪送裴方舟宣州》中的“平明匹马上村桥，花发梅溪雪未消”，《酬秦山人系题赠》中有“花满不污地，云多从触衣”，《答李季兰》则反映出皎然狂而不荡，外谐内庄的心情：“天女来相试，将花欲染衣。禅心竟不起，还捧旧花归。”“还捧旧花归”意味着此花已从树枝上剪下，正是准备用来插花的，先捧花，再插花。

在《饮茶歌送郑容》中，皎然把茶、花、香融入一诗中，读来让人意气风发，他哪里会想到，他诗中的三样自然宝物，在千年后会成为雅道中的主体，分别演变成了茶道、花道和香道：

丹丘羽人轻玉食，采茶饮之生羽翼。
名藏仙府世空知，骨化云宫人不识。
云山童子调金铛，楚人茶经虚得名。
霜天半夜芳草折，烂漫缃花啜又生。
赏君此茶祛我疾，使人胸中荡忧栗。
日上香炉情未毕，醉踏虎溪云，高歌送君出。

在皎然《观李中丞洪二美人唱歌轧筝歌》中多次提及琴、琴弦与琴声：“君家双美姬，善歌工筝人莫知。轧用蜀竹弦楚丝，清哇宛转声相随。夜静酒阑佳月前，高张水引何渊渊。美人矜名曲不误，甕响时时如迸泉。赵琴素所嘉，齐讴世称绝。筝歌一动凡音辍，凝弦且莫停金罍。淫声已阕雅声来，游鱼噞喁鹤裴回……”特别是“淫声已阕雅声来”一句，分明说出了皎然心目中是有雅之标准的。

皎然生前常与文人学士交往，高吟乐道，他的道行德操，后世学人士子都十分景仰。元和四年（809），太守范传正、会稽释灵澈同过皎然旧院，伤悼良久，在影堂里题诗道：

道安已返无何乡，慧远来过旧草堂。
余亦当时及门客，共吟佳句一焚香。

昔日知己在袅袅香烟中感叹一代豪才的离去。

第四章　雅道之都（上）

说到“都”字，许多人就会想到国都、首都、都城、大都市、京城等概念,说明“都”字的外延其实是相当广的。在通常意义上说，于法律上确定的首都，就是国都，也是一国的政权中心；在经济上形成的优势，则可能会成为一国的经济之都；在人口上具有的优势，则可能成为一国的人口之都。本书的关注点则在人文之都的内涵与外延上，近年来在中国不少地方出现了以“都”自称的城市，例如禅都、茶都、花都、瓷都、陶都、鞋都，等等，这些名称的出现大多也是从经济或旅游的角度做出的营销与推广定位，与人文之都的概念也不尽相同。

本章中把湖州列为茶道之都，把苏州列为花道之都，把扬州列为香道之都，以及把整个江南列为琴道之都，或许这样的定位不能让所有人都接受，但至少可以让热爱雅道的人们去发现更多存在于心中的人文之都，它们就像某一教派信仰者的圣地，值得信徒去朝拜、去祭祖、去追思。要想成为某一领域的人文之都，需要经过历史检验与洗练后的不断确认，而并非靠一时一地的兴盛。

一、茶道之都：湖州

茶道是雅道中极其重要的一个方面，那么中国的茶道之都应该在哪里呢？目前自称“茶都”的地方有不少，包括了福建的安溪（乌龙茶之乡）、浙江的杭州（龙井之乡）、云南的思茅（普洱茶都）、湖南的长沙（神农茶都）等，但这些以产区为特色的茶都，与我们所讨论的以人文为起点的茶道之都并不是一个概念。

京都是日本茶道之都，这是因为几乎所有重要的茶道事件都发生在这个古都之中。日本的茶祖荣西禅师二次入宋求法，回国后在京都建立了建仁寺，成为日本临济宗的大本山，并撰写了日本第一本茶专著《吃茶养生记》。同样从南宋径山学习回国的南浦绍明，把最初的茶道思想传给了一休宗纯，于是京都的大德寺成为了日本茶道的起步端口，再从村田珠光到武野绍鸥，又到千利休，终于在京都打下了日本茶道体系的全部基础。如今，京都依然是日本茶道的大本营，茶道协会的总部也设在了京都。

中国有许多与茶有关的历史名城或名山，例如发现茶功效的神农氏故里，中国历史上第一个以茶命名的行政县茶陵，生长着“南方有嘉木”的云贵地区，茶圣陆羽的出生地湖北天门（竟陵）地区，以及最早出现茶道概念和出版茶著作的湖州地区等。以人文的角度来看，我们认为湖州更具有茶道之都的风范，这是因为：

首先，皎然上人在湖州妙喜寺首先提出了“茶道”的概念。

唐朝时，湖州的妙喜寺附近被称为“妙喜佛国”，共有大小寺院二十多所，庄严净土，梵呗缭绕，皎然担任住持的妙喜寺只是其中一座较大的寺院。附近的霞雾幕山林木翳如，鸟鸣清脆，泉流潺潺，这是禅宗宝地，也是产茶区。皎然可谓是佛门茶事的集大成者，他最早进行实验茶场、实验茶叶的研究，提倡“以茶代酒”，是以茶为饮之风的积极推广者。皎然还是最早“品茗会”“斗茶赛”“诗茶会”的倡导者和组织者，“顾渚茶赛”与“剡溪诗茶会”就是其组织的经典案例。在唱诗活动中最著名的，便是在大历八年至十二年（773—777）期间，颜真卿在湖州任刺史时邀请各路文人修撰《韵海镜源》，召集了包括皎然在内，并以颜真卿和皎然为中心的一个多达九十五人的联唱诗人群，其唱诗作品结集为《吴兴集》十卷。唱诗活动中，文人与僧人品茶论诗，实际上成为了诗之外的“品茗会”和“斗茶赛”，或者就是与茶相结合的“诗茶会”。颜真卿为了答谢修撰《韵海镜源》的各路文人，出资在杼山上兴建一座“三癸亭”，杼山自然成为了“江东名士”的雅集胜地。

“茶道”一词最早正是皎然在中唐时期写的诗句中明确提出来的。在《饮茶歌诮崔石使君》一诗中出现了“茶道”一词：“孰知茶道全尔真，唯有丹丘得如此。”大意是指谁能知道茶道的全部真谛？只有仙人丹丘子才能够做到。一般认为，这里的“茶道”一词指的是“品茶之道”，即在同诗中提到的“三饮便得道，何须苦心破烦恼”之道。以唐代当时的风尚看，“茶道”主要指煮茶与饮茶之道，有时也泛指饮茶过程中的所悟之道。世间许多概念都会随着时代的变迁而有内涵与外延上的变化，“茶道”概念首先出现在湖州，相信绝不是偶然，而是茶文化在此地渗透之下的必然结果。

其次，陆羽在湖州完成了历史上第一本茶著作《茶经》。

陆羽（733—804）自小跟着复州竟陵（今湖北天门市）西塔寺（龙盖寺）住持智积禅师学习煮茶技艺，并迷上了这门技艺。据推测，陆羽前后大约当了十年童僧。“安史之乱”之后，陆羽远离他乡，顺江南而下，约公元760年陆羽在盛产名茶的湖州苕溪结庐隐居下来，与皎然上人结为“缁素忘年交”，陆羽常与皎然、灵彻等人一起切磋佛法，共论禅理，吟诗作赋，酬赠唱和，品茗斗茶，将茶艺与禅机相结合，把饮茶提高到美学和文化的高度。

大约48岁时，陆羽在湖州完成了人类历史上第一部茶学专著《茶经》。这是美国人威廉·乌克斯在《茶叶全书》中做出的判断，但对于《茶经》究竟成书于哪一年，历来观点意见不能统一。陆羽能写成此书，与他长期在茶区生活有关，更得益于他的佛门经历。可以说，《茶经》主要是中国僧人种茶、制茶、烹茶、饮茶生活经验的总结，《茶经》的问世大大地推动了茶文化的传播。陆羽研究种茶、制种、品茶之术，秉承了神农氏衣钵，凡有茶区都愿亲历其境，“亲揖而比”“亲炙啜饮”“嚼味嗅香”，尽显虔诚姿态，此后，华夏人的喝茶风格便定格在陆羽的论述里。

第三，湖州地区最早出贡茶，大唐贡茶院成为中国历史上首座茶叶加工工场。

1990年4月19日，在湖州市罗家浜村窑墩头的一处东汉末至三国时期的砖室墓，发掘出一件青瓷隶书“茶”字贮茶四系罍，说明当时已有“茶”字使用，此罍现藏湖州市博物馆。作为最早的“茶”字铭文贮存罍，它既是中国茶文化历史的重要实物佐证，也是湖州作为中国茶文化发源地的重要实证之一。

南北朝时期的山谦之所著《吴兴记》中记载：“乌程县西二十里，有温山御荈。”温山是湖州弁山诸峰之一，“御荈”说明在南北朝时期，这里的茶叶已声名远扬，并已成为朝廷贡品了，这可谓是全国之最。《茶经》一问世，即风行天下，为时人学习和珍藏。在《茶经》中，陆羽除全面叙述茶区分布、茶叶的生长、种植、采摘、制造、品鉴外，有许多名茶首先为他所发现。如浙江长城（今湖州）

的顾渚紫笋茶，经陆羽评为上品，后列为贡茶；义兴郡（今江苏宜兴）的阳羡茶，则是陆羽直接推举入贡的。

始建于唐大历五年（770）的大唐贡茶院，是督造唐代贡茶顾渚紫笋茶的场所，是有史可稽的中国历史上首座茶叶加工工场。记史料记载：产于长兴顾渚山的紫笋茶是唐代贡茶，自唐大历五年（770）始贡五百串；至会昌中（841—846），岁贡增至18400斤。制作贡茶时，由“刺史主之，观察使总之”。据宋嘉泰《吴兴志》引《统记》载：“长兴有贡茶院，在虎头岩后，曰顾渚。石斫射而左悬臼，或耕为园，或伐为炭，唯官山独深秀。归于顾渚源建草舍三十余间，自大历五年至贞元十六年于此造茶，急程递进，取清明到京。”到了元代，贡茶院改为磨茶院，院址移至水口。紫笋茶作业贡茶，历经八百七十多年，是中国历史上进贡时间最长的一种贡茶。如今，顾渚贡茶院虽废圮，但院址遗迹依然可辨。

第四，石屋清珙禅师在湖州培育了韩国临济宗祖师，将煮茶饮茶视为每日功课。

到了宋末，石屋清珙禅师（1272—1352）在湖州霞雾山筑庵，他是临济宗第十八代传人。石屋清珙出生在常熟，其先后随高峰原妙禅师和及庵信禅师修禅，吟诗悟道，诗有寒山余风，学成之后更是道名远播，激扬禅风。后来，高丽人普愚太古跟随石屋清珙禅师，学成后回到高丽弘法，成为韩国临济宗的第一代祖师，并被高丽国国王奉为国师，此后，高丽国又派出六十多位沙门弟子到妙西霞雾山参拜祖庭。石屋清珙禅师“四十余年独隐居，不知尘世几荣枯”，到81岁还眼不花，耳不聋，他写的字全是蝇头小楷。

石屋清珙禅师喜茶、种茶、饮茶，在诗中处处流露着禅的“清高静寂”和茶的“正清和雅”，将禅修与茶相联系，“禅余高诵寒山偈，饭后浓煎谷雨茶。”“钟敲寒夜月，茶煮石池冰。客问西来意，唯言我不能。”他把煮茶饮茶视为每日功课：“长年心中浑无事，每日庵中乐有余。饭罢浓煎茶吃了，池边坐石数游鱼。”普愚太古回到高丽后，也念念不忘石屋禅师亲手栽种的“霞雾茶”。自1996年以来，韩国临济宗门人多次到妙西登山，寻访茶的遗迹，拜谒禅师灵塔。如果说径山影响了日本的茶道起源，那么霞雾山则推动了韩国的茶道缘起，湖州在中韩两国的茶道发展史上都留下了重要的一页。

第五，湖州地区及其周边地区，是出现茶诗茶著作最为集中的地区之一。

太湖流域的湖州、苏州、无锡等地，人杰地灵，特产丰富，除了皎然和陆羽留下了诸多关于茶的诗文外，还有不少文人墨客也在中国茶文化发展史上留下重要一页。唐代时，裴汶在湖州刺史任上，约在元和六年到八年（811—813）间写有《茶述》一文。陆龟蒙（？—881）是紧邻太湖的吴郡长洲人（今苏州吴中区），曾任苏、湖二郡从事，作有《奉和袭美茶具十咏》，对茶坞、茶人、茶笋、茶籝、茶舍、茶灶、茶焙、茶鼎、茶瓯、煮茶分别进行了描写与歌颂，以诗人的灵感、丰富的辞藻，艺术、系统、形象地描绘了唐代茶事，对唐代茶事活动与茶道文化研究具有重要意义。

宋代时，长洲人丁谓（966—1037）作有《北苑茶录》；长洲人叶清臣（1000—1049）作有《述煮茶泉品》。明代时，苏州常熟人钱椿年删校、长洲人顾元庆（1487—1565）原辑有《茶谱》；苏州吴县包山人张源作有《茶录》；苏州昆山人张谦德作有《茶经》；长期隐居茶区长兴的周庆叔作有《岕茶别论》。除此之外，在原属江苏、今属上海的嘉定和松江地区，浙江的杭州、绍兴、宁波等地区，以及江苏的常州、扬州、镇江等地区，也有不少文人写下了与茶相关的文章和著作。这些地区可以说都是以湖州为中心，沿太湖流域扩散，形成了一个共同的茶文化圈，谱写了中国茶道发展过程最重要的篇章。

第六，自南宋之后，茶文化重心向包括余杭径山在内的杭州地区集聚，但人们仍然不时回望湖州的茶文化高地。

自 1127 年北宋灭亡后，南宋皇室于 1138 年定都临安府（今浙江杭州），历经一百五十二年。嘉定年间（1208—1224）径山被列为江南“五山十刹”之首，僧众达三千，被誉为“东南第一禅寺”。名茶、良泉、水煮笋成为径山三宝。径山是茶道中茶宴与茶礼的发祥地，密庵咸杰禅师作为弘扬茶道第一人，在日本受到广泛尊重，日本茶道的最初形态可以说直接从径山带回。从密庵咸杰后的谱系得知，其下三系及再传弟子，都对径山禅茶文化的形成、发展与发扬，并对传播东洋做出了杰出的贡献。径山与湖州都属于浙江北部，两地相隔不过一百公里，可以说茶道文化中心自唐代的湖州，一度向西南将重心转移到了径山。

南宋时，杭州作为国都，也是中国茶文化的最重要的聚集地，许多重要的茶事文化活动又从径山移到了杭州。杭州离湖州也在一百公里左右，离径山仅有七十公里，此时的茶道文化构成了一个三角形地带，点茶是那个时代的代表性茶道方式与礼仪，传到日本后就成为了后来的日本抹茶道。在之后的历史进程中，杭州作为重要的茶文化基地的角色一直保留着，直至今日。如今的中国茶道文化的重镇无疑是杭州，一些重要的茶科技、茶教学、茶文化等项目都在杭州落户并影响全国，这与湖州在历史上的茶道贡献不无关系。但是，如果将杭州作为一个茶道之都的角色来考量的话，似乎还缺少足以让所有茶人折服的重大茶道事件、重点茶道人物和重要茶道著作的完整贡献，因此，人们还是愿意将湖州作为中国茶道文化的历史高地继续朝拜。

二、花道之都：苏州

在世界上，人们把“花都”的美名给了巴黎，而更多的旅游者又把荷兰定为自己心目中的世界花都。在中国，广州一直自称为中国的“花都”，还建立了市属花都区，但这些都是以种植鲜花多、交易多、装扮多而获得的美誉。如果以花道为观察视角，这些地方或许就排不上号了。日本花道协会的总部在京都，许多花道流派的总司厅（总部）也在京都，因此京都自然成了日本的“花道之都”。那么，中国的“花道之都”又可能在哪里呢？

在黄永川先生的《中国插花史研究》一书中，共列出中国古代插花人物八十位，其中隋唐五代七位、宋代金朝西夏二十七位、元代十位、明代二十六位、清代十位。对这些人物的出生地，或主要工作与生活地分析发现，江南一带的插花人物最多，其中尤其以苏州最为突出，不仅有宋代的范成大，更有明代的袁宏道、张谦德、文徵明及其曾孙文震亨，杨基、刘广、沈周、陈淳、陆治、陈栝等。更主要的是中国插花史上两本最重要的著作《瓶花谱》与《瓶史》的诞生都与苏州有关，如同“茶道”一词与《茶经》一书诞生于湖州一样，让研究中国插花与学习传统插花的人无论如何都难以跳过这一重要的花道重镇。《瓶花谱》与《瓶史》两书被誉为中国插花典籍中的双璧。在此，我们可以对苏州的插花历史事件做一梳理。

第一，宋代文学家范成大著《梅谱》和《菊谱》，并为南宋重要的插花高手。

范成大（1126—1193），早年自号此山居士，晚号石湖居士，吴县（今苏州）人，是南宋名臣、文学家和诗人，作诗题材广泛，以反映乡村自然与社会生活内容作品的成就最高。范成大善书法，明陶宗仪《书史会要》谓范成大“字宗黄庭坚、米芾，虽韵胜不逮，而遒劲可观”，范成大的书法受其母影响较大，其母蔡夫人是北宋四大书家之一蔡襄的孙女。范成大于晚年隐居石湖后，全力经营石湖的范村，“以其地三分之一与梅”，在石湖度过了长达十年较为闲适而优裕的生活，于淳熙十三年（1186）写下了最后的名作《四时田园杂兴六十首》，并于绍熙三年（1192）左右为家乡撰写了《吴郡志》。范成大祠正式落成于正德十五年（1521），专为纪念范成大而建，原有宋孝宗御书“石湖”御碑、田园诗碑和范成大像，是为三大镇祠之宝，现仅存明代摹刻的范成大手书六十首《四时田园杂兴》诗碑七块。范公祠又称石湖书院，为明代唐寅、文徵明、沈周等文人才子读书作画之地。

范成大喜好插花，尤以梅花瓶插为最爱，他曾任职于临安（今杭州）和处州（今浙江丽水），有《梅谱》和《菊谱》传世，曰:“梅以韵胜，以格高，故以横斜疏瘦，与老枝怪异者为贵。”插花以梅为主，以怪为先，韵为上，具有独特的审美情趣，并留下了插花诗篇，其《春来风雨，无一日好晴，因赋瓶花二绝》诗曰：

满插瓶花罢出游，莫将攀折为花愁。
不知烛照香薰看，何似风吹雨打休?
酒冷花寒无好怀，柴荆终日为谁开?

三分春色三分雨，疋似东风本不来！

《丁未春日瓶中梅殊未开二首其一》则写道：

夜雪腊前冻，朝阳春后苏。
人怜疏蕊瘦，花笑病翁臞。
露白能多少？寻春似有无。
诗催全不力，煮水换铜壶。

“煮水换铜壶”，意为使梅花开透可以煮水催之，为防瓷瓶破裂而换铜壶之说，他将梅、腊梅、水仙这三种冬季花合插，色彩典雅，成后世之典范。

第二，明代18岁才子张谦德著《瓶花谱》，影响到五年之后的《瓶史》问世。

张谦德（1577—1643），字叔益，后改名丑，字青父，号米庵，又号蘧觉生，昆山人。张谦德于万历二十三年（1595）著《瓶花谱》，万历四十三年（1615）得米芾“宝章待访录”真迹，改号米庵。张谦德是明代著名书画收藏家、藏书家和文学家，著有《清河书画舫》十一卷，对“鉴定之学”做了较为深入的叙述，很长时间都成为收藏鉴赏家辨验书画真伪的参考书。他认为“鉴赏二意，本质不同”，应该先看精神、气质，再看有无皇家收藏记载，有无名人题跋；要买纸画，不要买绢画，因为“纸寿千年”。

张谦德18岁著《瓶花谱》，19岁著《茶经》，还著有《焚香略》等，因此他在雅道八项中涉及了茶、花、香、书、画、收藏与诗词七项，可谓才气过人，雅道通识。《瓶花谱》较高濂《瓶花三说》问世稍晚，却比袁宏道《瓶史》早了五年。《瓶花谱》承前启后，功不可没，是论述瓶花艺术的较早专著。全书分为品瓶、品花、折枝、插贮、滋养、事宜、花忌与护瓶，共八节，前两节记叙较为详细。张谦德写《瓶花谱》前后几年，与两位雅道人物有关系：

一是金润。金润生于1405年，卒年不详，字伯玉，又字静虚，上元（今南京）人。幼即嗜学，年12能赋诗，年方18著《瓶花谱》一书，明代正统（1436—1449）间举乡贡，授兵部司务；精通音律，工书画，尤为擅长瓶花技艺。可惜金润所著《瓶花谱》全书失传，从张谦德《瓶花谱》自序看，他是见过金润所著《瓶花谱》一书的，并在同名书中流露出年少得意之态，金润所著《瓶花谱》在瓶花理论上已较成熟，张谦德为此受到不小启发。可贵的是，两种《瓶花谱》，同朝代相隔一百五十年，两位作者成书之年都是18岁。

二是袁宏道。袁宏道的《瓶史》比张谦德的《瓶花谱》晚五年问世，在写《瓶史》之前，袁宏道是否见过张谦德的《瓶花谱》以及张谦德本人呢？史料虽然没有记载，但见过的可能性较大。袁宏道比张谦德年长九岁，两人属于同一时代的人物，从时间上看完全有见过面的可能；张谦德是昆山人，明朝时属于苏州府管辖；万历二十三年（1595），正是张谦德《瓶花谱》成书之年，此年袁宏道被选为吴县县令，古时吴县的主体即为如今苏州市吴中区，可见两人在地理上相见的可能性也极大，都在苏州府的范围之内。一个合理的推演是：刚刚上任的县官袁宏道，看到了张谦德的《瓶花谱》，受其启发，袁宏道在几年后出版了自己的插花著作《瓶史》，时年32岁。《瓶史》虽后于两种《瓶花谱》，但论述与体例更加完善，因此《瓶史》的历史价值要比两本《瓶花谱》更大一些。

第三，明代袁宏道著《瓶史》，开创中国插花新时代。

袁宏道（1568—1610），字中郎，又字无学，号石公，又号六休，湖广公安人。万历二十年（1592）进士，历任吴县知县、礼部主事、吏部验封司主事、稽勋郎中、国子博士等职。袁宏道与其兄袁宗道、弟袁中道史称“公安三袁”，三兄弟个个有才气，袁宏道是三兄弟中成就最高者，他在文学上反对“文必秦汉，诗必盛唐”的风气，提出“独抒性灵，不拘格套”的性灵说。袁宏道著作流传至今的有《潇碧堂集二十卷》《潇碧堂续集十卷》《瓶花斋集十卷》《锦帆集四卷》《去吴七牍一卷》《解脱集四卷》《袁中郎先生全集二十三卷》《梨云馆类定袁中郎全集二十四卷》《袁中郎全集四十卷》《广陵集》《袁中郎文钞一卷》等，其中《满井游记》一文被编入八年级（下）人民教育出版社语文课本内，写花朝节过后到北京东直门外郊游观景的感受，是一篇与花道有关的游记散文。

《瓶史》成书于1600年，袁宏道虽然已经离开苏州，但之前在吴县县令任上的经历，让他对包括插花在内的“吴人技艺”印象深刻，多少受到感染与影响。他十分清楚江南的流行风气，并敏锐捕捉到了这种习气，他《时尚》一文中记有：“近日小技著名者尤多，然皆吴人。”在吴县县令任上时，袁宏道在给妻弟李学元的信中说，“人性必有所寄，然后能乐”，暴露出了他追求“闲适”的美学观念，把审美情趣与人生悟道紧密地结合到了一起。《瓶史》正文共十二篇，加上“小引”，实为十三篇，从鉴赏角度论述了花瓶、瓶花及其插法。上卷为瓶花之宜、之忌、之法，显然受到了高濂《瓶花三说》的影响；下卷分花目、品第、器具、择水、宜称、屏俗、花崇、洗沐、使令、好事、请赏、监戒等，也从张谦德的《瓶花谱》那里得到借鉴。因此，《瓶史》具有后发优势，比《瓶花三说》和

《瓶花谱》更详尽、更完善地论述了中国瓶花艺术。袁宏道有一诗《戏题黄道元瓶花斋》：

朝看一瓶花，暮看一瓶花。花枝虽浅淡，幸可托贫家。
一枝两枝正，三枝四枝斜。宜直不宜曲，斗清不斗奢。
仿佛杨枝水，入碗酪奴茶。以此颜君宅，一倍添妍华。

从诗中可见袁宏道不愧为“吾国一个插花专家”（周瘦鹃《日本的花道》中评价），诗中五至八句，言简意赅，如插花歌诀，也是对《瓶史》的诗化注脚。

《瓶史》虽然不是中国第一部描写插花的著作，但影响却是最大的，并且对日本的花道发展产生深远刻影响。《瓶史》成书于1600年，但不久已经传到日本，日本日莲宗僧人元政（1623—1668）在给元赟的信中已经写道：“数日前探市，得《袁中郎集》，乐府妙绝，不可复言，《广庄》诸篇识地高，《瓶史》风流，可见其人。又尺牍之中，言佛法者，其见最正，余颇爱之，因足下之赐也。”在《瓶史》出现之后不久，日本人已经看到了论述插花的《瓶史》。又过了大约五十年后，即在日本元禄九年（1696），随着刻本《梨云馆类定袁中郎全集》在日本的传播而广为人知，《瓶史》的影响力日益扩大。大约再过一百年，约在日本文化年间，日本出版了几种适合本国人阅读的注释本，以日本人的眼光来解读《瓶史》的美学价值。

日本著名花道家望月义想（1722—1804）从阅读《袁中郎全集》开始，一发而不可收，开始聚焦研究《瓶史》，并以《瓶史》的理论创立了独具特色的“袁中郎流”（后改称“袁宏道流”），与诸多同好一起把《瓶史》作为插花艺术的理论来学习并付诸实践，其弟子原溪岸、山和井因此著有《瓶史述要》。他的高足桐谷鸟习稍后又著有《瓶史国字解》四卷，以日文来注释《瓶史》，此书序言说：《瓶史》最迟在清康熙元年（1662）前已东传到日本，“前者黎云斋者，据石公《瓶史》建插花法，自称宏道流，大行于世”。刻本于日本文化六年（1809）正月的《瓶史国字解》，用日文详细解读了袁宏道的插花艺术和美学思想，成为日本“宏道流”插花的由来。这一方面说明包括《瓶史》在内的袁宏道著作在日本早已广泛流传，以至可以在市场上获得，另一方面说明日本僧人在雅道的实践与推广方面一直没有缺席，并对《瓶史》赞誉有加。

第四，文徵明与文震亨，相隔四代却同样爱好插花并绘画插花。

文徵明（1470—1559），明代杰出画家、书法家、文学家，因先世衡山人，故号“衡山居士”，长洲（今江苏苏州）人。文徵明为人谦和而耿介，不事权贵，尤不肯为藩王、中官作画，任官不久便辞官归乡。文徵明的书画造诣极为全面，诗、文、书、画无一不精，人称“四绝”全才，在画史上与沈周、唐伯虎、仇英合称“明四家”（“吴门四家”）；在诗文上，与祝允明、唐寅、徐祯卿并称“吴中四才子”。 在绘画与诗文中，文徵明不时会描述或描写插花意境。《瓶花谱》作者张谦德的祖父及父亲皆与文徵明父子为姻娅和世好，所以两家可谓博雅君子组合。

文徵明的曾孙文震亨则是一位地地道道的插花高手，他比张谦德小八岁，出生地长洲与张谦德出生地昆山县为邻县。文震亨（1585—1645），是一位作家、画家、园林设计师，天启五年（1625）恩贡，崇祯初为中书舍人，给事武英殿。文震亨的小楷清劲挺秀，刚健质朴，一如其人，书画咸有家风，山水韵格兼胜，代表作有

《长物志》。《长物志》全书共十二卷，涵盖室庐、花木、水石、禽鱼、书画、几榻、器具杂品之属、位置、衣饰、舟车、蔬菜、香茗等。文震亨走的是“雅人深致”的上层精英路线，崇尚古、雅、韵。文震亨好友沈春泽在为《长物志》所作的序言中讲到，书中所谈虽是些琐杂碎细之物，不能挡寒疗饥，于人是闲事杂物，于己却是宝贵之物，视为连城美玉，不惜一掷千金。而恰恰是驭物有道，才能看出一个人有没有韵、才、情。在有关瓶花、盆玩、花瓶条目中都有他关于插花的纪事。

第五，苏州文人雅士都喜爱插花建园林，清代沈复是其中的代表人物。

到了清代，苏州又出现了一位雅道君子，那就是沈复（1763—1832）。沈复，字三白，号梅逸，长洲（今苏州）人，清代文学家。沈复出生于姑苏城南沧浪亭畔一士族文人之家，曾以卖画维持生计，19 岁入幕，此后四十余年流转于全国各地。代表作《浮生六记》是他的一部自传体作品，“浮生”取一生浮荡不定之意，源自李白《春夜宴从弟桃李园序》中“浮生如梦，为欢几何”的感慨。全书原有六记，现存四记：《闺房记乐》《闲情记趣》《坎坷记愁》《浪游记快》，后两记《中山记历》《养生记道》已失传。中国现代文学大师林语堂曾将《浮生六记》翻译成英文介绍到美国，也得到俞平伯等名家的赞誉，之后又被翻译成十多种文字在不同的国家出版。《浮生六记》第二卷《闲情趣事》中有不少关于插花的描述，例如讲插花插制要讲究“起把宜紧、瓶口宜清”的要领，并提出“每瓶取一种，不取二色”，这是自宋代插花开始崇尚简约的风格，用一种植物创作的插花一直被奉为“书斋清供”的最高规格。

此外，在苏州周围也存在着一些插花高手，这种在近域上的相互影响，致使插花在整个太湖流域都成为一种广泛存在的雅好。元代时无锡人倪瓒（1301—1374），擅画山水、墨竹，书法从隶入，有晋人风度，亦擅诗文，他也喜欢插花建园林。明代高濂的《瓶花三说》较《瓶史》和《瓶花谱》成书都要早一些，但影响不及后两书，高濂是钱塘人（今杭州），也算是在太湖流域的辐射范围之内。围绕着太湖，有这么多的插花事件与苏州有关，相信以花道之都来称号苏州，最能获得花道人士的认可。

第六，较早从整体上关注日本花道和宏道流的是一位苏州作家周瘦鹃。

周瘦鹃（1895—1968）是一位著名作家，同时也是一位爱好插花的文人。他原名周国贤，苏州人，系现代杰出的作家和文学翻译家，曾任苏州市园林管理处副主任、苏州市博物馆名誉副馆长等职。周瘦鹃爱好园花卉草木，一边写作，一边以相当大的精力从事园艺工作。1938 年冬，周瘦鹃加入已有数十年历史的上海中西莳花会，在莳花会展出比赛中，以古朴、典雅、独具特色的中国盆景、盆栽艺术两度夺魁，获得彼得葛兰奖杯。后来，他开辟了苏州有名的“周家花园”，周恩来、叶剑英、陈毅等领导人都曾多次前往参观，许多外国朋友也不断登门观赏。可惜的是，1968 年 8 月周瘦鹃被残酷迫害致死，“周家花园”也横遭践踏摧残。在周瘦鹃的小品文中多次提及日本的花道和宏道流，在《夏天的瓶供》一文中，他这样写道：

明代小品文专家袁宏道中郎，对于插花很有研究，曾作《瓶史》一书，传诵至今，并曾流入日本。日本人也擅长插花，称为“花道”，得中郎《瓶史》，当作枕中秘宝，并且学习他的插花方法，自成一派，叫作“宏道流”。

在周瘦鹃著、王稼句整理的《花花草草·周瘦鹃自编小品文集》（中华书局，2019年2月出版）中有一篇《日本的花道》的文章，也写到了宏道流及其第六代家元望月义耀：

明代袁宏道中郎，喜插瓶花，曾有《瓶史》之作，说得头头是道，可算得是吾国一个插花的专家。陈眉公跋其后云：“花寄瓶中，与吾曹相对，既不见摧于老雨基风，又不受侮于钝汉麁婢，可以驻颜色，保令终，岂古之瓶隐者欤？”中郎之爱瓶花，又可于他的诗中见之，如《戏题黄道元瓶花斋》一诗云：“朝看一瓶花，暮看一瓶花。花枝虽浅淡，幸可托贫家。一枝两枝正，三枝四枝斜。宜直不宜曲，斗清不斗奢。仿佛杨枝水，入碗酪奴茶。以此颜君斋，一倍添妍华。”第五句至第八句，就是他插花的诀门，三言两语，要言不烦，可给他的《瓶史》做注脚。

日本人见了《瓶史》，大为钦佩，就将中郎的插花诀门广为传布，称为“宏道流”。日本对于插花，当作专门技术，美其名曰“花道”，与专研吃茶的茶道并重；凡是姑娘们在出嫁之先，必须进新嫁娘学校，学会花道，要是做新嫁娘而不会插花，那就不成话了。

日本的花道，历史也很悠久，还是开始于江户时代，流派很多，有池坊流、远州流、青山流、未生流、松月堂古流、慈溪流、美笑流、古远州流、古流、千家古流、东山慈照院流、相阿弥流、靖流、竹心流、流源流、庸轩流、一圆流、绍适流、源氏流、春山流、石州流等，这都是他们自己标新立异的派别，而取法于我们中国的，那就是独一无二的宏道流。

从行文中可见，周瘦鹃先生是相当了解日本花道的，虽然全文不长，但已经基本列出了日本花道中的主要流派，可以说他是中国较早从整体上去观察和思考日本花道流派的文人，尤其是关注到了因《瓶史》而创立的宏道流，并对宏道流的插作技法有了最基本的认识。

以上六点的事件发生地都集中在苏州，这种情况在其他地区很难出现，或许在一些城市中也发生过重要的插花历史事件，但分散与偶然出现的人与物，还难以构成作为花道之都的基础，而苏州有理由担当起中国花道之都的重任。

三、香道之都：扬州

比起茶道与花道，香道的地区特点并不十分明显，而自称“香都”的地方却不少，有广东的东莞、江西的金溪、福建的永春等。这些或是出产香材的地区，或是生产制造线香的地区，有些还是化学香的生产地，主要供应给寺庙用于供香的大众香，与我们讨论的香文化中的鉴香品香与用香礼仪并不相同，更与香道之都的概念相距较远。从文化的属性来看，倒是江苏的扬州更具有香道之都的风范，扬州本身不是产香地区，却在香道文化的传播上有过不少可圈可点的历史传统。

第一，扬州在隋唐时期已建立起当时最大的国际香料市场。

自古以来，华夏就划分为九个区域，即所谓的“九州”，《尚书·禹贡》记载：九州顺序分别是冀州、兖州、青州、徐州、扬州、荆州、豫州、梁州和雍州。在周代时，徐梁二州分别被并入青州与雍州，故而少了徐州和梁州，但扬州一直是九州之一。《尔雅·释地》中更是把扬州等同于东南，曰："江南曰扬州。"《吕氏春秋》也载："东南为扬州，越也。"先秦时代的扬州涵盖了江南吴越故土，用香之俗在淮河以南的长江流域较早兴起。东晋权臣、琅邪王氏代表人物王敦在西晋官至扬州刺史，记载其生平的《晋书·王敦传》中有一段话：东晋巨富石崇家的厕所"常有十余婢侍列，皆有容色，置甲煎粉，沉香汁，有如厕者，皆易新衣而出，客多羞脱衣"。可见其时用香已经相当普遍，富贵人家常用香来熏宅或染衣，以示典雅。

《香乘》记载："晋武时外国亦贡异香，迨炀帝（即隋炀帝杨广）除夜火山烧沉香、甲煎不计数，海南诸香毕至矣。"唐代韩偓在《开河记》中写道："炀帝御龙舟幸江都，舳舻相继，锦帆过处，香闻十里。"隋唐时期，扬州是陆上丝绸之路与海上丝绸之路的交会点。在当时的国际贸易中，香料交易是非常重要的一项，这个时期的扬州自然形成了当时最大的国际香料市场，香料的大流通推动了隋唐时期香道文化的大发展。由于香料贵重，外商就用它和珠宝来换取中国的丝织品、瓷器与茶叶，特别是中唐之后的海上丝绸之路，更被称为"香料之路"，扬州正是以香道文化展现出丝绸之路上的城市魅力。

第二，唐朝鉴真东渡，把中国的香文化带到了日本。

鉴真（688—763），唐朝著名高僧，俗姓淳于，广陵江阳（今扬州）人，律宗南山宗传人，也是日本佛教南山律宗的开山祖师，曾任扬州大明寺住持，应日本留学僧请求，先后六次东渡，以为弘传佛法，促进中日文化的交流。公元753年，鉴真东渡成功，将合香技术传到日本后，系统地传播了唐朝用香仪轨和合香之法，日本贵族开始学习唐人品香和制香方式。鉴真东渡的初衷是传授戒律，结果却在医药、香料等科学与文化史上成为重大事件。据《唐大和上东征传》记载，鉴真在第二次东渡时，采购了“麝香廿（二十）脐，沉香、甲香、甘松香、龙脑香、胆唐香、安息香、栈香、零陵香、青木香、薰陆香有六百余斤；又有毕钵、呵梨勒、阿魏、石蜜、蔗糖等五百余斤”。在第五次东渡时，“天宝七载春，荣睿、普照师从同安郡至扬州崇福寺大和上住所。大和尚更与二师作方便，造舟、买香药，备办百物，一如天宝二载所备”。在东渡准备中，将“买香药”特别提出，并作为与“造舟”同等地位之事，可见香药对鉴真东渡的重要性。鉴真东渡所准备的香料，并不是扬州所产，基本来自边疆和域外，东渡采购的这些香药产地的多元化，说明扬州作为香料集散地的国际化特征。公元7世纪70年代以后，日本遣唐使无论走哪条航线最终都会在扬州集中休整，回国的物资采购也放在扬州，其中就包括香料。日本直到德川家康（1543—1616）时期，才真正直接从东南亚进口香料，在这之前香料进口基本都从中国周转。

鉴真以僧团的力量把掌握的盛唐医药与合香知识系统地传授给日本。虽然鉴真视力不好，但他依然可以用鼻之嗅气、口舌之尝味、手之扪捏、耳之闻声来鉴别。鉴真对日本奈良时代及平安前期的贵族用香，有“画龙点睛”之功。唐代的用香文化又经“和风”熏陶发展，成了今天的日本香道。当时日本贵族们所用的熏衣香，有很多是直接由唐朝引入，或依照唐朝传入的香方调制而成。唐朝的香料在使用时一般制成香丸、香饼、香粉、香膏等，有的是涂敷使用，更多的是借助炭火加热出香。鉴真传授到日本的主要是配制香品的方法，即根据国药“君、臣、佐、辅”的原理将各种香料进行配伍，在今天的奈良唐招提寺里，还能购买到根据鉴真带去的配方调出的“唐香”。由于鉴真师徒的努力，唐朝的香道文化开始深刻影响日本平安时代的宫廷和贵族生活，描写日本古代宫廷生活的《源氏物语》中，有大量用香场景的描写，每个贵族家庭都有自己专属的药香方子，独特的香气是家族的文化符号。在鉴真圆寂后，他的随行弟子法进继续讲授医药与香药，后来传承其术的徒孙有东大寺的惠山、元兴寺的圣一、山田寺的行潜等。唐风香道文化在皇室和贵族阶层中的推广，对后来日本香道的形成是一个开创性的起点。

第三，北宋时期扬州文学家秦观的诗词中出现许多关于香的描写。

秦观（1049—1100），高邮（属扬州）人，字少游，一字太虚，别号邗沟居士，学者称其淮海居士，苏轼戏呼其为“山抹微云君”。秦观官至太学博士、国史馆编修，一生坎坷，所写诗词，高古沉重，寄托身世，感人至深。秦观是北宋文学史上的一位重要作家，被尊为婉约派一代词宗，但现存所有作品中，词只有三卷一百多首，而诗有十四卷四百三十多首，文则达三十卷共二百五十多篇。

在秦观的诗词中有许多关于香的描写，这是他在生活中耳濡目染后对真实生活的生动描写，这从一个侧面反映出秦观所处的年代，以及扬州一带香文化的盛行。《南歌子·香墨弯弯画》为秦观名作，刻画一位失恋女子的神情：用香墨把眉毛画得弯弯的，用胭脂淡淡地匀脸，穿着蓝色的衫子和杏黄色裙子，独自倚靠在栏杆上不言不语专心地搽口红。情郎走后如流水长逝，她从早春花开等到落花飘飞，还半掩着房门，希望情郎能突然推门进来。一直等到黄昏，又是一轮新月挂在天边，月不圆人也难团圆，如此情景使她失望。全词如下：

香墨弯弯画，燕脂淡淡匀。

揉蓝衫子杏黄裙，独倚玉阑无语点檀唇。

人去空流水，花飞半掩门。

乱山何处觅行云？又是一钩新月照黄昏。

除此之外，秦观留下的诗词中有不少论香道和应用香料的诗句，例如《浣溪沙·香靥凝羞一笑开》中的“香靥凝羞一笑开，柳腰如醉暖相挨，日长春困下楼台”;《八六子·倚危亭》中有“怎奈向、欢娱渐随流水，素弦声断，翠绡香减，那堪片片飞花弄晚，蒙蒙残雨笼晴”;《减字木兰花·天涯旧恨》中有“欲见回肠，断尽金炉小篆香”，是说要想了解她内心的痛苦，请看金炉中寸寸断尽的小篆香！篆香，即盘香，因其形状回环如篆而称为篆香。盘香的形状恰如人的回肠百转，“断尽”二字突出了女主人公柔肠寸断，一寸相思一寸灰的强烈感情状态。

第四，明朝扬州人周嘉胄所著《香乘》，被称为香道中的圣经。

学习中国香文化，绕不开一位明代的香学大家周嘉胄。周嘉胄（1582—1658），号江左，亦称周江左，扬州人，是明朝著名收藏家和书画装潢名人。周嘉胄十分爱香，读遍古往今来关于香的著作。举凡香品、香事、香器、香文，他无不涉猎，并进行细致研究，乐此不疲。后来，他集二十年的时间精力，搜集历代香谱、香方和香文化典故，终于写成二十八卷香的“法会”——又取“香的历史”之意，将此书命名为《香乘》，成为集中国香文化之大成的著作。周嘉胄写《香乘》初衷以及他对香的认识，都体现在《香乘》的自序中。通过《香乘》自序，可以了解到一件事——周嘉胄非常喜欢睡觉和闻香。“余好睡嗜香，性习成癖，有生之乐在兹，遁世之情弥笃，每谓霜里佩黄金者不贵于枕上黑甜，马首拥红尘者不乐于炉中碧篆。香之为用大矣哉！通天集灵，祀先供圣，礼佛籍以导诚，祈仙因之升举，至返魂祛疫，辟邪飞气，功可回天，殊珍异物，累累征奇，岂唯幽窗破寂，绣阁助欢已耶？”

《香乘》可谓中国人习香必备之书，它既是一本香学的史书，又是一本工具书，《香乘》后被收入《四库全书》的子部谱录类当中，编者亦谓香学书籍，此书已道尽。周嘉胄的好友李维桢更称叹道："（《香乘》）所载天文、地理、人事、物产，囊括古今殆尽矣，余无复可措一辞。"继周嘉胄《香乘》之后，可称道香学著作的是董若雨的《非烟香法》。董若雨生逢风雨飘摇的明朝末年，明亡后即隐居丰草庵，改姓林，名蹇，字远游，号南村，并自称槁木林。中年后出家苏州灵岩山寺为僧，法名南潜，字月涵（一作月岩），终身事佛。董若雨认为焚香燥气太大，烟熏火燎，过于粗俗；而蒸香之法则无燥气，香气清新凉爽，暗合阴阳，可助人蕴藏元气，可助人证圣人之学，宜大力提倡。明代陈眉公在《小窗幽记》中说："焚香啜茶，自是吴中习气，雨窗却不可少。"一个叫若雨，一个要雨窗，明代文人已经非常懂得品香的情调了。

以上四点，看似只是偶然的历史回顾，互相之间却有着必然的联系，道出了江南一带，尤其以扬州为代表的品香习俗，恰好代表了中华千年香文化的精华，更是香文化的集中体现和文人品香的杰出代表，离开这一区域，实在难以找到更有代表性的地区来展示中国香文化悠久性和持续性的案例。因此，扬州作为香道之都，是一个被人们所忽视的历史存在，应当获得更多的挖掘与弘扬，才能续上中国香文化的香脉，永世不断。

四、琴道之都：江南

琴，主要指古琴，但不限于古琴，古筝、琵琶等都是中国“古乐”的重要组成部分。《诗经》言：“窈窕淑女，琴瑟友之。”古琴是中国最早的弹拨乐器，源远流长三千年，以其历史久远、内涵丰富和影响深远为世人所珍视。鲜为人知的是，祖先留下的有据可查的曲谱有三千多首，近代所弹者却不过近百首。从史料上看，能够被称古琴名家的人还不少。

这些名家的籍贯相差很大，没有出现集中的倾向。但是人才的出现往往又是相对聚集在一起的，在这些名家中，就包括了竹林七贤（嵇康、阮籍、阮咸）、浙派（郭楚望、毛敏仲、徐天民）、虞山琴派（严天池、徐上瀛）、广陵琴派（徐常遇、徐祺、吴虹）、“诸城二王”或“琅邪三王”（王溥长、王雩门、王露）、金陵派（王鲁宾、黄勉之）等，值得注意的是，这些聚集形成的古琴流派，却大都集中在江浙一带，即吴越之地的江南，这里也正是其他雅道项目十分兴盛的地区。后世的琴派多以地区划分、命名，虞山派以江苏常熟为中心，广陵派以江苏扬州为中心。吴越地区先后还有松江派、金陵派、吴派等，其他地区有中州派、闽派、岭南派、川派、九嶷派、诸城派等。由于琴道传播的广泛性，以及各地均有特色，因此，只能以“江南”这样一个通称，作为琴道之都的归属，而难以一地一市为名定为“古琴之道”。

明清时期琴派林立，明代最突出的是江、浙两派。江派一般认为是松江刘鸿创立的“松江派”，或后期黄龙山、杨表正、杨抡等琴人在江左、南京一带活动形成的“江派”；浙派则由南宋徐天民一脉相传，其主要代表者及著作有黄献《梧冈琴谱》、“徐门正传”

肖鸾《杏庄太音补遗》等。另外两个影响后世极为广远的琴派就是广陵派和虞山派（“琴川社”，代表人物严澂和徐上瀛）。到了清代乾嘉时期，形成了所谓“金陵之顿挫，中浙之绸缪，常熟之和静，三吴之含蓄，西蜀之古劲，八闽之激昂”等繁盛一时的景象。

（一）金陵琴派主要活动地：南京

东汉末年，蔡邕曾经到秦淮河畔探幽览胜，根据青溪五处不同特点，分别谱写成琴曲《游春》《绿水》《幽居》《坐愁》《秋思》（合称《蔡氏五曲》），这是现存最早见之于记述的古琴曲之一。东晋丞相谢安性好音律，“家有名琴，后为齐竟陵王所宝”，他还作有琴曲《升平调》问世。东晋大书法家王羲之的两个儿子王徽之（字子猷）和王献之（字子敬）皆具才气，太元十三年（388），兄弟俩相继都染上了重病，后来王献之先去世了，王徽之闻讯后，急忙赶到王献之的灵位前，悲痛地大呼：“呜呼子敬，人琴俱亡！”旁边的人见此情景，不禁潸然泪下。从此，“人琴俱亡”的成语典故便不胫而走。南朝宋代刘义庆《世说新语》记载了王徽之邀请桓伊吹笛的故事，这是夫子庙古地名“邀笛步”的由来，也是笛曲《三调弄》的由来。到了唐代，《三调弄》被改编为著名的琴曲《梅花三弄》。

南朝帝王也喜好古琴，梁武帝萧衍的《琴要》、梁元帝萧绎的《纂要》等，对中国古琴艺术发展起到了重要推动作用。尽管隋唐以后的南京受到朝廷冷落，然而古琴艺术却一直伴随着士大夫和文人的生活。擅长琴歌的李白曾经七下南京，漫游秦淮，他的《示金陵子》一诗，从一个侧面反映了当时的琴艺活动：“金陵城东谁家子，窃听琴声碧窗里。”南唐帝王酷好文学艺术，宫廷画家周文矩笔下的《宫中图》生动地描绘了当时金陵宫女抚弦弹琴的风采。面对金人侵犯，南宋词人兼音乐家的姜夔来到桃叶渡，他有感于东晋大书法家王献之与桃叶的爱情故事，写下了《古怨》的琴曲。

万历十三年（1585），南京三山街“富春堂”出版有杨表正的琴谱《重修正文对音捷要声谱真传》《琴谱正传》等，其特点是有琴必有歌，属于琴歌形式。那时，抚琴也成了风花雪月中歌伎的基本素养。清代康熙年间所编的《五知斋琴谱》中，收录有金陵琴派所传的《关雎》《秋塞》《佩兰》《汉宫秋月》等曲。乾隆年间，尤以《琴学心声》的编者、自称金陵“三山”人的庄臻凤最负盛名。

源自明末清初的金陵琴派，是中国古琴界颇具代表性和影响力的重要流派。明万历三十七年，杨抡编写的《太古遗音·伯牙心法》，一改前代乐人推崇的琴歌第一的形式；清初，庄臻凤主张琴人在演技上更强调继往开来，突出个性特点，金陵琴派的风格特点至此形成。古琴金陵派源自明代皇家乐官，是建立在金陵长期的古琴文化基础上的一支独特古琴派别，在演奏技法上具端庄肃穆，儒雅超然之风又不失严谨规范的特点，尽显皇家风范。清末民初，黄勉之创办金陵琴社，活跃了当时南京的琴艺活动。

尽管金陵琴派后来几经盛衰，但凭借琴家坚持不懈的薪火相传，这一流派延续到近代。清末民国时期是南京古琴文化兴盛的重要时期，特别是自20世纪30年代以后，金陵琴派在原有基础上更注重琴家个人风格的表现，艺术影响逐渐扩大，日益受到社会重视。金陵琴派汲取官家所提倡的“清和雅正”等艺术特质，在节奏、指法和音乐意境等方面形成了自己的独特风貌。清末至民国时期，金陵琴派以黄勉之、杨宗稷等人为代表而承前启后。黄勉之后来在北京创办金陵琴社，给北方琴坛带去了金陵气象。山东诸城琴家王燕卿应康有为之荐，赴南京高等师范学校任教，随后创立了梅庵琴派。在金陵这片土地上，南北琴风相互交融，共同发展了古琴艺术。1934 年，由王心葵、徐元白、夏一峰等人发起创立青溪琴社，活跃了金陵琴坛，并坚持古琴艺术的交流和人才培养工作。金陵琴派琴曲代表作品有《蔡氏五曲》《关雎》《秋塞》《佩兰》《汉宫秋月》《高山流水》《平沙落雁》《梅花三弄》《古怨》《阳关三叠》《醉渔唱晚》《秋江夜泊》《神人畅》《潇湘水云》等。

（二）浙派琴道的主要活动地：杭州

浙派古琴始于宋，兴于明，变于清，历史上唯一保留至今的古琴繁字谱《碣石调·幽兰》即由浙江人丘明所著，明代的《浙音琴谱》《神奇秘谱》记录了名曲《阳关三叠》，而最有影响力者要数浙派奠基者郭楚望，其创作的《潇湘水云》成为传世名曲。郭楚望，名沔，南宋琴师，浙江永嘉（今温州平阳）人，继承并整理了韩胄祖传古谱，并创作了著名琴曲《潇湘水云》，又有《秋鸿》《飞鸣吟》《泛沧浪》《春雨》《一再行》等琴曲作品。刘志芳传其琴艺于毛敏仲、徐天民，经宋代浙操《紫霞洞琴谱》的出现，形成历史上第一个有系统的浙派，南宋郭楚望被尊为浙派古琴的创始人。

在明刊本（1564）刘珠《丝桐内外篇二卷》中记载："近世所习琴操有三：曰江、曰浙、曰闽。习闽操者百无一二，习江操者十或三四，习浙操者十或六七。据二操观之：浙操为上，其江操声多烦琐；浙操多疏畅，比江操更觉清越也。"可见在当时，浙江学琴者最盛。由浙派琴家徐天民开创的"浙派徐门"琴学更是盛极一时:“迄今上自庙堂，下逮山林，递相教学，无不宗之。”（《丝桐内外篇二卷》）得益于徐门家族传承，琴乐风格“疏畅清越”的浙派古琴，居于明代琴界至尊之位。以徐门琴风为主线生发而成的浙派琴脉，引领着明代古琴音乐文化的风向，也使得浙地琴乐文化传统之流更加洋洋洒洒。

明代浙派古琴曲谱大都采用繁难复杂指法:“微、妙、圆、通”之音，即“稀音”，主张只欣赏古琴器音的旋律，不做歌词的伴奏。到了清朝，浙派人物苏璟、曹尚䌹、戴源等人对演奏同样精致与细微，并同时提出新的见解：《鼓琴八则》第一则：弹琴要得情，第二则：弹琴要如歌，第三则：弹琴要按节，第四则：弹琴要调气，第五则:弹琴要炼骨，第六则:弹琴要取音，第七则:明谱理，第八则：辩派。这些都对演奏艺术提出了较高的要求。

浙派的曲风讲究微妙圆通，表现出古朴典雅、沉静醇厚、细腻苍劲，手法中正干净，追求“大乐与天地同和，大礼与天地同节”的境界，达到四海之内皆为家，合敬同爱胸怀宇。北宋琴家《琴书大全》做如下评价:“京师（开封）过于刚劲，江西失于轻浮，唯两浙质而不野，文而不史。”他认为两浙琴风质朴而不俗，文雅而不雕琢，古朴雅致，技艺高超。

（三）《琴史》作者的出生地：苏州

《琴史》是中国现存最早的琴史专著，由宋代朱长文编撰，全书共六卷，前五卷是对历代琴家的述评，从先秦到北宋共计一百五十六人，末卷为作者的专题评论，将历代散见的有关材料首次做出汇集和整理，按一定体例编辑成书，并提出不少有价值的见解，是研究琴史的主要著作，在琴学、古代中国音乐史乃至整个中国音乐史上都有着不可忽视的重要价值。纪晓岚在《钦定四库全书总目》中如此评价该书："凡操弄沿起，制度损益，无不咸具。采摭详博，文词雅赡，视所作《墨池编》更为胜之。"

《琴史》作者朱长文（1038—1098），是北宋书学理论家，苏州吴县人，字伯原，号乐圃、潜溪隐夫。其先越州剡县（今浙江嵊州）人，世仕吴越，祖朱忆官至刑部尚书。朱长文 19 岁中进士，因坠马伤足，家居凡二十年，饱览群书，著述甚多。元祐中起为苏州教授，后召为太学博士，绍圣间改宣教郎，主要介绍嵇康的《琴赋》以及有关史料，官终于秘书省枢密院校订、编修等职。

朱长文是一位雅道高人，筑室乐圃坊，藏书两万余卷，当时有名人士以不到"乐圃坊"为耻，其藏书多有珍本秘籍，乐圃坊藏书闻名于京师。朱长文著书阅古，除《琴史》外，还有《春秋通志》二十卷、《乐圃文集》一百卷以及《琴台志》《墨池阅古》等。可惜大部分著作在北宋末"衣冠南渡"后尽毁于兵火，今存乐圃余稿八卷，《吴郡图经续记》《墨池编》《琴史》，并传于世。朱长文还长于书法理论，所编著《墨池编》《续书断》等，颇为世重。朱长文在雅道，特别是在琴道方面有这般修为，可以说是环境影响的结果，正是江南一带文人雅事的繁多与兴盛，才为其采写《琴史》提供了条件与可能。

（四）虞山琴派的主要活动地：常熟

虞山琴派是"虞山派"中的一项，以常熟虞山（属江苏苏州）命名，包括有"虞山画派""虞山诗派""虞山印派""虞山琴派""虞山派藏书楼""虞山派红木雕刻""虞山派微雕"和"虞山书法派"

等。自古以来，古琴是常熟的象征，常熟因此别称“琴川”，古城格局的水系为七条运河组成的七弦河（又称琴川河），明代有“七溪流水皆通海”的诗句；东汉邑人有焦尾琴，于是古城的街巷有“焦桐街”（桐木为制琴材料），山麓的溪泉名“焦尾溪”“焦尾泉”等等。有一首《虞山派之歌》，大致道出了“虞山派”的实力，也是本书“雅道八项”所指，除了茶道、花道、香道外的其他五项：

虞山藏书读书乐，铁琴铜剑第一楼；
虞山画派王翚创，画祖还有黄公望；
虞山琴派严天池，古琴艺术传万世；
虞山印派林鹤田，篆刻刀法气宇轩；
虞山诗派钱牧斋，绛云书楼胸中载；
虞山书法不成派，草圣张旭醉唐代。

虞山琴派是中国古琴艺术的重要流派之一，由明朝宰相严讷之子严天池（1547—1625）所创建。严天池，名澂，字道澈，号天池。常熟人，师承名师，曾任邵武府知府，辞官后与善琴者共同探讨琴艺，自此琴风大振，后主持编写了《松弦馆琴谱》，被琴界奉为正宗，组建了中国第一个琴社——虞山琴社。虞山琴派由此名扬海内，出现了“虞山为归”的局面，常熟虞山一时成为中国琴道高地。在理论和实践的结合上，严天池于《松弦馆琴谱琴川汇谱序》中提出了虞山派的理论建树，改变了当时琴坛盛行以文对音的偏颇，提升了音声本身的艺术感染力。自明至清，虞山琴派的主要琴谱有十几种之多，崇尚“音必当正律，重音而轻辞”，其特点可概括为清、微、淡、远四字，琴曲风格为“清微淡远，博大和平”，为琴史所推崇。徐上瀛（约 1582—1662）也是虞山琴派代表人物，其学风严谨，自成一体，达到了较高的弹奏水平。他总结多年的弹奏实践，辑成了《大还阁琴谱》一书，可谓古代琴艺界的瑰宝。在严天池提倡的“清微淡远”的基础上，提出了“和静清远”等二十四要诀，系统地阐述了弹琴要点和琴学的美学原则。

民国时期，一批海内外琴家，在苏州成立了“今虞琴社”。虞山琴派传人中最著名的吴景略（1907—1987）曾任社长，被称为“虞山吴派”，一生打谱四十余首，并成功进行了对古琴的改革，先后授教古琴于常熟、上海两地，后受聘于中央音乐学院民乐系任教授、北京古琴研究会任会长，培育了一批琴坛名家，著有我国第一部从初级到高等艺术院校教学使用的《古琴教材》，在古琴领域里，他被称为“虞山吴派”“琴坛一代宗师”。

（五）广陵琴派的主要活动地：扬州

广陵琴派是中国古琴艺术中的另一个重要流派，源于江苏扬州，因扬州古称广陵而得名。其溯源悠久，风格独特，为历代琴家所重视。广陵琴派的建立受到虞山琴派的影响，在其基础上而发展创立。扬州古琴活动自唐宋以来流传不绝，最盛于清代。清初以徐常遇父子为代表的扬州琴家不仅操琴技艺精湛，还编辑了许多琴谱，流传下来的有徐常遇的《澄鉴堂琴谱》，徐祺父子的《五知斋琴谱》，吴灴的《自远堂琴谱》，秦维翰的《蕉庵琴谱》和僧空尘的《枯木禅琴谱》等。徐常遇开宗立派，其古琴演奏风格崇尚“淳古淡泊”，取音柔和，善用偏锋，节奏也比较自由而不拘，“指法探微浅奥，积古人之未尽”，与早半个世纪形成的“虞山琴派”的“清微淡远”琴风相近而有所发展，因而博人喜爱。徐常遇二子徐祜、徐祎继承家学，琴艺高超，当时享有“江南二徐”的盛誉。徐常遇一生与琴为伍，弟子极多，从其学琴者有徐常遇的三个儿子徐祜（著有《雍门琴谱》，曾参与鉴定《微言秘旨订》）、徐禶、徐祎和其侄孙徐锦堂，还有释普照、长白唐公、马士俊（著有《琴香堂琴谱》）、鲁鼐（著有《琴谱析微》）等人，就连当时炙手可热的权贵年羹尧、年希尧、陈梦雷等也拜在了他的门下。

广陵琴派代表琴家为“广陵四家”，除徐常遇外，尚有徐祺、吴灯、秦维瀚。徐祺，广陵琴派的继起者，携子徐俊遍访名师，博采众长而融会贯通，成为清初独步琴坛的著名琴家。1667 年编成《五知斋琴谱》，所收诸曲以虞山派为主，兼收金陵、吴、蜀各派琴曲，计八卷凡三十三曲，多注明出处以及流派源流。吴灯（1719—1802 后），受业于徐常遇之孙徐锦堂，时值广陵派鼎盛之际，云集于扬州的名家高手日夜弹琴，切磋交流琴艺，对吴灯有很大的帮助，其致力于琴学数十载，编琴曲八十二首，又吸取《律吕正义》及王坦《琴旨》等理论著作，于嘉庆七年（1802）刊印《自远堂琴谱》十二卷，收九十三曲，末卷三十曲附有歌词，成为广陵派集大成者。秦维瀚（约 1816—约 1868），学琴于明辰和尚，经太平天国战事，扬州文人四处流散，唯独其在老师的影响下“嗜古独深”，致力于编撰《蕉庵琴谱》，终于同治七年（1868）面世，计收三十二曲，为广陵派后期重要谱集，其中《龙翔操》以流畅的曲调表现了翔龙飞舞、穿云破雾的情趣而至今流传。

1932 年，广陵琴家孙绍陶、张子谦等人正式创建广陵琴社，广陵派琴家一脉相承地保持了自身固有的特色，以清幽、恬雅、舒畅、洒脱作为琴曲的美学标准，注意内容和感情的表现，节奏跌宕多变，指法细腻灵活，操缦谐婉自如，从而形成了恬逸洒脱的独特风格。广陵琴派的代表曲目有《渔歌》《樵歌》《昭君》《龙翔操》《梅花三弄》等，尤其以前面两首最能表现广陵琴派之长。广陵琴社于 1984 年正式恢复，每年除了组织琴人聚会，还与兄弟琴社进行琴艺交流，并经常向中外宾客献艺，受到广泛赞扬。

（六）现代琴道的主要活动地：上海

作为古琴的兴衰标志的，除名家和名曲外，到了现代还包括琴道收藏。现代琴道收藏第一人当数周庆云（1861—1931），他虽为浙江乌程人，却是上海有名的富商，他收藏琴书、古琴甚多，号称“江南第一”。由于好琴，他经常接待各方琴客，1919 年他在上海晨风庐邀集各地琴家举行了一次盛大的聚会，会上散发了他主编的《琴史补》《琴史续》《琴书存目》等书。《琴书存目》编于 1914 年，汇集了历代著名琴书书目和音乐书目共三百多种。《琴操存目》于 1929 年编成，收集了历代著名曲目八百五十五首，为琴学研究积累了丰富的资料。

查阜西（1895—1976），江西修水人，但在上海等地学琴，童年时即学奏琴歌《慨古吟》《客窗夜话》等；20 年代在上海、长沙学奏器乐化的琴曲；30 年代参与组织“今虞琴社”，意在使古琴学术“发扬而光大之”，编有《今虞琴刊》。通过这些活动，查阜西联系了全国各地的琴人，并进行业内调查。1953 年以后，查阜西历任全国音协常务理事、副主席，北京古琴研究会会长，以及中央音乐学院民乐系主任等职，晚年主要集中精力从事琴学活动，主持编印了《存见古琴曲谱辑览》《琴曲集成》《历代琴人传》《琴论缀新》等，为全面、系统整理琴学史料进行了大量工作。

吴景略（1907—1987），讳韬字景略，江苏常熟人。弱冠即习国乐，后专习七弦古琴，40年代主持上海今虞琴社，50年代赴任中央音乐学院民族音乐系教授;“文革”后兼北京古琴研究会会长。吴景略重传统，擅表情，以起衰开派功见重于时，今虞琴社先在苏州，后移上海，定期聚会。他们还联系并推动了各地琴社的活动，包括北京岳云琴会、长沙愔愔琴社、太原元音琴社、扬州广陵琴社、南京青溪琴社、南通梅庵琴社等，一时颇为活跃，今虞琴社的活动一直继续到全国解放以后。

这些集中于江南及其周边地区的琴事活动，不断召来全国各地的学琴人员，许多琴人在学成之后又回到故里，对推动琴道在全国的普及产生深远影响，因此，江南作为中国的古琴之都功不可没。

第五章　雅道之都（下）

所谓人文之都，是从历史的底蕴出发进行的综合考量，重在挖掘某一文化现象的历史起点，以及在历史上形成的影响力，包括对当代的影响。要成为某一方面的人文之都，至少要具备三个基本要素：一是在当地出现过代表性人物；二是在当地完成或出版有影响力的传世著作；三是出现过史书记载的重大事件。当然，人文之都并非具有法律意义，也可能不具有唯一性，但是它们在人们心目中的历史地位却往往不可动摇，也不会轻易变动。

在雅道之都中，江南无疑是最为重要的阵地，茶道之都与书法之都同为湖州，花道之都和绘画之都同为苏州，香道之都属于扬州，而在论述琴道、收藏与诗词时，皆因涉及多个江南城市而只能统称江南为都，而湖州、苏州和扬州，皆属于江南地区，历史上能够如此集中地拥有各项雅道人才的，也唯有江南可论。雅道是中国传统文化中的重要组成部分，但并不是唯一与全部，相信除江南地区外，其他地区在中国传统文化方面同样具有值得书写的篇章。

五、书法之都：湖州

湖州是个好地方，不仅山清水秀、物产丰富，更是人才辈出，雅道盛行。有着两千三百多年建城史的湖州，是环太湖地区唯一因湖得名的江南城市。湖州书画历史悠久，渊源深厚，自东晋六朝以来形成了浓郁深厚的书画遗风，孕育出了一代代书法与绘画大家。自古以来，这里就是历代文人墨客的向往之处和眷恋之地；同时，又是众多书画名家的诞生之地或终老之地。曹不兴、高闲、燕文贵、钱选、赵孟頫、沈铨、吴昌硕等书画大家都出生于湖州，再加上旅居或为官湖州的王羲之、王献之、智永、颜真卿、张志和、苏轼、米芾等，在湖州形成了一个庞大的书画家群体，谱写了璀璨的湖州书画文化。与绘画相比，似乎湖州在书法上的成就更大，王羲之、王献之、颜真卿、苏轼、米芾都与湖州有或多或少的交集，“书圣”“亚圣”都在湖州任过职，这是中国其他地区没有过的福报，可谓：一部书画史，半部在湖州。

第一，“书圣”王羲之家族与湖州渊源深厚。

举世公认的“书圣”王羲之虽然不是湖州人，但他以及他的后人与这座古城渊源深厚。王羲之曾担任吴兴（即今湖州）太守，他的第七个儿子王献之也曾担任吴兴太守。《入东记》作者吴均（469—520）于梁天监年间（502—519）任吴兴主簿，记载有：王羲之在东晋宁康、太元年间（373—379）任过吴兴太守，并记有“晋王羲之为太守，常升此山（乌山，又名欧余山），尝顾谓宾客曰：‘百年之后，谁知王逸少与卿游此山乎？’因有升山之号。”王羲之在湖州有传世作品《姨母帖》《吴兴帖》等。以“二王”并称于世的王献之自幼随父练习书法，创造了草书上下相连的“一笔书”，并将草书艺术推至高峰，对后世影响很大。王献之《吴兴帖》释文：“吾十一日发吴兴，违远兄、姊，感恋无喻。庆等别，不可言。比奉告，故多患姊，经感极顿，忧驰益深。适咨议十六日告，风疾故尔。反侧！余可行未？东动静不宁。吾宜速吴，与丞别。兄进，犹恋，罔劳，亦极恶，驰情！二女晚生，皆佳。未复华、姜疏。比来得直疏，故恶。故云当视华也。汝儿女并可不？”王献之擅长书法，曾在吴兴郡任职，后来王僧虔擅长书法，也来吴兴任职，成为美谈。南朝时王僧虔（426—485）为东晋丞相王导玄孙，从辈分上看也是王羲之四世孙。王僧虔20岁时，擅长隶书，宋文帝见到了他书写的素扇赞叹说：“不仅仅是笔迹超过子敬（指王献之），而且典雅的风度也在他之上。”后来，王僧虔担任吴兴太守。隋代的智永和尚是王羲之的七世孙，他早年出家，云游到浙江吴兴善琏镇（笔都），在永欣寺一住就是三十年。在这里，他每天雄鸡报晓即起床，磨上一大盘墨，然后临摹王羲之的字帖，从未间断。晚年，智永以当时识字课《千文字》为内容，用真、草两体写了一千多本，从中挑选最满意的八百本，分送浙东的各个寺院。

第二，“亚圣”颜真卿担任过湖州刺史。

颜真卿在书法史上是继“书圣”王羲之之后又一位伟大的书法家，世称“亚圣”，他与王羲之、柳公权、赵孟頫并称“中国四大书法家”。楷书四大家：唐朝的欧阳询（欧体）、唐朝的颜真卿（颜体）、唐朝的柳公权（柳体）、元朝的赵孟頫（赵体），也有两位与湖州有关。颜真卿（709—785）虽是唐京兆万年（今陕西西安）人，祖籍唐琅邪临沂（今山东临沂）。颜氏家族在古代中国可谓一股清流，绵延了至少四十代，孔子有七十二贤弟子，其中颜姓子弟有八人，以颜回最为著名。颜回的第二十四代孙颜盛，是琅邪颜氏的一支，在颜真卿的《颜氏家庙碑》和山东沂南县出土的《颜氏谱碑》中都有记载。从颜盛到颜真卿，又历经十六代，颜家以安贫乐道为本分，达则兼济，穷则思变，有着天生萧疏散淡的情志。颜真卿在唐大历七年(772)被任命为湖州刺史，次年，也就是大历八年(773)春到湖州任上，大历十二年(777)八月离任赴京，升任刑部尚书。在湖州六年期间，颜真卿“政尚清静，长孤养耆，彻备浚隍，式廉明，进吏事，特责大指而已”，恪守了他一贯不忘为君守政、为民解忧的忠义之情。颜真卿有《湖州帖》《竹山连句诗帖》等多帖存世，《湖州帖》（宋仿本）现由北京故宫博物院藏，纸本，纵27.6厘米，横50.2厘米。帖云：“江外唯湖州最卑下，今年诸州水，并凑此州入太湖，田苗非常没溺，赖刘尚书□□，以此人心差安。不然，仅不可安耳。真卿白。”颜真卿此帖应书写于大历十年（775）七月以后至年底前。《竹山连句诗帖》，现由故宫博物院藏，绢本，每幅纵28.2厘米，横13.7厘米不等，共十五开，作于774年，时年颜真卿65岁。唐大历九年（774）三月，颜真卿在朋友潘述家的“竹山堂”（位于现湖州长兴县小浦五庄村边）与李萼、陆羽、释皎然、陆士修、韦介等人聚会饮宴，席间吟诗，每人依次各作两句，相联成篇，是为《竹山堂连句》。此作结体稳实端庄，运笔提挈顿挫，沉雄奇古，诚如《行云题跋》说：“颜书多遒古，钗脚、屋漏之趣，时时流露于行墨之间。此叙独秀润有姿态，为颜书最宜人之作。”湖州书香飘扬，书画传承，是文人墨客最愿意到任的地方，而更多更优秀的文官到湖州任职，又进一步积淀下丰富文化遗产，以此循环，世世相传，让湖州的书法与绘画更是成为了一种“地方特产”。

第三，宋代大书法家苏轼担任过湖州太守。

宋四大书法家是指苏轼、黄庭坚、米芾、蔡襄，其中有两位与湖州有关。苏轼与湖州渊源极深，史料记载至少来过湖州四次。第一次在宋神宗熙宁五年（1072）冬，苏轼任杭州通判，受江南转运司差遣，帮助湖州知州孙觉勘察堤堰、治理水患。孙觉创建有墨妙亭，聚境内古碑三十余通，苏轼看过诸碑以后，感慨万千，挥翰作下《墨妙亭记》和《孙莘老求墨妙亭诗》。第二次是熙宁七年（1074）九月，苏轼离杭州到密州任知州时路过湖州，与当时湖州知州李常、诗人张先等六人聚宴，张有《六客词》记叙了这次雅会。他们在湖州碧澜堂欢聚畅饮，赋诗填词。第三次时间最长，苏轼做了三个月“父母官”，北宋元丰二年（1079）五月，苏轼莅湖主政，七月底就因“乌台诗案”被御史台派人逮捕进京。乌台诗案是指御史何正臣上表弹劾苏轼，奏苏轼移职湖州到任后谢恩的上表中，用语暗藏讥刺朝政，御史李定曾也指出苏轼四大可废之罪。这案件先由监察御史告发，后在御史台狱受审。所谓“乌台”，即御史台，因官署内遍植柏树，又称“柏台”，柏树上常有乌鸦栖息筑巢，乃称乌台，所以此案称为“乌台诗案”。苏轼在湖州虽然仅有三个月，却让他过足了山水瘾，留下了七十多篇诗文，也让湖州百姓记住了这位祈雨祷晴、悯农又贪嘴爱玩的太守。第四次是哲宗元祐六年（1091），苏轼由杭州知州升迁吏部尚书翰林学士，进京途中奉旨视察湖州、苏州水灾，与曹子方、刘景文等文人在湖州欢聚，写有《定风波·后六客词》记载了这件事。苏轼有多帖存世，《表忠观碑帖》由苏轼撰文并书写，于元丰元年（1078）立石，苏轼时年 43 岁，正是他到湖州就任前，也是他书法最为成熟的年龄段。《黄州寒食诗帖》是苏轼存世作品中最为精彩的代表作，被后世誉为“天下第三行书”。黄庭坚在《山谷集》里说:“本朝善书者，自当推（苏）为第一。”

第四，宋代大书法家米芾在湖州留下垂世之作。

米芾 (1051—1107)，祖籍太原，后定居镇江，建海岳庵。米芾自幼聪颖，6 岁能熟读诗百首，7 岁开始学书法，10 岁能写碑，是个早熟的天才。北宋元祐三年（1088），米芾应好友湖州知州林希之邀，到湖州小住半年，在苕溪游玩，享受山水风物之美后，顿觉心胸开阔，激情满怀，题诗歌咏，以酣畅激昂的行书，成就了闻名书坛的《苕溪诗帖》，诗帖上有涂改痕迹，这是在不经意间的自然行为，反而能将一个人的心境展露无遗，更能创造出美妙的境界，正如米芾所言 :“安排费工，岂能垂世？”这是他由“集古字”蜕化到“刷字”的典型之作，是米芾行书的重要代表作，其书写风格最近《兰亭集序》，富于变化，挥洒自如，法度整然而又时出新意，潇丽、超逸的意趣流露于笔端，形成了米芾独特的风格，可谓是中国书法史上的瑰宝，现藏北京故宫博物院。米芾的另一代表作《蜀素帖》也出自湖州，比书写《苕溪诗帖》晚一月之余，写于哲宗元祐三年（1088），以行书写成。《蜀素帖》纵长 27.8 厘米，横长 270.8 厘米，“蜀素”指的是这卷仁宗庆历四年（1044）在四川东方所织造的名贵绢。此帖曾在湖州郡守林希家中存二十余年，至神宗熙宁元年（1068）装裱成卷。当时许多书法家只敢在蜀素上书写少许字，直到米芾才在上面写了满满八首诗句，蜀绢上特有的纹理使笔墨流露出不同于一般的墨趣，显得灵动老到，自然天成，董其昌以“狮子捉象，以全力赴之”形容之。此帖是米芾经意之作，用笔的快慢、轻重、起收及转折，不拘一法，收放自如。结体偏纵长倾侧，表现灵动 ；相同字都有不同的写法，极尽变化之能事，有晋王献之的笔意。《蜀素帖》是他的代表作，也是书法史上震烁古今的不朽杰作，真迹现存台北故宫博物院。

第五，湖州人赵孟頫将湖州书画推向顶峰。

赵孟頫(1254—1322)，吴兴（今浙江湖州）人，自唐宋以来的书画传承，湖州终于孕育出一个土生土长的书画大家，成为楷书四大家之一。赵孟頫，字子昂，号松雪、水精宫道人，系宋太祖第十一世孙。元世祖忽必烈搜访“遗逸”，经程钜夫荐举入元，官刑部主事，后累官至翰林学士承旨，封魏国公，谥文敏。赵孟頫工书法，尤精正、行书和小楷，学李邕而以王羲之、王献之为宗。他变革南宋院体格调，开创了元代画风，是中国绘画史上承前启后、开宗立派的艺术大师。赵孟頫能诗文，风格和婉，兼工篆刻，以“圆朱文”著称，书画遗迹存世较多，著有《松雪斋集》十卷。在书法方面，赵孟頫是一位全才，《元史》本传讲，“孟頫篆籀分隶真行草无不冠绝古今，遂以书名天下”，其书风遒媚、秀逸，结体严整、笔法圆熟，世称“赵体”。赵孟頫有多帖传世，《吴兴赋》手卷，绢本，纵 25.8 厘米，横 282.95 厘米，首题“吴兴赋”，三字右边已残缺；正文九十一行，满行九至十二字，九百三十五字，文末有赵氏自跋。据赵氏跋，此手卷乃元大德六年（1301）赞美故乡吴兴苕溪两岸美丽景象之旧作。手卷原藏故宫博物院，1955 年因沙孟海先生之联系相商，而归浙江省博物馆收藏。《湖州妙严寺记》又称《妙严寺记》，妙严寺本名东际，距吴兴郡城七十里；牟献撰文，赵孟頫书并篆额，其余整幅作品以楷书书写，字迹匀称，笔势圆劲流丽，结构布局端庄秀美；笔画开张舒展，点画精妙，使转灵活，于庄严规整中见潇洒俊逸，具有极高的书法造诣，是后人学习赵氏楷书的最佳范本；全文八十四行，每行九个字，共七百五十六字，现藏美国普林斯顿大学美术馆。赵孟頫62岁时告老还乡，遂带家眷及管家返回在湖州城南门外二十公里名曰桃花岛定居，因赵孟頫号称松雪道人，后此地即称“松雪镇”，曾建有“松雪观”（庙）、“相公堂”、丹凤楼及戏台等。

第六，湖州是“文房四宝”之首——湖笔的诞生地。

笔、墨、纸、砚，合称“文房四宝”，而湖州正是湖笔的诞生地，堪称毛笔第一。湖笔之所以能成为毛笔第一，与这方土地上书法家辈出休戚相关，在长期的挥毫实践过程中，正是挑剔的书法家孕育了制笔技术的发展，而精湛的制笔技术又更好地成就了书法家的创作。善琏镇为湖笔主要产地，被誉为“笔都”。民间传说秦将蒙恬改“柳枝笔”为竹管，纳毛于管，称之为“笔”，后将技艺传授善琏居民。镇人感蒙恬之恩，尊为笔祖，建蒙公祠，改镇市河为“蒙溪”、石径为“蒙溪街”，每年举行“蒙恬会”或称“笔祖庙会”。清康熙《湖录》所载：“至今善琏村制笔者必祀恬为笔祖。”永和四年（348），王羲之到任吴兴太守，当时湖笔制作已有金银铜和琉璃象牙笔杆，堪称豪华。王羲之在《笔经》里却理性提出：笔杆越重，反而影响书写发挥。湖州盛产竹子，于是，轻灵的竹梗就成了湖笔笔杆材料的首选。永和九年（353）暮春之际，王羲之使用湖州带去的鼠须笔和茧纸，成就了天下第一行书《兰亭集序》。智永云游四方，来到善琏，见此处民风悠然，精工制笔，便在蒙公祠旁的永欣寺住了下来。在善琏三十多个春秋，智永一边临池习书，一边与笔工切磋技艺，使湖笔更适合书家习书要求。用败的五簏笔头他舍不得扔，将其埋在蒙公祠南的晓园，还在石碣上亲笔题了“退笔冢”三字。智永生前还自制大笔一支，圆寂时竟抱笔而终，真可谓爱笔如命。“日书万字”的赵孟頫非常看重笔的制作方法及质量，稍不如意，就拆裂折断重制，直到满意为止。他对笔毫的选择也更为严格，往往命笔工在可做数十支的笔毫中选出最好的毛制成一支。在元代时，湖笔取代了宣笔而成为了全国毛笔的代表性产品。明代谢在杭《西吴枝乘》一书中称赞湖笔“毛颖之技甲天下”，这也是对湖笔制作技艺最高的赞誉。明清时期，湖州已成为当时宫廷御用笔的主要制作基地，据记载，故宫里还有两万多支湖笔没有开锋。2006 年，湖笔制作技艺被列入第一批国家级非物质文化遗产名录。

六、绘画之都：苏州

在中国绘画史上，以地域集中而聚合形成的画派不少，例如宋代的北方山水画派，代表人物有关仝、李成、范宽；五代北宋的南方山水画派，代表人物有董源、巨然；北宋米派，代表人物有米芾、米友仁父子；元四家的代表人物有黄公望、王蒙、吴镇、倪瓒；明四家的代表人物有沈周、文徵明、唐寅、仇英；松江画派的代表人物有董其昌、陈继儒、莫是龙；浙江画派的代表人物有戴进、钱塘；江西画派的代表人物有罗牧；新安画派与黄山画派的代表人物有石涛、梅清、弘仁、查士标、程邃；扬州八怪的代表人物有罗聘、李方膺、李鱓、金农、黄慎、郑燮、高翔、汪士慎，等等。分析这些画派与代表人物的出生地和生活工作地，总体上呈现南北均有，以南为主；东西兼顾，以东为多，在这种散状分布的格局中，有一个城市还是脱颖而出，那就是江南的苏州。在各画派中以朝代为特征最强烈的，莫如“元四家”和“明四家”，它们都发生在江南，而苏州是江南绘画最盛的地方。《中国美术辞典》列出全国画家一百九十三人，苏州竟有六十三人，几乎占三分之一。将苏州作为“绘画之都”，或许有人会不同意，因为其他地区也出现过大画家和大画作。但是，真要找出一个比苏州更合适的“绘画之都”会有困难，不同的意见也会更多。因此，雅道之都在江南，绘画之都当属苏州无疑了。

首先，苏州是中国历史上传统书画最为辉煌的城市。

远在南北朝时期，就有陆探微、张僧繇、顾野王、郑法士等苏州籍书画名家享誉全国，彼时人才辈出，连绵不断。陆探微（？—485），吴县人，南朝刘宋时期画家，在中国画史上他是正式以书法入画的创始人。陆探微画学东晋顾恺之法，画史上常与顾恺之并称“顾陆”，平生爱画圣贤肖像，骨秀神清，严正生动。后人谓其画笔迹周密，劲利如锥刀刻划，号为“密体”，被誉为中国古代“画中四祖”之一。唐张彦远在《历代名画记》中载有他的画达七十余件，题材十分广泛，从圣贤图绘、佛像人物至飞禽走兽，无一不精，连谢赫在《古画品录》中也对他推崇备至，他是江南苏州一带最早的杰出画家之一。

张僧繇，吴郡吴中（一说湖州吴兴人）人，生卒年不详，主要活动于公元6世纪上半叶。张僧繇是梁天监至大同年间大画家，他擅长人物及佛教画。张僧繇所绘佛像，自成样式，有“张家样”之称，被雕塑者取作模范；他亦精绘肖像，作风俗画，尤善画龙，曾有“画龙点睛，破壁飞去”的故事。张僧繇作画，骨气奇伟，“六法”精备，用笔多依书法，有意到笔不到之妙。成语“画龙点睛”的故事即出自有关他的传说，记载他在金陵一乘寺用讲求明暗、烘托的“退晕法”画“凸凹花”，很有立体感，可知他已接受了外来的绘画技法，“笔才一二、像已应焉”，很像现在的速写，被称为“疏体”。张僧繇与顾恺之、陆探微、吴道子并称为中国古代画家“四祖”，唐朝画家阎立本和吴道子都远师于他。

顾野王（519—581），原名顾体伦，字希冯，吴郡吴县人，是南朝梁陈间官员、文字训诂学家、史学家和画家。顾野王工诗文，善书法、丹青，擅长人物，尤工草虫。宣城王陈项为扬州刺史，建官舍，请他绘《古贤像》于壁，又请琅邪王褒题赞，时人称为“二绝”。宋徽宗曾得其《草虫图》，称为精工之作，著录于《宣和画谱》。

郑法士，北周末隋初画家，吴人，师法张僧繇，善画人物，仪表风度，冠缨佩带，无不有法；诸如浮云、流水，率无完态，也得形容之妙。唐代彦悰评其画曰：“在孙尚子上，杨子华下。”张彦远则认为郑应在杨之上，尤工楼台，每于其间衬以乔木嘉树，群英芳草，形成早期山水画形式。当时壁画盛行，上都海觉寺、永泰寺、开业寺、延兴寺等均有郑法士画《神》《灭度变相》等壁画，画迹还有隋朝宫本《擒卢明月像》《阿育王像》《北齐畋游像》等十卷。可见在其他地区还没有出现画家的年代，苏州画家就已经名扬四方，成为一个朝代、一个时期的绘画代表人物了。

第二，“元四家”沿太湖流域分布，苏州恰处于元代杰出画家的中间地带。

“元四家”代表了元朝绘画的最高水平，有两种说法：一是指赵孟頫、吴镇、黄公望、王蒙四人（明代王世贞《艺苑卮言•附录》）；二是指黄公望、王蒙、倪瓒、吴镇四人（明代董其昌《容台别集•画旨》），第二种说法流行较广；还有将赵孟頫、高克恭、黄公望、吴镇、倪瓒、王蒙合称为“元六家”的。“元四家”的画风虽各有特点，但主要都从五代董源、北宋巨然的基础上发展而来，重笔墨，尚意趣，并结合书法诗文，是元代山水画的主流，对明清两代影响很大。把上述这些画家的出生地考察一番后发现，他们主要是太湖流域的人员，从西南的湖州、嘉兴，到东南的苏州、无锡，苏州刚好处于中间地带，在人员与画风的交流上苏州起到了中枢的作用。赵孟頫（1254—1322），号松雪道人，是浙江吴兴（今湖州）人，在书法上是湖州书法的杰出代表；吴镇（1280—1354），号梅花道人，浙江嘉兴人；黄公望（1269—1354），号大痴道人，常熟县人（今属苏州）人；倪瓒（1301—1374），净名居士，生于无锡梅里祗陀村；王蒙（1308—1385），号黄鹤山樵，赵孟頫外孙，浙江吴兴人。

黄公望，本名陆坚，字子久，号一峰，幼年父母双亡，因过继给永嘉府平阳县（今浙江温州平阳）黄氏为子，居于虞山小山，因改姓黄，名公望。中年当过都察院掾吏，后皈依“全真教”，别号大痴道人，在江浙一带卖卜。黄公望擅画山水，师法董源、巨然，兼修李成之法，得赵孟頫指授。为了领略山川情韵，他居常熟虞山时，经常观察虞山的朝暮变幻的奇丽景色，得之于心，运之于笔。他居松江时，观察山水更是到了如痴如醉的地步，有时终日在山中静坐，废寝忘食。富春江北有大岭山，黄公望晚年曾隐居于此，他以大岭山为师，画下《富春山居图》。晚年以草籀笔意入画，气韵雄秀苍茫，工书法，善诗词、散曲，颇有成就，撰有《写山水诀》，为山水画创作经验之谈，存世作品有《富春山居图》《九峰雪霁图》《丹崖玉树图》《天池石壁图》等，其中尤以《富春山居图》为最著名，因此被称为“元四家”之首。如今在苏州市常熟市虞山北麓小石洞，依然存有修建于清代的黄公望墓。

第三，“明四家”就是“吴门四家”，在绘画上苏州水准曾代表了一个朝代的高度。

“明四家”，就是在绘画上代表着明代水准的四大名家，至于究竟是哪四家，也有两种说法，一说是沈周（1427—1509）、文徵明（1470—1559）、董其昌（1555—1635）、陈继儒（1558—1639），这一组合也叫“吴派四大家”；二说是沈周、文徵明、唐寅（1470—1524）和仇英（1498—1552），这一组合也叫“吴门四杰”或“吴门四家”，两种说法前两位一致，后两位不同，但以后一说法为常见。在后一种说法中，四位画家均为苏州府人，活跃于今苏州（别称“吴门”）地区。自沈周开创以四人为代表的吴门画派，基本上被认为是继承元四家的文人画传统接续下来的体系，自晚明之后成为中国传统绘画的主流，特别是在山水画的部分。沈周与文徵明是吴派文人画的突出代表，他们的绘画创作以山水为主，无论淡雅的青绿，还是文秀的水墨，大多描写江南风光和文人园林。他们以诗书画三位一体抒写情怀，山水画以水墨及水墨淡着色引人注意，都有粗细两种面目。“吴门四家”中的唐寅与仇英代表另外两种类型：唐寅修养广博，诗书画俱佳，号称“江南第一才子”，他阅历较广，入世较深，故题材范围宽广，古今皆能，不拘一格；仇英文化修养不博，专画传统题材，但摹古功底深厚，尤擅长工笔重彩人物与青绿山水，作风严谨不拘。

唐寅和仇英的成就固然不低，但其影响却远逊于董其昌，董其昌在当时和后世左右了山水画坛的主流发展，陈继儒则是董其昌的朋友和同道，其成就并不在董其昌之下，有些成就甚至在董其昌之上，只是后人以董其昌代表那个时代而已。但董其昌和陈继儒都不是苏州人，而是松江华亭（今属上海）人，因此不完全属于“吴门”，但画风上却可以归称为“吴派”。陈继儒论画倡导文人画，重视画家的修养，赞同书画同源，成就非凡，他同时并善鼓琴，订正琴谱，名重一时；他在诗文中还时有论述茶、画、香，本身又是一位藏书家，因此，陈继儒是一位雅道全才。不论是“吴派四大家”，还是“吴门四家”，都是代表整个明代的最高水准，而且都出生和居住在相邻不过一百公里的地区中，这是其他地区未曾出现过的现象，明代的绘画高地在苏州。

第四，“清六家”中五位属于苏州府人，让中国山水画不断推陈出新。

比起“元四家”和“明四家”，到了清代好像就没有了这样的称呼，即使有的话其画家的名气也不如前朝。与之相对应的有一个“清六家”之说，是指王时敏、王鉴、王翚、王原祁、吴历、恽寿平六位，前四人称“四王”，其后还有“小四王”和“后四王”之称，形成娄东画派，左右清代三百年画坛，影响直至今天的中国山水画。“清六家”中三位太仓人、两位常熟人，均属苏州府人，只有恽寿平是常州武进上店人，可见自古以来苏州绘画源远流长、名家辈出、传承良好，为苏州荣获“绘画之都”留下辉煌的篇章。

王时敏（1592—1680），本名王赞虞，字逊之，号烟客，又号偶谐道人，晚号西庐老人，太仓人，大学士王锡爵之孙，翰林编修王衡之子。在董其昌指导下，他少年就开始从摹古入手，深究传统画法，对黄公望山水刻意追摹。由于家里藏书藏画丰富，且大都是名迹，对他影响深远。王时敏主张摹古，笔墨含蓄，苍润松秀，浑厚清逸，构图较少变化，其画在清代影响极大，王翚、吴历及其孙王原祁均得其亲授。王时敏开创了山水画的“娄东派”，晚清娄东画派代表画家与评论家秦祖永之《桐阴论画》评王时敏：“运腕虚灵，布墨神逸，随意点刷，丘壑浑成。”王时敏传世作品有《层峦叠嶂图》《秋山图》《雅宜山斋图》等。

王鉴（1598—1677），字元照，一字圆照，号湘碧，又号香庵主，太仓人，祖父王世贞（1526—1590）是晚明著名文人、鉴藏家和显宦，精古诗文，与李攀龙等并称“后七子”，为文坛盟主；尔雅楼中藏书万卷，书画文物无数。父王士骥，官吏部员外郎。王鉴出身于这样一个文学世家和官宦门第，自幼即受到良好的文化教养和艺术熏陶，“缔岁即好点染”，他亦自述：“自幼习董熟耳。”王鉴早年由董其昌亲自传授，董其昌向王鉴表示“学画唯多仿古人”，“时从董宗伯、王奉常游，得见宋元诸名公墨迹”，王时敏曾题王鉴画云：“廉州画出入宋元，士气作家俱备，一时鲜有敌手。”

王翚（1632—1717），字石谷，号耕烟散人、剑门樵客、乌目山人、清晖老人等，常熟人，被称为“清初画圣”。王翚自幼嗜画，继承家学，又随学黄公望画法的同乡张珂学画，很早便表现出非凡的绘画才能。王翚将黄公望、王蒙的书法性用笔与巨然、范宽的构图完美地结合起来，创造出一种华滋浑厚、气势勃发的山水画风格，因而他所画的江南小景往往生趣盎然，清幽灵动。王翚作画喜好干笔、湿笔并用，而且多以细笔皴擦，画面效果比较繁密。其画在清代极负盛名，康熙三十年（1691）奉诏绘制《康熙南巡图》，历时三年完成，受到皇太子胤礽召见，并绘扇书以“山水清晖”四字作为褒奖。

王原祁（1642—1715），字茂京，号麓台、石师道人，太仓人，王时敏孙子。王原祁以画供奉内廷，康熙四十四年（1705）奉旨与孙岳颁、宋骏业等编《佩文斋书画谱》，五十六年（1717）主持绘《万寿盛典图》为康熙帝祝寿。擅画山水，继承家法，学元四家，以黄公望为宗，喜用干笔焦墨，层层皴擦，用笔沉着，自称笔端有金刚杵。其所著画论有《雨窗漫笔》与《麓台题画稿》，还擅长作诗，有《罨画楼集》三卷。晚清娄东画派代表人物秦祖永论王原祁画风："中年秀润，晚年苍浑"；论其画曰："沈雄验右，元气淋漓，笔端金刚杵之语不虚也。"

吴历（1632—1718），本名启历，号渔山、桃溪居士；因所居有言子墨井，又号墨井道人，常熟人。吴历幼年学画，稍长学琴。早年多与西人牧师、神父往来。1682年吴历在澳门加入耶稣会，受洗名为西满·沙勿略，并遵习俗取葡式名雅古纳。常居圣保禄教堂，吟诗作画，有《渔山袖珍册》《白传湓江图卷》《秋山红叶图》等作品面世。此时他的绘画，明显有吸收西方绘画艺术之处，同时还著有《三巴集》，其《澳门杂咏》三十首均与澳门有关，为早期澳门重要的文学史料。他于1682年离澳，在江浙一带传教。

第五，苏州的伪作也是"好物"，很早就形成了绘画市场。

绘画除了艺术价值，还有非常实用的商业价值，在社会需求的催生之下，苏州很早就形成了书画交易市场。在这样的市场中除了真迹真作外，伪作赝品自然也不会少，价廉物美的艺术品成为各地艺术商人采购宝地。明万历年间至清代中期，苏州山塘街专诸巷和桃花坞一带聚集着大批民间作画高手，专以制作假画为业。在清代，来自苏州画坊的仿古作品，颜色鲜艳、细节丰富，一时形成了消费热潮。画工们大多使用产自苏州虎丘、山塘等地的一种细绢，放大画面细节会发现，他们会用更多更繁复的细节来装饰其中华丽的物品。作伪做全套，甚至还会配上著名文人的题跋和印章，以增加其真实感。它们不仅在江南备受欢迎，甚至成为了许多官员呈献给皇帝的礼物。在进入清宫的"苏州片"上，有的甚至还加盖上了"乾隆御览之宝"、"嘉庆御览之宝"的帝王印玺。

苏州的假画制作规模之大之广，流散极多，使得这些假画还有一个比伪作好听得多的名称:“苏州片”,在商人和收藏者心目中,凡叫“苏州片”的伪作也是好物。“苏州片”画工最有名的当属王彪,传说王世贞的父亲王忬为蒙骗严嵩父子而命王彪画过一卷《清明上河图》,若不是装裱匠告密,其伪作难以识别。题材缤纷且为数众多的“苏州片”,正反映出明末清初“古物热”与书画消费蓬勃的氛围。“伪好物”一词源自北宋书画收藏家米芾对一件传为钟繇《黄庭经》的评价。他认为这件作品虽然是唐代摹本,然而因临写极佳,遂以“伪好物”称之,肯定这件摹本的艺术价值。台北故宫博物院为此还专门做过“伪好物：16—18 世纪苏州片的影响”专题特展。在展览中,包括有唐人《明皇幸蜀图》、苏州片《清明上河图》、黄彪（实为王彪）版的《画九老图》、三件《上林图》以及冷枚的《仿仇英汉宫春晓图》。苏州仿制名画的传统直至今日还十分常见,在吴中区有多处书画市场把生产伪作作为主业,也表明市场需求的旺盛与交易的频繁。

七、收藏之都：江南

富庶的江南是中国收藏的重镇,收藏一靠实力,二靠眼力,三造精力。实力要有经济基础,眼力要有鉴赏品位,精力要有淘宝乐趣,这三样在江南都不缺,自然就成就了一批大收藏家,他们把散落在民间的古玩、古籍、古画、古意收藏在一起,可以让后人一窥中国传统文化的精华,以一己之力,担当起文化卫士,其功不可没。

第一,宋元代时江南一带已经出现大收藏家。

历史上,皇家贵族是收藏的主力,他们可以举一国之财力来满足自己的个人雅好。但是，作为雅道中的收藏，只有在民间出现收藏、个人投入博古的背景下，才能成为一种雅趣得到推广与普及。因此，在讨论雅道的收藏之都时，首先就要避开皇家的背景和国都的区域。当民间自发出现收藏之风，并成为一国一地的收藏高地，才能确立为收藏之都。江南地区在宋之后连续出现诸多收藏大家，把这一地区的收藏风尚不断推向新的高度。

书法家米芾（1051—1107），祖籍太原，迁居襄阳县，后定居润州（今江苏省镇江市），36岁后定居丹徒，在丹徒生活达四十年之久，传说去世后即葬于丹徒长山。米芾是北宋著名书法家、画家，也是一位鉴定家和收藏家，他的许多收藏故事都发生在江南。米氏交往十分广泛，正如其所言“漫仕平生四方走，多与英才并肩肘”。与他交游的书画藏家人数众多，既有宗室子弟、朝中重臣和寺院高僧，又有江南藏家、画商画贩等。

元代时在江南出现了一些收藏大家，其中当以柯九思为代表。柯九思（1290—1343），字敬仲，号丹丘、丹丘生等，台州仙居（今浙江仙居县）人。大德元年（1297），柯九思随父迁居钱塘（今杭州）。柯九思博学能诗文；善书，四体八法俱能起雅去俗，素有诗、书、画三绝之称。柯九思一生好文物，曾得晋人《黄庭内景经》真迹，因题其室曰“玉文堂”。柯九思收藏的书画文物范围很广，上至晋人名帖，下至元人字画以及三代金石鼎彝等。他与博雅之士游历，临摹、观赏名画法帖，从魏晋“二王”，到隋唐五代、宋元历朝大家字画，各种流派，几无不有。他收藏的《曹娥碑》，朝野惊叹，虞集赞曰：“敬仲家无此书，何以鉴天下之书耶？”他出入朝野，饱览饫看公私收藏，逐渐树立起较高的威望，许多文人都邀请他鉴定各自的藏品。米芾是收藏和研究砚石的先驱者之一，为此柯九思喜欢将自己与米芾相比，30 岁时称“庋藏书画以米家画舫相比”，很是得意。

第二，明代时的江南出现成群的大收藏家。

经过宋元时代的积累与流传，在明代时江南大户人家普遍意识到收藏的重要性，在财力允许的情况下纷纷加入收藏队伍，一方面用于营造雅趣，抬高家族品位；另一个也产生了增值保值的意识，知道早收藏比晚收藏的投入回报更大。比起前朝前代，江南地区的收藏家不再是零星产生，而是成群成批地出现，在他们之中自然有不少名震一时的大收藏家。

范钦（1506—1585），字尧卿，号东明，浙江鄞县人，嘉靖十一年（1532）进士，任湖广随州知州，迁工部员外郎，官至兵部右侍郎，辞不赴，嘉靖三十九年（1560）回乡归隐。范钦酷爱典籍，为官多年，每至一地，广搜图书，丰坊“万卷楼”幸存余书悉归于他。嘉靖四十至四十五年（1561—1566），范钦建藏书楼，名“天一阁”，取“天一生水，地六成之”之义，阁四面临水，上通六间为一，中以书橱间隔；其下分六间，成为古代藏书楼建筑典范。天一阁迄今已有四百多年的历史，是中国现存最古老的藏书楼。乾隆三十七年（1772），下诏开始修撰《四库全书》，范钦八世孙范懋柱进献所藏之书六百三十八种，于是乾隆皇帝敕命测绘天一阁的房屋、书橱的款式，兴造了著名的“南北七阁”，用来收藏所撰修的七套《四库全书》，天一阁也从此名闻全国。天一阁保存下来的一万三千多卷古籍，可谓稀世珍宝，价值连城。

项墨林（1525—1590），原名项元汴，字子京，号墨林，别号墨林山人、退密斋主人等，浙江嘉兴人，被称为中国历史上最大的收藏家。项元汴年少英敏，博雅好古，绝意仕进。当时风雅之士来嘉兴必访项元汴。项元汴家资富饶，广收书法名画，所藏书法、名画以及鼎彝玉石，储藏之丰，甲于海内，“极一时之盛”。他精于鉴赏，辨别真赝，析及毫发，当时无人可比。与项同时代的人记载：“项氏所藏如顾恺之《女史箴图》等，不知其数，观者累月不能尽也，其他墨迹及古彝器尤多。其家累世富厚，不惜重赀以购，故江南故家宝藏皆入其手。”清顺治二年（1645）闰六月，清兵攻破嘉兴府城，其藏品散失殆尽，存世的藏品多归于皇宫，现仍藏于故宫博物院和其他博物馆。项元汴曾获一古琴，上刻“天籁”两字，故将其储藏之所取名“天籁阁”，并镌有天籁阁、项墨林等印，凡藏品都钤有印记，往往满纸满幅。他所收藏的中国书画数量之大、价值之巨，当今没有任何博物馆可比！项元汴的天籁阁收藏丰富，闪耀古今：东晋顾恺之绢本设色《女史箴图卷》，现收藏在英国不列颠博物馆；唐韩干的《牧马图》，现收藏在台北故宫博物院；唐韩干的《照夜白图卷》，现收藏在美国纽约大都会博物馆；晋王羲之的《兰亭集序》（神龙本），现收藏在北京故宫博物院。

董其昌（1555—1635），松江华亭人（今属上海），一生注重鉴藏。在《墨林项公墓志铭》中，他说自己与项元汴长子项德纯相善，在项家观看藏品，与项元汴相谈甚欢，被项氏引为同味，相见恨晚。万历二十四年（1596）春，董其昌访项德纯，观天籁阁藏名家字画，并作《天籁阁观画记》。万历二十五年（1597），董其昌与陈继儒游苏州，同访韩世能，观其所藏颜真卿《自书告身》、徐浩《朱巨川告身》、赵伯驹《三生图》、周文矩《文会图》、李公麟《白莲社图》等作品。董其昌好友冯梦祯居杭州孤山，藏有王维《江山雪霁图》与萧照《中兴瑞应图》。万历二十三年（1595）秋，董其昌写信求观，并为之题跋，次年又致函请求继续借观此作。董其昌中进士后家境好转，开始自己购藏书画。万历十九年（1591），董其昌大力搜访元四家等名家作品，收藏到了黄公望《陡壑密林图》等。董其昌毕生所得共有四幅董源作品最称真赏，他专置“四源堂”庋藏。在董其昌得知冯梦祯收藏了王维《江山雪霁图》后，他于十月十五日跋《江山雪霁图》，借禅宗为喻梳理了王维而下的谱系。万历二十四年（1596）秋，他奉旨持节封吉藩，购得黄公望《富春山居图》，董其昌题跋赞美此卷是黄公望生平最得意之作。是年冬，他又买得了曾是严嵩藏品的江参《千里江山图》。

陈眉公（1558—1639），华亭（今上海松江）人，他不仅是一位书画家和文学家，更是一位大收藏家。陈眉公一生收藏颇富，品类多种：一是收藏书籍。他广搜博采奇书逸册，或亲自抄校。他曾说：“读未见书，如得良友；见已读书，如逢故人。”他对经、史、诸子、术伎、稗官与释、道等书，无不研习，博闻强识。他喜欢抄校旧籍，因得颜鲁公书，乃名其藏书堂为“宝颜堂”等，自称：凡得古书，校过即付抄，抄后复校，校后复刻，刻后复校，校后即印，印后再复校。二是收藏书画。陈眉公藏有倪云林《鸿雁柏舟图》、王蒙《阜斋图》、梅道人《竹篨图》、赵孟頫《高逸图》，以及同时代的文徵明、沈周、董其昌等人字画；他还摹刻《晚香堂苏帖》《来仪堂米帖》，刻《宝颜堂秘笈》六集。三是收藏印章。陈眉公藏有苏东坡雪堂印、陈季常印等。四是收藏古玩。陈眉公并将心得记录下来，著有对古玩、书画撰述的《妮古录》《珍珠船》《皇明书画史》《书画金汤》《墨畦》等，为收藏书籍与古玩的房间自取“玩仙庐”“来仪堂”等雅号。

第三，清朝时，以苏州为中心的江南地区民间收藏实力强劲。

苏州处于江南核心地带，向来文化昌盛、民风和雅，个人收藏家众多，能够在一地集中大量高水准收藏大家的，除了皇城根里的贵族外，恐怕唯有苏州了。

潘家是苏州彭、宋、潘、韩四大望族之一，祖籍安徽歙县，后来其中一支定居苏州。潘祖荫（1830—1890）为清代官员、书法家和藏书家，吴县人，大学士潘世恩之孙，内阁侍读潘曾绶之子，光绪间官至工部尚书。潘祖荫通经史，精楷法，藏金石甚富，有《攀古楼彝器图释》，辑有《滂喜斋丛书》《功顺堂丛书》等。咸丰九年（1859），左宗棠为感谢潘祖荫在咸丰皇帝前力排众议救他一命，送了一个大盂鼎给潘祖荫。潘祖荫又重金买下大克鼎，使两件周朝时期最大的青铜器齐聚潘府。潘祖荫以收藏古籍善本的"滂喜斋"和收藏青铜器的"攀古楼"闻名京城，攀古楼收藏了百余件青铜器珍品，但他对大克鼎情有独钟，专门请人去刻了一枚"宝藏第一"的印章。潘祖荫去世后，由他弟弟潘祖年将大批文物运往苏州，存放在苏州南石子街的潘家旧宅中。1949年，潘家后人潘达将大克鼎捐献给上海市政府，成为上海博物馆的镇馆之宝。1952年，中国历史博物馆开馆，潘家包括大盂鼎在内的一百二十五件珍贵文物应征北上，从此两大宝鼎各镇一方，南北分离。之后，潘达又向上海博物馆和南京博物馆捐献了大批文物：1956年献字画九十九件，1957年献字画一百五十件，1959年献字画一百六十一件，在献出的作品中包括：弘仁的《山水卷》、倪元璐的《山水花卉册》、沈周的《西湖名胜图》等。2004年2月28日，为祝贺潘达女士百年寿诞，上海博物馆举行了"百岁寿星潘达捐大盂鼎、大克鼎回顾特展"，使分离半个世纪的两大周朝名鼎重新相聚在一起。

"江南收藏甲天下，过云楼收藏甲江南"，说的是江南著名的私家藏书楼过云楼，它位于苏州市干将路。过云楼及怡园旧址原为明代诗人、书法家吴宽所有，清代同光年间被曾任道台的顾文彬购置，重新修建。顾文彬（1811—1889）酷爱收藏，精于鉴别书画，“自唐宋元明清诸家名迹，力所能致者，靡不搜罗。”著有《眉绿楼词》八卷、《过云楼书画记》十卷、《过云楼帖》，所著录书画皆为个人收藏，考辨多精审。在他的《过云楼书画记》中记录有明祝枝山的《正德兴宁县志》稿本，以及东林五君子的诗札手迹等。之后，经过顾家六代人一百五十年的传承，其藏书集宋元古椠、精写旧抄、明清佳刻、碑帖印谱达到八百余种。“过云楼秘藏”中的藏书其中五件为国家一级文物，包括宋版书两部：宋版《锦绣万花谷》前、后集共四十册八十卷，宋杜大桂编纂《皇朝名臣续编碑传婉琰集》；元刻书三部：元胡一桂撰《周易启蒙传三篇外传一篇》，元黄瑞节附录《易学启蒙朱子成书》，元太监王公编《针灸资生经》七卷。藏书中的《锦绣万花谷》是目前海内外所藏部头最大的完整宋版书，保存了大量失传古籍中的部分内容，清代著名学者阮元有“书成锦绣万花谷，画出天龙八部图”的评价。

苏州私家藏书聚散无常，但流传有序。所谓“物聚必散，久散复聚”，即多个藏书家的藏书散出后，由一个当地藏书家获得。顾氏所藏古籍，大多来自苏州藏书家散出的图书。20世纪70年代版本目录学专家谢国桢曾看过顾氏部分善本，他认为过云楼有相当一部分藏书来自莫友芝的家藏。同时，据顾氏现存书籍中印鉴考索，有吴平斋、潘志万、沈树镛、刘履芬、史蓉庄等人的藏书散出，被顾氏整批接收，纳入过云楼收藏。顾文彬希望这些家藏旧抄能“益吾世世子孙之学”，并“后世志经籍者采择焉”。1951年和1959年，顾氏后人先后两次将所藏的三百多件书画精品捐赠给了上海博物馆。过云楼几代人密藏、从不轻易示人的善本古籍，在此后的几十年间有大约四分之三转归南京图书馆收藏。

第四，民国时期进一步奠定了江南作为收藏之都的地位。

从清末到民国，江南的富庶人家继续不断地渗入收藏队伍之中，尽管在这样的变迁中物是人非，物品的藏家变更了，但大多数的珍贵宝物依然留存在江南这块土地上，让江南承载起更大的收藏中国传统文化与历史的使命。

庞元济（1864—1949），字莱臣，号虚斋，浙江吴兴南浔人，被誉为“全世界最负盛名”的中国书画收藏大家。父庞云鏳为南浔镇巨富，“南浔四象”之一。庞元济早年好字画碑帖，常临摹乾隆、嘉庆时名人字画，后从事字画买卖。从光绪二十一年（1895）起，与人合资开设世经、大纶缫丝厂，通益公纱厂，龙章机器造纸有限公司等，此外，又在南浔、绍兴、苏州、杭州等地开设米行、酱园、酒坊、中药店、当铺、钱庄等大小企业，并在以上地方拥有大量田产和房产。庞元济既拥有财力，又精于鉴赏，收藏有铜器、瓷器、书画、玉器等文物，尤以书画最精，与于右任、张大千、吴昌硕等人均有交往，收藏有倪瓒《渔庄秋露图轴》、钱选《浮玉山居图轴》、任仁发《秋水凫鹭图轴》、王冕《墨海图轴》、柯九思《双竹图轴》、戴进《仿燕文贵山水轴》、文徵明《石湖清胜图轴》、仇英《柳下眠琴图轴》、吴历《湖天春色图轴》等，其收藏之富，为全国私家之冠；编有《虚斋名画录》二十卷、《续录》四卷。新中国成立后，庞家后人将部分书画文物捐赠或出让给了上海博物馆、南京博物院和苏州博物馆，上海博物馆一级藏品南宋朱克柔《缂丝莲塘乳鸭图》即为其子庞秉礼于1952年12月所捐赠。庞氏收藏画作特点：一是历代名物较齐，藏品丰物中富，对各时期的书画名家作品都有收藏，其中尤以“吴门四家”中的作品最多、最精彩；二是庞氏藏品大多是精品真迹。

吴琴木（1894—1953），生于吴江县震泽镇慎德堂，原名桐生，后改单名桐，字琴木，号冷枫居士（源于唐代诗人崔信民的断句诗“枫落吴江冷”），别号苍梧生，室名志隐草堂。吴琴木从小酷爱绘画，后在家乡当教师。他走上职业画家、鉴赏家之路，与庞元济的帮助、栽培密不可分。1914 年前后，吴琴木弃教就画，去南浔庞氏画室管理书画、从事临摹、修复古画，吴琴木在那里大开眼界，遂朝夕临摹，潜心研习。之后吴琴木卖画自给，先后移居苏州、常熟，在 1924 年左右来到上海庞氏志隐草堂。他一面继续临摹历代名家名画，遍仿各家笔法，辛勤创作；一面广交画界、出版界、金石界朋友，举办画展。他临遍庞元济所藏古代名画，现见到最晚的是 1946 年在苏州临摹的清代王时敏《夏山飞瀑图》，原作后由庞增和先生捐赠给了南京博物院。吴琴木爱好诗词，20 世纪 30 年代曾积极参与了由孙家振先生主盟、以年轻朋友为主组成的“鸣社”唱酬。

钱镜塘（1908—1983），原名钱德鑫，字镜塘，晚号菊隐老人，浙江海宁人。祖父钱笠群、父亲钱鸿遇均做过清朝小官，且善丹青翰墨，爱好书画收藏。钱镜塘自幼深受家庭环境熏陶，善画、能治印、爱好诗词戏曲。20 岁以后，他从丝绸生意转向书画收藏鉴定，并得到吴湖帆认可，成为沪上著名的书画鉴定家与收藏家，被誉为“江南第一藏”，一生收藏历代书画共计五万多件。钱镜塘藏品数量大，涉及面广，仅书画一项就上起宋元，下至近现代，主要是明清和近代，其藏品特点是关注中小名家、地域文化以及海派绘画等，且注重系列性收藏，对藏品进行整理、分类及保护。

钱镜塘每得佳作，一度必请吴湖帆过目鉴定，如果确系真迹，则请吴湖帆题签或跋文，如王石谷的《陈元龙竹屿垂钓图》，戴进的《春耕图》，王鉴的《溪山仙馆图》，周的《寒江独钓图》等，因此，书画界与收藏界人士赠给他与吴湖帆两人有“鉴定双璧”的美誉。

钱镜塘最出名的藏品是范宽的《晚景图》，这幅画在明代被严嵩收藏过，清代时流入到当时大收藏家毕沅手里。几经转手，最后到了钱镜塘手上。钱镜塘最钟情的画家是任伯年，共收藏有两千多件，最出名的一件是《华祝三多图》，西泠拍卖拍出 1.67 亿元。钱镜塘从 1956 年开始到“文革”结束，先后捐赠给国家三千九百万多件藏品，其中浙江省博物馆一千多件、上海博物馆六百多件，安徽省博物馆部分书画也是钱镜塘的旧藏。

江南有着太多的收藏名家，背后隐藏着众多故事，如果细加整理，一定还能挖掘出更多无限美好与极其悲痛的故事。可惜的是，曾经辉煌一时的收藏大家都无法将他们的藏品继续传给子孙，不能继续存在于民间，尽管有些珍品已经归在了国内外各大博物馆的名下，但这样的归宿未必是最好的结局，只能作为无奈的选项。试想这些珍品如果能够继续留在民间，并得到很好的保护，或许对一个国家的文化遗产保护和弘扬，对于一个家族的雅道熏陶与传承具有更多的积极意义。

八、诗词之都：江南

历史上的中国，诗人辈出，各地都涌现出了不少优秀的诗人，要确立一个“诗词之都”，大概会得罪不少异地的子弟。如果真要做这样一个题目，兴许可以写出一大批论文和专著的。其实，如果你真喜爱诗词，真热爱家乡，每个人的心目中都可以有一个自己的“诗词之都”。

（一）江南的诗人在数量上占绝对多数

有人曾对历史上的中国诗人的籍贯做过统计，结果发现，前十位的是：

1. 江苏：4382 人	2. 浙江：3959 人
3. 广东：2001 人	4. 福建：1682 人
5. 江西：1437 人	6. 河南：1074 人
7. 安徽：964 人	8. 山东：840 人
9. 四川：743 人	10. 河北：733 人

江浙一带正是人们心目中的江南，也是吴越之地，其核心区就是在太湖流域，两省在历史上造就出 8341 名诗人，在数量上占绝对多数。其中就包括了以下一些著名诗人（部分年代为常用生卒年，待考）：

谢灵运（385—433）：出生在会稽始宁（今浙江绍兴嵊州市）

沈　约（441—513）：出生在吴兴武康（今浙江湖州德清县）

孔绍安（577—622）：出生在越州山阴（今浙江绍兴市）

骆宾王（638—684）：出生在婺州义乌（今浙江义乌市）

贺知章（659—744）：出生在越州永兴（今浙江杭州萧山区）

丘　为（694—789）：出生于嘉兴（今浙江嘉兴市）

钱　起（722—780）：出生在吴兴（今浙江湖州市）

皎　然（730—799）：出生在吴兴（今浙江湖州市）

戴叔伦（732—789）：出生于润州金坛（今江苏常州金坛区）

孟　郊（751—814）：出生在湖州武康（今浙江德清县）

李　绅（772—846）：出生在无锡（今江苏无锡市）

罗　隐（833—909）：出生在钱塘（今浙江杭州市）

李　煜（937—978）：出生在金陵（今江苏南京市）

林　逋（967—1028）：出生在奉化黄贤村（今浙江宁波奉化）

范仲淹（989—1052）：出生在吴县（今江苏苏州市）

周邦彦（1057—1121）：出生在钱塘（今浙江杭州市）

陆　游（1125—1210）：出生在越州山阴（今浙江绍兴市）

范成大（1126—1193）：出生在吴州吴县（今江苏苏州市）

戴复古（1167—1248）：出生在天台黄岩（今浙江台州市）

周　密（1232—1298）：出生在杭州（今浙江杭州）

赵孟頫（1254—1322）：出生在浙江吴兴（今浙江湖州市）

王　冕（1287—1359）：出生在诸暨枫桥（今浙江绍兴诸暨）

杨维桢（1296—1370）：出生诸暨州枫桥全堂（今浙江绍兴）

倪　瓒（1301—1374）：出生在无锡（今江苏无锡市）

于　谦（1398—1457）：出生在钱塘（今浙江杭州市）

顾炎武（1613—1682）：出生在昆山（今江苏苏州昆山市）

沈德潜（1673—1769）：出生在长洲（今江苏苏州市）

袁　枚（1716—1798）：出生在钱塘（今浙江杭州市）

龚自珍（1792—1841）：出生在仁和（今浙江杭州市）

如果说以省为单位统计诗人人数获得的第一位是一个团体冠军的话，那么作诗最多的个人冠军同样出现在江南。南宋诗人陆游（1125—1210），号放翁，越州山阴（今浙江绍兴）人，著有《剑南诗稿》《渭南文集》等，陆游自言："六十年间万首诗"，如今可查到的有九千三百万多首诗词，他被认为是作诗最多的古诗人。从年代上看，陆游在46岁入蜀前写了两百首左右；入蜀后到 64 岁削官，写了两千四百余首诗；从回乡到 84 岁去世又写了六千五百多首，可见陆游的晚年是其诗词创作高峰期。

（二）吴兴沈约开创了中国诗韵的新境界

诗词有格律上的要求，押韵是吟诵诗词时抑扬顿挫的基本前提。历史上，首先完整提出中国诗韵格律要求的是一位生于江南的湖州德清人沈约。沈约（441—513），字休文，吴兴武康人，出身于门阀士族家庭，是南朝文学家和史学家。作为齐梁文坛领袖，沈约学问渊博，精通音律，与周颙等创四声八病之说，要求以平、上、去、入四声相互调节的方法应用于诗文，避免八病，这为当时韵文的创作开辟了新境界。沈约与王融诸人的诗皆注重声律、对仗，时号“永明体”，这是从比较自由的古体诗走向格律严整的近体诗的一个重要过渡阶段。《南史》称：“谢玄晖（谢朓）善为诗，任彦升（任昉）工于笔，（沈）约兼而有之，然不能过也。”文中所提谢朓，是“陈郡谢氏”中的重要一员，与“大谢”谢灵运同族，世称“小谢”。谢朓是永明诗人的代表，在当世就享有盛名。沈约十分服膺谢朓的五言诗，盛赞道：“二百年来无此诗也。”萧衍在称帝后还追慕不已，说谢朓的诗“三日不读，便觉口臭”。

历史上有所谓“江东之豪，莫强周沈”的说法，沈约的家族社会地位显赫。祖父沈林子，为宋征虏将军；父亲沈璞，为南朝宋淮南太守。沈约自小聪明过人，笃志好学，博通群籍，擅长诗文。父亲遭迫害后，幼小的沈约只能东躲西藏，逢大赦才免于流亡。此后，他长期流寓他乡，过着孤苦贫困的生活，但他昼夜勤学不倦。沈约刚开始时担任奉朝请，济阳蔡兴宗听说他有才华，非常赏识他，蔡兴宗任郢州刺史时，引沈约为安西外兵参军，兼记室。蔡兴宗常对他的儿子们说："沈记室的操行可为人师表，你们应当向他学习。"后来蔡兴宗任荆州刺史，又请沈约担任征西记室参军，带厥西县令。

（三）最早的山水诗人来自江南

山水田园诗源于南北朝的谢灵运和晋代陶渊明，以唐代王维、孟浩然为代表，这类诗以描写自然风光、乡村景物以及安逸恬淡的隐居生活见长，诗境隽永优美，风格恬静淡雅，语言清丽洗练，多用白描手法。山水诗派开创人谢灵运(385—433)，生于会稽始宁，是东晋名将谢玄之孙、秘书郎谢瑍之子。谢灵运少即好学，博览群书，工诗善文，还兼通史学，擅书法，曾翻译外来佛经，并奉诏撰《晋书》。谢灵运开创了中国文学史上的山水诗派，把自然界美景引进诗中，使山水成为独立的审美对象。谢灵运的山水诗句秀辞巧，往往一字而传山水情态，在提炼诗意、感悟语言方面有过人的才气，这一点连李白也佩服之至。谢灵运的创作，不仅把诗歌从"淡乎寡味"的玄理中解放了出来，而且加强了诗歌的艺术技巧和表现力，并影响了一代诗风。

谢灵运的诗大多是他任永嘉太守以后所写，以富丽精工的语言，生动细致地描绘了永嘉、会稽、彭蠡湖等地的自然景色。《南史·颜延之传》载："延之尝问鲍照己与灵运优劣，照曰：'谢五言如初发芙蓉，自然可爱;君诗若铺锦列绣，亦雕缋满眼。'"此外，汤惠休说"谢诗如芙蓉出水，颜如错彩镂金"；钟嵘说谢诗"名章迥句，处处间起；典丽新声，络绎奔会"；萧纲也说"谢客吐语天拔，出于自然"。谢灵运诗中那些山姿水态与典丽新声时，自然会感到鲜丽清新、自然可爱。谢灵运垂范后世的佳句显示着高超的描摹技巧，语言工整精练，境界清新自然，犹如一幅幅鲜明的图画，从不同的角度向人们展示大自然之美，尤其是“池塘生春草”更是意象清新，浑然天成，深得后人激赏，李白、杜甫、王维、孟浩然、韦应物、柳宗元诸大家都曾取法于谢灵运。

（四）最早的吟诗雅集出现在江南

如今的诗人大多已经习惯于一人独处写下新的诗篇，失去了古人通过雅集活动即兴创作的乐趣。集体一起创作，可以互相激励与启发，但也会增加压力与造成竞争，其实更利于真正的好诗与好诗人脱颖而出。

公元 353 年（东晋永和九年）三月三日，时任会稽内史的王羲之邀友人及亲朋在绍兴市西南兰渚山麓的兰亭，为过“修禊日”宴集于此，列坐于曲水两侧，将酒觞置于清流之上，漂流至谁的前面，谁就即兴赋诗，否则罚酒三觞，意为除去灾祸不吉。曲水流觞，是中国古代民间的一种传统习俗，后来发展成为文人墨客诗酒唱酬的一种雅事。这种传统非常古老，最早可以追溯到西周初年，据南朝梁吴均《续齐谐记》：“昔周公卜城洛邑，因流水以泛酒，故逸《诗》云‘羽觞随流波’。”在这次活动中共有十一个人各作诗两首，十五个人各作诗一首，十六个人因没有作出诗而罚了酒，总共成诗三十七首，汇集成册称之为《兰亭集》，王羲之为此作了一篇三百二十四字的序文，就是有“天下第一行书”之称的《兰亭集序》。今存王羲之的《兰亭诗》共有六首，这是史料记载在江南出现的吟诗雅集活动，文人墨客齐聚一处，以诗会友，以酒助兴，最终不仅留下了诗集，更是留下了《兰亭集序》。

唐大历年间“吴中诗派”的文化活动是以颜真卿和周围一批

文士、诗人组成，主要活动地杼山妙喜寺（在今吴兴区妙西镇），成为开启和发展中唐时期闲恬、淡泊，以唱和联句为主诗风的主要力量，在唐诗由盛唐向中唐发展演变中起到重要作用。留下湖州联句五十三首，占《全唐诗》所收中唐时期联句一半多，涉及著名诗人耿湋、李益、吴筠、李观、袁高、皇甫曾、皎然、陆羽、李崿、刘全白、陆士修、潘述等八十余人。

明清时形成的浙江词派一度左右词坛，标举南宋，以朱彝尊、厉鄂为代表的"浙西六家"、前后"吴中七子"等，主张淳雅清空。阳羡词派则以陈维崧为宗，崇"意"主"情"，以悲慨激扬和凄清萧瑟等多侧面的情思，浓重表现那个时代的心态。在清代嘉庆年间，江南又出现了重要的词派：常州词派。浙派词人在声律格调上着力，常州词人张惠言却大声疾呼词要与《风》《骚》同科，强调比兴寄托，反对无病呻吟之作，"开山采铜，创常州一派"。一时和者颇多，蔚然成风，后经周济等人的推阐、发展，理论更趋完善，所倡导的主张更加切合当时内忧外患的社会环境，其影响直至清末不衰。

（五）非江南的诗人也偏爱江南，在江南留下无数佳作

江南一带四季分明，热不及南方持续不退，冷没有北方彻骨寒冬，气候宜人的江南，春天植物茂盛，秋天色彩斑斓，十分利于诗人产生创作灵感，因此，历史上有许多著名诗人对江南流连忘返，留下了无数优秀的诗词。

李白喜爱江南，到过六代故都金陵和当时的国际都市扬州等地，在怀古胜地写下了一首咏史诗《乌栖曲》。在他游走江南时留下了《江南春怀》等诗篇："青春几何时，黄鸟鸣不歇。天涯失乡路，江外老华发。心飞秦塞云，影滞楚关月。身世殊烂漫，田园久芜

没。岁晏何所从，长歌谢金阙。”杜甫在年轻时从江宁到吴越，一游就是四年。他在越地的线路正是唐代诗人经常走的一条路，也就是后来被人命名为浙东的唐诗之路。浙东唐诗之路，源自钱塘江，上溯到绍兴镜湖，沿浙东运河、曹娥江，然后南折入剡溪，经沃洲山、天姥山直抵天台山石梁飞瀑，全程约一百九十公里，《全唐诗》记载的两千两百余位诗人中就有四百多位诗人走过此路，《唐才子传》里的两百七十八位才子中就有一百七十余位走过，以至于后来成了钱塘江南岸的一道特别的文化景观线路。

苏轼（1037—1101）虽是四川眉州人，却独爱江南，他是中国文学艺术史上罕见的全才，也是中国数千年历史上被公认文学艺术造诣最杰出的大家之一。苏轼十分钟爱江南，曾九次到访江南名城常州，这从他买地准备在此养老的行为中可见一斑：他所购置的田产位于宜兴市丁蜀镇附近，如今的东坡书院据称就是当时苏轼的田产地。为此，苏轼写有一首《菩萨蛮·买田阳羡吾将老》表达心中的喜悦：“买田阳羡吾将老，从来只为溪山好。来往一虚舟，聊随物外游。有书仍懒著，水调歌归去。筋力不辞诗，要须风雨时。”可惜的是，苏轼刚到常州，还未养老，就溘然辞世。

现代著名诗人余光中心目中的江南就是以常州为典型的，他说：“常州是我的‘母乡’，也是我的‘妻乡’，‘母乡’加‘妻乡’，那份乡情也不下于‘父乡’……”在自称“江南人”的余光中心里，常州有着别样的意义。余光中，祖籍福建永春，生于江苏南京，避难于巴山蜀水，求学于美国，任教于香港，终老于台湾，在他那首脍炙人口的《乡愁》中对常州有着别样的情感。在《乡愁》一诗里，邮票与船票的另一端，牵动他心的，正是永恒的常州母亲与常州新娘。

江南，意指长江之南，在人文地理概念中特指长江中下游以南，狭义上则指太湖流域。古诗词中的江南，通常都是指人文江南。白居易写江南最为出名的《忆江南·三首》中，其中最美的是第一首：

江南好，风景旧曾谙；
日出江花红胜火，春来江水绿如蓝。
能不忆江南？

韦庄的《菩萨蛮》，也把江南写得风流缱绻：

人人尽说江南好，游人只合江南老。
春水碧于天，画船听雨眠。
垆边人似月，皓腕凝霜雪。
未老莫还乡，还乡须断肠。

于是，好江南吸引了代代文人墨客的到来，并在这里种下雅道之种，最终成为了人们心目中最为认可的雅道之都。

第六章　雅道养生

雅道之雅，以及雅道之道，都有着道不尽的益处，正因为如此才能被一代又一代的文人墨客所青睐。我们现在说文人墨客，其实已经对这个概念的内涵与外延有了限制，似乎只有“文化人”的感觉，而在古代这实际上有着“精英”与“人才”的意味，是一个时代中最有理想、最赋诗情、最有才华的一批人。雅道不仅可以陶冶情操、丰富精神，而且还可以助人心情愉悦，具有延年益寿的作用。

雅道八项中的前四项——茶、花、香、琴，有着一个共同点，即它们都与植物有关，这是大自然赐予我们的最宝贵礼物。茶，是人在草木中，我们取其叶与味；花，是植物开出的花卉，我们取其花与形；香，是植物本具的气味，我们取其材与气；琴，是植物的枝杆，我们取其材与声。这些自然之物经过人工的加工与提炼，都具有一定的养生功能，不同的人通过与植物不同方面的接触，都能达到舒缓精神、提气怡情的效果。如果再加上雅道八项中的后四项——书、画、藏、诗的催化与推动，其养生作用就会愈加明显，功效就会更持久。

一、以茶养生

茶可以养生的观点，在现代已经获得广泛认同。在古代提出这样的思想时只能通过经验获得，还很难通过科技的分析来获得更多的佐证。不过，将茶与长寿联系在一起却早已有之，在中国的寿星中，就有一个“茶寿”之说。茶的草头代表二十，下面有八和十，一撇一捺又是一个八，加在一起就是一百零八，代表一百零八岁。

“何止于米，相期以茶”，是冯友兰先生赠送金岳霖先生的一副对联，意思是人们何止要活到八十八岁，更期望可以活到一百零八岁。

米就是指“米寿”，茶就是指“茶寿”，按照中国传统的说法，米字的形态，一看便知藏有八十八，所以“米寿”就是八十八岁；而“茶寿”则是一百零八岁。粗看起来，这话好像只是图个高寿，其实还隐含着从物质需求层面向精神文化层次提升的境界，“米”是物质需求的代表，“茶”则暗含着精神需求的意思。

《梁高僧传》说单道开：“敦煌人，俗姓孟。少怀隐遁之志，诵经四十余万言。山居行道，不食谷物，仅食柏实、松脂、细石子等物，不畏寒暑，昼夜不卧。建武十二年入邺居临漳照德寺。于升平三年率徒南渡入建康，后至南海罗浮山，独处茅茨，寿百余岁。”这是可见的最早关于修行人饮茶的记载，且世寿百余岁。这位爱饮茶的单道开是否世寿达一百零八岁，现在已经无法考证了，但寿百余岁的记录，足以证明了吃茶益于长寿。

中国历史上不少僧人得享高寿，上登耄耋，其中有两位老禅师，一古一今前后辉映，都住世约一百二十年，他们就是唐代高僧赵州禅师与近代禅门尊宿虚云法师。赵州禅师(778—897),法号从谂,生于曹州（今山东菏泽），幼年出家，后得法于南泉普愿禅师，为禅宗六祖慧能大师之后的第四代传人。唐大中十一年（857），80高龄的从谂禅师行脚至赵州，受信众敦请驻锡观音院，弘法传禅达四十年，僧俗共仰，为丛林模范，人称“赵州古佛”。赵州禅师住世一百二十年，圆寂后，寺内建塔供奉衣钵和舍利，谥号“真际禅师”。赵州和尚的一句“吃茶去”，开启了中国禅茶一味思想的序幕，他本人成为最为长寿的茶人。

虚云法师（1840—1959），湖南湘乡籍人，生于泉州，俗姓萧，名古岩，字德清，60 岁后改字幻游，号虚云，乃近代“一身而系五宗法脉”的禅宗大德。虚云法师历任福建涌泉、广东南华、云门大觉诸大寺院住持。虚云法师于 1959 年农历九月十二日病逝，世寿 119 岁，戒腊一百年。虚云禅师作为近代禅门泰斗，其所做出的贡献除了恢复重兴寺院功德外，更重要的是为后世禅宗复兴而培养储备了大量的护法居士和弘法高僧，其门下嗣祖沙门比丘较为著名的有十余人，其中释一诚、释传印先后出任中国佛教协会会长。《虚云和尚自述年谱》中记载：虚云法师在扬州高旻寺打禅七时，“至腊月八七第三晚六枝香开静时，护七例冲开水，溅予手上，茶杯堕地，一声破碎，顿断疑根，庆快平生，如从梦醒。”可见他茶杯不离身，坐禅也随身，最终开悟得助于“茶杯堕地”，好茶的虚云法师超过“茶寿”，直追“花甲重开”（120 岁）之寿。

一生以茶为爱的当代翻译家、文学家、戏剧家杨绛先生活了 105 岁，她写过一篇短文《喝茶》，其中有一段文字十分诙谐有趣，杨绛借用别人的话来说明喝茶长寿的道理：

伏尔泰的医生曾劝他戒咖啡，因为“咖啡含有毒素，只是那毒性发作得很慢”。伏尔泰笑着说：“对啊，所以我喝了七十年，还没毒死。”唐宣宗时，东都进一僧，年百三十岁，宣宗问服何药，对曰：“臣少也贱，素不知药，唯嗜茶。”因赐名茶五十斤。看来茶的毒素，比咖啡的毒素发作得更要慢些。爱喝茶的，不妨多多喝吧。

茶乃天地灵气之精华，是天地人三合一的媒介。人在草木中，即为“茶”字，许多茶人深谙其道，并以自己的长寿告诉人们，以茶养生并非戏言。茶学泰斗张天福，1910 年出生于上海名医世家，与茶相伴一世纪，恰好活了一个“茶寿”。当代“茶圣”吴觉农，享年 92 岁；中国茶叶生物化学的创始人王泽农，享年 92 岁；中国现代高等茶学教育事业的创始人之一陈椽，享年 91 岁；中国茶树栽培学科的奠基人之一庄晚芳，享年 88 岁，与茶相伴，度过耄耋之年的人不胜枚举。

喝茶能够长寿，种茶更是得天独厚。2016 年，福建安溪百岁老人达到六十九人，90 岁以上老人有二千五百万多人，80 岁以上老人近三万人，山好水好茶好，养生有道。正因如此，央视《走遍中国》栏目专程到安溪制作了一期专题节目《添寿福地——安溪》，以安溪三位长寿老人为代表，展现并揭示了安溪独特的长寿秘诀：喝茶养生保健。

那么，以茶养生有什么科学依据呢？茶是大自然赐予人类的礼物，具有很好的保健作用。学会喝茶，享受慢生活，可以修身养性，陶冶情操。调查显示，偏长寿（90 岁以上）的老人中 90% 都喜欢喝茶，60% 的老人视茶如命。科学实验表明，人体变老的过程也是一个自由基积累的过程，清除自由基能够让人显得更年轻，茶叶中的茶多酚可以清除自由基，抗氧化。茶的天然药用价值，在科学实验中也得到了验证：1965—2008 年，共有二百十七项与茶多酚相关的肿瘤病例对照研究，有 40.5% 证实饮茶能够降低患癌风险。每天喝四至五杯茶，患癌症的风险低 40%。

喝茶可以补充微量元素，茶叶中含有十多种维生素，特别是维生素 C 对人体有多种功效，能防治坏血病，增强抵抗力，还有辅助抗癌的功效。茶能够软化血管，抵抗多种老年病症，茶中含有类黄酮类的抗氧化剂对心脑血管的健康也大有裨益。喝茶让人思维更敏捷，头脑更活跃。现代医学证实，茶叶中的咖啡碱有利尿、扩张血管的作用，咖啡碱还能兴奋中枢神经，增强大脑皮质的兴奋，从而振奋精神、增进思维、提高工作效率。

二、以花养生

日本人的平均寿命排名全球第一，女性寿命相比于男性更长，据日本厚生劳动省 2018 年 7 月公布的简易生命表显示，日本女性平均寿命为 87.26 岁，男性为 81.09 岁。日本女性能够如此长寿的原因有不少，而热衷于“每天走一万步”的健身方式也在日本老人中盛行，年老而不退休看上去有点不近人情，但实际上却加强了老年人的活动量，也就是活力。插花是一项需要长时间站立的活动，不论剪枝，还是创作中的摆弄，以及讲解，都是通过站立来完成的，而不是处于一种久坐不起的状态。

调查显示，世界各地健康女性的共同理念包括“八要”：饭要少吃百分之二十，要多吃新鲜蔬果，要爱上健康食品，要放慢生活与工作节奏，要尽可多地站起来，要走出家门不宅在家中，要学会轻松，要多吃鱼。其中尽可多地站起来，要走出家门不宅在家中，都是要让人投入社区活动，无论是教堂礼拜（或寺院活动）、小组陶艺、插花室里的交流，还是各种志愿组织，这些活动都可以扩大交际范围，十分有助于健康，促进长寿。插花活动因为同时达到了“八要”中的“三要”：放慢节奏、站起来、放轻松，而成为特别适合在女性中推广的有益活动。

“常在花间走，能活九十九。”千百年前人们就已经发现，在花园里散步具有镇静情绪和促进康复的作用。古埃及医生给精神病患者治病的方法之一，就是置病人于公园中活动。现代科学研究也已证明植物对人的心理和生理状态有很大的影响，花的香味会刺激人体嗅觉细胞，进而影响大脑皮质的兴奋或抑制，调节全身新陈代谢，平衡神经功能等，使人产生“沁人心脾”之感，使血脉调和，气顺意畅。

当一个人满心忧愁时，步入花的世界，花香沁人心脾，忧愁自然烟消云散；当一个人怒火中烧之际，来到百花丛中，香气袭人，也会心平气和，并有“观赏百花，怡心养性”之感。“七情之病也，香花解”。古人云：“用笔不灵看燕舞，行文无序赏花开。”清代著名文学家袁枚也有诗云：“幽兰花里熏三日，只觉身轻欲上升。”这些诗句，都说明了赏花与养生的密切关系。

由插花而及园艺，是许多爱花人士生活方式的自然过渡，一为寻花所为，二为种花所得，当无法获得自己想要的花材时，众多插花师都会萌生自己种花的念头，其中一部人就真的开始了自己的实践。美国犹他大学的研究人员对近两百个家庭进行了调查，其中，有的家庭热衷园艺劳动，比如养花、种草，甚至自己栽种一些蔬果等，还有些家庭则很少从事这样的活动。结果显示，与很少从事园艺劳动的人相比，喜欢养花种草的女性体重指数平均降低约 1.84，相当于一个身高 1.65 米的女性体重减轻 5 公斤；经常从事园艺劳动的男性体重指数平均降低 2.36，相当于一个身高 1.78 米的男性体重减轻 7.3 公斤。研究还发现，爱好园艺的女性患肥胖症、代谢综合征等疾病的风险降低约 40%，男性降低约 62%。

园艺疗法最早起源于1699年，一位名叫李那托·麦加的人在《英国庭园》中对园艺的治疗效果记述道：在闲暇时，您不妨在庭园中挖挖坑，静坐一会儿，拔拔草，这会使您永葆身心健康，这样的好方法除此之外别无他途。园艺疗法是利用活体植物的某些特点，如花的颜色、芳香的气味、可爱美丽的形态以及园艺活动，来调节人体机能或治疗某些疾病，让人们在伺弄花草的过程中，唤起对生活的热爱，产生愉悦的情绪，从而达到提高身体素质的目的。

19 世纪，美国开始应用园艺治疗精神病患者。根据美国园艺治疗协会的定义，园艺治疗是通过园艺活动，如花卉及蔬果种植、干花手工艺、治疗性园景设计等，令参加者获得社交、情绪、身体、认知、精神及创意方面的好处。园艺治疗可应用于不同年龄、不同背景及不同能力的对象，如长者、老年痴呆症患者、中风病人、儿童、青年、精神病患者、酗酒者、吸毒者等。园艺治疗独特之处是以植物为介入媒体，植物拥有生命，具有其生命周期，需要悉心及耐心照顾料理。鲜花令人赏心悦目，情志调畅。养花做盆景和插花既是体力劳动锻炼，也是文化艺术修养的体现。

“赏花乃雅事，悦心又增寿”，插花之后的赏花是一项十分有益于身心健康的活动。学习插花，可以时常与花做伴，以花为友，不仅给人带来大自然的美感，同时各种插花作品所展示的丰富内涵能逐渐美化、净化人们的心灵，陶冶人们的情操，起到修身养性、增进友情和传递信息的作用。插花又让人必须不断地丰富和提高自己的文化艺术修养，使作品具有传情、动情、充满诗情画意的意境美和精神美。当深入了解插花艺术，对它产生更浓厚的兴趣时，插花者的情操也就有了进一步的提高。插花既可以美化家居生活，又能抗污染，有利身心健康。

宋代大诗人陆游在《剑南诗稿戏作野兴》中写道：

省事贫犹富，宽怀客胜家。
充虚一箪饭，遣睡半瓯茶。
有兴闲垂钓，逢欢醉插花。
皋桥亦可死，处处是天涯。

诗中“一箪饭、半瓯茶、闲垂钓、醉插花”完全是无事心闲的神仙生活，插花自是一件美化生活的清供雅逸之事。

三、以香养生

相比于茶与花的养生价值，香的养生功效并不为常人所知，这三项的本体都属于植物，茶系叶，花为瓣，香是干，这是大自然中神奇的植物对人类的联合馈赠，我们理应珍惜与厚爱。香具有的养生与养德的功能，早已被中国古人所认识。孟子说：“香为心性之所欲，不可得而长寿。”儒家认为“明德惟馨”，香具有衡量道德行为的功用，道德高尚者周身能够散发出一种本性之香。

中医四大经典著作之一的《神农本草经》，把三百六十五种药分成三等，“上药一百二十种为君，主养命以应天，无毒，久服不伤人”，如人参、甘草、地黄、大枣等；“中药一百二十种为臣，主养性以应人，无毒有毒，斟酌其宜”，需判别药性来使用，如百合、当归、龙眼、黄连、麻黄、白芷、黄芩等；“下药一百二十五种为佐使，主治病以应地，多毒，不可久服”，如大黄、乌头、甘遂、巴豆等。在上药中包括麝香、木香（青木香）、柏实、榆皮、白蒿、甘草、兰草、菊花、松脂、丹砂、辛夷等传统香料或传统制香辅料，如榆皮、白芨、硝石等，它们具有“驱邪扶正、痛经开窍、疗疾养生”的作用，如《神农本草经•疏》中说，“凡邪恶气之中，人必从口鼻入。口鼻为阳明之窍，阳明虚，则恶气易入。得芬芳清阳之气，则恶气除而脾胃安矣”。

中国古代文人雅士向来相信并喜欢以香养生，在生活中不忘焚香清供，或喜欢在自己的书斋中让香烟萦绕于书桌之上。文人与香结下了不解之缘，香成为了文人生活中不可缺少的一个部分，又被作为题材融入文人的作品之中，促进了香文化的发展。许多文人都是制香高手，如王维、李商隐、徐铉、苏轼、黄庭坚、陆游等。北宋著名文学家、书法家，盛极一时的江西诗派开山之祖黄庭坚在《子瞻继和复答二首其一》一诗中写道，“迎燕温风旎旎，润花小雨斑斑。一炷烟中得意，九衢尘里偷闲”，意即通过对香的气味和意境的感受，可以达到禅修与净化生命的效果。黄庭坚酷爱香道，以香养生，在他的作品中记载的香方就有汉宫香诀、意合香、意可香、深静香、荀令十里香、小宗香、婴香、百里香、篆香等，其中意和香、意可香、深静香、小宗香最为知名，因与黄庭坚有关，而被称为“黄太史四香”，宋代陈敬《陈氏香谱》中即录有这些香方。

在古书中常提到“沉檀龙麝”，即“沉香、檀香、龙脑香、麝香”，自古以来都是最名贵的四种香料，因此被称为中国“四大名香”，它们都是调理气机的良药圣品。对于不同的香料，中国古人更是总结出不同的养生功效。

沉香是由一些特殊的香树“结”出来，是混合了油脂成分和木质成分的固态凝聚物，上品沉香的价格比黄金还贵，被誉为“植物中的钻石”，列为众香之首。它在佛教中的地位很高，不仅是“浴佛”的主要材料之一，还是参禅打坐的上等香品。《本草求源》载：“沉香之幸温独本于雨露之精华，所以升真气，养诸气，和卫气，升降水火，诸香莫及。”《本草通玄》则载：“沉香，温而不燥，行而不泄，扶脾而运行不倦，达肾而导火归元，有降气之功，无破气之害，洵为良品。”《本草纲目》则说，这种香气具有强烈的抗菌效能，香气入脾，有清神理气等作用。

檀香取自檀香科乔木檀香树的木质心材或其树脂，檀香精油俗称“液体黄金”。佛家以栴檀燃烧祀佛，素有“香料之王”“绿色黄金”的美誉。檀香的独特香味具有安神作用，对于冥想有所帮助，因此被广泛用在宗教仪式中。《本草备要》载：檀香“调脾胃，利胸膈，为理气要药”。《纲日拾遗》载：“龙涎，利水通淋，消气结。”《药材学》载：“龙涎，治咳喘气逆，神昏气闷，心腹诸痛。”《珍珠囊》载：“檀香，引胃气上升，进食。”中医认为檀香木有理气温中、和胃止痛的功效，主治脘腹疼痛、噎嗝呕吐、胸闷不适。檀香油有清凉、收敛、强心作用，主要用于治疗胆汁病、膀胱炎，并用作尿道消毒剂，治疗淋病。

龙脑香是龙脑香树的树脂凝结形成的一种近于白色的结晶体，

古代谓之“龙脑”，以示珍贵。龙脑不仅用于熏香和医药，还被用于美食。中国的宫廷御宴里，就有燕窝配龙脑的“会燕”；在南亚地区，夹有龙脑的槟榔是上等食品；宋代以前，人们就开始在茶饼（由茶和米压制而成）中掺和香料做成香茶，所用的香料大多都是龙脑，或在压制茶饼之前以龙脑窨茶，或以龙脑浸水直接洒在茶上，也称为“龙脑茶”。在《本草纲目》中，记载了龙脑的一些形状特征，如“以白莹如冰，及作梅花片者为良”。其可用于闭证神昏、目赤肿痛、喉痹口疮、疮疡肿痛、溃后不敛、心绞痛等。

麝香是在成熟的雄麝肚脐下方的香腺囊中形成的一种有香的物质，十分名贵，它是配制高级香精的重要原料，也是古代文人、诗人、画家的掌上宾，具有良好的提香和定香能力，平衡香气，给整个香气带来活力，并赋予动人的情感。麝香是珍贵的中药材和优质定香剂，具浓郁香味，穿透力强，对中枢神经系统有兴奋作用。《本经》载:“麝香，主辟恶气，温疟，痫痓，去三虫。”《本草纲目》载：“麝香，通诸窍，开经络，透肌骨。”古语说“有麝自然香，何用当风扬”，说它是治疗中风、脑炎的特效药，十分传神。

香还被中医用于香疗，例如明代医家李时珍用线香“熏诸疮癣”。在清宫医药档案中，慈禧、光绪御用的香发方、香皂方、香浴方等更是内容丰富。从中医药学的角度来说，香疗当属外治法中的气味疗法。各种木本或草本类的芳香药物，通过燃烧所产生的气味，可起到免疫避邪、杀菌消毒、醒神益智、润肺宁心等作用。现代流行的药枕之类的保健用品，都是根据传统香味疗法的现代演绎。沉香灸则是将沉香用于灸疗，和人体经络的共振性更强，其功效《本草求源》中说“升真气，养诸气，和卫气，升降水火，诸香莫及”。

近年来，经科学家研究分析证明，气味分子通过呼吸道黏膜吸收后，能促进人体免疫球蛋白的产生，提高人体的抵抗力；气味分子刺激人体嗅觉细胞，通过大脑皮质的兴奋抑制活动，调节新陈代谢，平衡植物神经功能，达到生理心理功能的相对稳定，从现代科学的角度证明了香气（香药）对人养生的重要作用。

四、以琴养生

琴能养生，也是古人早已有之的观念，对音乐的感受浸淫日久，自有调节身心的功效。古琴呈现出来的中正和平、清微淡远等审美趣味，尤其受到文人墨客的喜爱，在中国传承三千年而未曾间断过，历代文士琴人留下的诗文纪实，记录着珍贵的以琴养生的事例。据史料记载，舜帝善弹五弦琴，歌南风之诗，寿享一百多岁，历朝历代中琴人长寿者不胜枚举。

根据凌瑞兰女士编撰的《现代琴人传》记载，现代琴人的平均寿命达到 76.25 岁。所载琴人这一辈出生年份大多在 1890—1949 年间，其间无论是社会稳定程度、人民安居程度、物资充裕程度、医疗保障程度等各方面都相对较差，即便如此，在该书所记载的八十九位琴人之中，超过 100 岁的有两位，90 至 100 岁的有十一位，80 至 90 岁的有二十二位，70 至 80 岁的有三十七位，60 至 70 岁的有十一位，40 至 60 岁的有两位，不到 40 岁的有两位，丝弦古琴大家蔡德允女士和李允中先生均以高寿 104 岁辞世。琴人寿高主要有两方面的原因：一是弹古琴主要是通过左右手的配合，快慢虚实结合，通过长时间动手弹琴，起到了很好的保健锻炼的作用；二是弹琴之人讲究心境放松，抛开世间烦恼，这种精神超脱的追求，十分有益于长寿。

古琴音乐舒缓宁静，音韵深邃中和，能舒体悦心、流通气血、宣导经络，起到养心调神、养生疗疾的作用。《吕氏春秋·适音》："……昔葛天氏之乐，三人操牛尾投足以歌八阕……昔陶唐氏之始，阴多滞伏而湛积，水道壅塞不行其原，民气郁阏而滞著，筋骨瑟缩不达，故作为舞以宣导之。"魏晋琴家嵇康也说，弹琴"可以导养神气，宣和情感"。嵇康在《答难养生论》指出："窦公无所服御而致百八十，岂非鼓琴和其心哉？此亦养神之一征也。"弹琴是失意士人安慰精神、治疗创痛的有效方法。嵇康在《养生论》里集中发挥老庄清虚无为养生观，指出："清虚静泰，少私寡欲……绥以五弦，无为自得，体妙心玄，忘欢而后乐足，遗生而后身存。"

中国古人将阴阳五行和音乐结合在一起，在他们看来，"五音"是指"宫、商、角、徵、羽"五个音。清人祝凤喈说："宫音，和平雄厚，庄重宽宏。商音，慷壮哀爵，惨怃健捷。角音，圆长通澈，廉直温恭。徵音，婉愉流利，雅丽柔顺。羽音，高洁澄净，淡荡清邈。"中医理论里最早在《黄帝内经素问脉要精微篇》中就已经提到了阴阳五行和五音的关系："是故声合五音，色合五行，脉合阴阳。"《管子》也说："五声即调，然后作立五行，以正天时，五官以正人位，人与天调，然后天地之美生。"又说："凡听徵，如负猪，豕觉而骇。凡听羽，如鸣马在野。凡听宫，如牛鸣穴中。凡听商，如离群羊。凡听角，如雉登木以鸣，音疾以清。"

据《左传》昭公二十五年记载，春秋战国时代（公元前六世纪），郑国子大叔结合五味、五色、五声提出了："则天知明，因地之性，生其六气，用其五行，气为五味，发为五色，章为五声，淫则昏乱，民失其性。"《左传》昭公元年则记载，秦国著名的医学家医和说：

“天有六气，降生五味，发为五色，征为五声，淫声六疾。六气曰阴、阳、风、雨、晦、明也。”人体的五脏合于宇宙之日月星辰，季节之春夏秋冬，与五色、五方、五脏、五音、五时等相配，形成了独特的阴阳五行体系。

唐代诗人白居易（772—846）好音律，作了大量咏琴诗，晚年虽得风疾，但唯爱听琴音。在《五弦弹》中他指出：“一弹一唱再三叹，曲淡节稀声不多；融融泄泄召元气，听之不觉心平和。”白居易在咏琴诗《清夜琴兴》中写道：“月出鸟栖尽，寂然坐空林。是时心静闲，可以弹素琴。清冷有本性，恬淡随人心。心积和平气，本应正始音。”他在另一首咏琴诗《船夜援琴》中又写道：“鸟栖鱼不动，月照夜江深。身处都无事，舟中只有琴。七弦为益友，两耳是知音。心静即声淡，其间无古今。”还有他的《好听琴》：“本性好丝桐，尘机闻已空；一声来耳里，万事离心中。清畅堪消疾，恬和好养蒙；尤宜听三乐，安慰白头翁。”

北宋琴家成玉涧说：“攻琴如参禅。”宋代欧阳修，晚年自号“六一居士”，“六一”者其中之一便是琴。在《送杨置序》中他谈到年轻时不得意，幽忧不平，患上情绪病，后来学弹琴，用音乐抚平心绪：“予尝有幽忧之疾，退而闲居，不能治也。既而学琴于友人孙道滋，受宫声数引，久而乐之，愉然不知疾之在其体也。夫疾生乎忧者也，药之毒者能攻其疾之聚，不若声之至者能和其心之所不平心而平，不和者和，则疾之忘也，宜哉。夫琴之为技小矣，及其至也……听之以耳，应之以手，取其和者，道其堙郁，写其忧思，则感人之际，亦有至者焉。”琴书中类似陈述屡见，大致强调心志对身体的主导作用，养心守神可保元气以调控身体，维持平衡，重视身心整体的变化。清朝朱锡绶在《幽梦续影》中说：

“琴医心，花医肝，香医脾，泉医肺，剑医胆。”

古人说“十指连心”，手指与人体心脏、大脑神经密切相关，经常运动手指，尤其是弹奏古琴，能够很好地促进手指的血液循环。同时由于呼吸及音乐节奏的和谐把握，可增强心脏功能，使其得到很好的有氧运动。七十年前胡滋甫发表的《琴心说》一文谓：“闻宫音则意凝，意凝则脾静，脾静无思。闻商则魄静，魄静则肺宁，肺宁无言。闻角音则魂藏，魂藏肝平，肝平无逐。闻徵音则神清，神清则心安，心安无观。闻羽音则精涵，精涵则肾澄，肾澄无忧。”

古琴不仅能够养生延寿，从事其他音乐活动的人也有类似现象。现代科学家曾对 19 世纪末以前出生的九十五位作曲家和一百十九名演奏家进行了寿命调查，发现其寿命比一般人要长。音乐家为什么比其他行业的人寿命长呢？一般说来，左脑有计算、思维、语言等机能，科学家称之为“语言脑”；右脑则有控制情绪、感情、美感意识等非逻辑机能，科学家称之为“音乐脑”。左右脑分别承担各自机能，又互相补充和协作，形成人的能力和个性。音乐家比其他职业的人多使用“音乐脑”，使体内情绪机能活跃，有益于身心健康，这是音乐家长寿之秘诀。

五、以书养生

中国自古就有“寿从笔端来”的说法，甚至认为书法是“养生之首”，十分看重书法的养生价值。有研究表明，在可使人长寿的二十种职业中，书法家名列榜首。三国时兵荒马乱，人大多不长寿，平均寿命才三十几岁，可楷书鼻祖钟繇却活了 80 岁。从汉代至清代，当时的人类平均寿命普遍不高，而中国著名书法家的平均寿命约 80 岁，例如，柳公权 87 岁、欧阳询 84 岁、虞世南 80 岁、文徵明 89 岁、梁同书 92 岁、翁同龢 85 岁等。但是，凡事都有例外，有一些著名书法家也因各种原因英年早逝，例如“二王”之一的王献之就只活了 43 岁。

在历代帝王中，仅有四位的年龄超过了 80 岁，他们是梁武帝、唐武后、宋高宗和清高宗，而这四位帝王恰好又都是书法爱好者，常常练字写字。

进入现当代，著名书法家们平均寿命已经超过 90 岁，例如齐白石、黄宾虹、何香凝、章士钊均享寿 90 岁以上，朱屺瞻、苏局仙、孙墨佛等更上了百岁高寿。当代著名书法家吴玉如先生书作：“书法可以养生，今人知之者少矣。”吴玉如是长寿者，他写这幅字是有底气的。舒同曾任中国书法家协会主席，享高寿 93 岁，在 76 岁时他对外国朋友说，坚持每天写字，可使气血畅通，精力旺盛，疾病也少。

书法创作时活动了四肢和全身，而且活跃了头脑，是动与静的完美结合。有人把以书养生总结成四句话：“洗笔调墨四体松，预想字形神思凝。神气贯注全息动，赏心悦目乐无穷。”“洗笔调墨四体松”是书法养生的第一阶段。在这一阶段，通过洗笔、调墨等预备动作，达到四体放松，疏通全身气血经络。“预想字形神思凝”是书法养生的第二阶段。王羲之说：“凝神静思，预想字形大小、平直、振动，令筋脉相连，意在笔先，然后作字。”这就要思想集中，把意识调节到最佳状态。这样才能进入形象思维，就会顿觉心旷神怡，气力强健。“神气贯注全息动”是书法养生的第三阶段。把神、气贯注于书法的全过程，关键要做到神领笔毫、气运于手，以此带动全身心的活动。这个阶段可以说是书法养生最实质性的阶段。“赏心悦目乐无穷”是书法养生的第四阶段。好的作品可以赏心悦目，令人乐在其中。学习书法，可以从自己的创造中得到满足感，心境也随之得到一种超然与净化。

书法的养生功能早在古代就已被认识到。管子《心术篇》云:“书者，抒也，散也，抒胸中之气，散心中郁也。”唐代皎然上人曾作诗《陈氏童子草书歌》:“浊醪不饮嫌昏沉，欲玩草书开我襟”,“王家小令草最狂，为予洒出惊腾势”，指出了书法有排解郁闷、忧愁，使人昂扬向上的作用。宋代诗人陆游在《北窗试笔》中说，“病体为之轻，一笑玩笔砚。虽无颜柳工，挥洒亦忘倦”，是说练习书法，笔下生力，墨里增神，有利于防治疾病，强体健身。书法的运笔之势，宛如太极拳与气功，外炼形，内炼气，使呼吸匀称，心境平静，血液循环加快，新陈代谢活跃，抗病能力提高。

练习书法属于脑力劳动，它可以锻炼人的思维能力，同时也是轻体力劳动，几乎需要全身活动相配合与呼应。根据中医经络学说，手挥笔管，可摩动“足三里”这个强壮穴。人们常用五指执笔法，非但可把字写得刚健有力，而且通过手指活动能调和气血，活络关节，平衡阴阳，从而促进生命活力。

写书法时不仅要展纸挥毫泼墨，还要用心用神用气。每当临池握笔，开卷书写时，必然要端坐凝视，专心致志。写字时头正、肩松、身直、臂开、足安;执笔则指实、掌虚、掌竖、腕平、肘起。书写时，一身之力由腰部而渐次过渡到肩、肘、腕、掌，最后贯注到五指，运行于毫端。古人云“力发乎腰”,“务使通身之力奔赴腕下”，练字看上去只是手在动，其实全身的气血都在运行，书写者绝虑凝神，心正气和，身安意闲，血脉通畅，完全进入了练功的境地，因此练习书法被许多人比喻为练气功。

中医学认为："人有五脏化五气，以生喜怒悲忧恐。"《黄帝内经》说："静则神藏，躁则消亡。"书法能让人的心静下来，通过学习书法凝神静虑，少躁动，书法之动是专一不杂、养神之动。七情太过可使脏气失调，书法可调整心态，使情绪稳定。狂喜之时，习书能凝神静气，精神集中；暴怒之时，能抑郁肝火，心平气和；忧悲之时，能散胸中之郁，精神愉悦；过思之时，能转移情绪，抒发情感；惊恐之时，能神态安稳，宁神定志。

同时，书法还具有不可忽视的心理保健作用。唐虞世南《笔髓论·契妙》："欲书之时，当收视反听，绝虑凝神。心正气和，则契于妙。心神不正，书则欹斜。志气不和，字则颠仆。"元代陈绎曾《翰林要诀》说："喜怒哀乐，各有分数。喜则气和而字舒，怒则气粗而字险，哀则气郁而字敛，乐则气平而字丽。情有轻重，则字之敛舒险丽亦有浅深，变化无穷。"不同的心理状态会使人受到不同的影响暗示，写出的字也各不相同。

学习书法还可以培养人的耐心和细心，耐心恒也，细心微也。老子《道德经》第六十三章说:"天下大事,必作于细。"苏轼在《子由新修汝州龙兴寺吴画壁》中指出："细观手面分转侧，妙算毫厘得天契。始知真放本精微，不比狂花生客慧。"书法的起笔收笔处可培养精微的好习惯。书法要心悟手出，耳濡目染，而观察最为重要。孙过庭在《书谱》中说："察之者尚精，拟之者贵似。"书法尤其注重眼的观察能力。

在书法学习中，练习不同的字体也有不同的功效。楷书字体端正工整、结构紧密、笔法严谨、沉着稳重，适合于焦虑、紧张、恐惧症、冠心病、高血压、心率紊乱患者的心理调节，正如柳公权所说："心正则笔正。"清代周星莲在《临池管见》中说："作书能养气、亦能助气；静坐作楷书数十字或数百字，便觉矜躁俱平；若行草，任意挥洒至痛快淋漓之时，又觉灵心焕发。”

行书字体如行云流水，轻松自如，对抒发灵性，培养人的灵活性和应变能力很有帮助，适于忧郁症、有强烈自卑感、手足麻痹、脑血栓患者练习。

草书体态放纵，笔势连绵回旋，离合聚散，常大起大落，如风驰电掣，一气呵成，尤其适合精神压抑、忧郁者抒情达性之用，而不宜于焦躁者练习。

隶书书体从容，风格变化多端，形象丰富，对于调节焦躁不安、固执偏激的情绪有帮助。

篆书严正安稳，行笔缓慢，尤适合于焦虑、紧张和躁动者练习，有利于调节心理，适于冠心病、高血压患者的辅助治疗。

六、以画养生

画家长寿是许多人的普遍认知。在一般人的心目中，画家在家作画，没有上下班的劳顿之累，作息时间比较有规律、清净、自在、悠闲，一派神仙般的样子，令人羡慕。明代画家董其昌在《画禅室随笔》中指出：“黄大痴九十而貌如童颜，米友仁八十余神明不衰，无疾而逝，盖画中烟云供养也。”黄大痴即元代大画家黄公望，米友仁是宋代书画家米芾之子。古今许多画家的确非常长寿，沈周 83 岁、文徵明 89 岁、吴昌硕 84 岁、齐白石 94 岁、张大千 85 岁、黄宾虹 91 岁、刘海粟 98 岁、晏济元 110 岁……

南朝画家谢赫提出的“六法”，其中第一条是“气韵生动”，所谓“气韵”，按清代画家唐岱的说法，就是“天地间之生气，凡物无气不生”，绘画作品能达到“气韵生动”的境界，即表明作者对天地间的生气心领神会并形诸笔端，难怪董其昌说米友仁长寿乃得益于“画中烟云之供养”。那么，如何才能表现出大自然的生机呢？董其昌认为，首先是创作态度上要寄兴于画，以画为乐。董其昌本人一生以绘画为乐，也活了 81 岁。他平生爱作“墨戏”，清代画家王时敏称他的“墨戏”烟云灭没，笔墨淋漓，与米氏父子相伯仲。

对于画家的长寿，医学家解释是：书画家创作之时，悬肘悬腕，臂开足稳，不但用了指力和腕力，而且用了臂力和腰力，使体内微循环良性运转；同时，画家举重若轻，以意引气，气贯全身。当绘画活动在优美典雅的环境中进行，不管是山水画家创作风光旖旎的秀丽山水，还是花鸟画家精心描绘鸟语花香、姹紫嫣红的美丽春天，心情都非常愉悦，能使书画者的大脑受到良性刺激，分泌令人兴奋的激素，促进心血管系统的循环。这就是许多画家年届耄耋，以至期颐之年，仍身手灵活、体格健康的重要原因。心理学家的分析则是：画家进入创作状态时，凝神静气，意到笔随，舒筋活络，气血顺畅；当作品完成时带给画家的更是一种愉悦享受，追求得到满足的同时也促进了对身体的养护。

人的衰老主要从大脑老化开始，绘画使人情绪愉悦，起到延缓大脑衰老的作用。作画时须澄心闭息，精神专一，大脑才能排除杂念，迅速进入一种入静状态。只有在端正姿势，调匀呼吸的前提下，使心息相依，意气相合，才能达到意收笔端、抒怀写态、酣畅淋漓、乐以忘忧的效果。105 岁老人孙菊生曾说：“哪要什么（长寿）秘诀，身体好、精神爽完全得益于我的职业。教书、读书、写诗作词、画画让我颐养天年哪！”

国民党元老张群曾送给宋美龄一本孙思邈的《千金翼方》，里面有一句话让宋美龄受益无穷："养生有五难，名利不去为一难，喜怒不除为二难，声色不去为三难，滋味不绝为四难，神虑精散为五难。"她把这句话浓缩成为：要想长寿，就必须心静！宋美龄从三十多岁开始学习画画，她说绘画可以让她忘记很多烦闷，让情绪变得更加欣喜和快乐，久而久之，绘画就形成了个性修养的一部分，它会让人心态更好，有了好的心情，就会让人年轻，这就是绘画的好处。结果宋美龄寿高106岁，横跨三个世纪。一直到寿终正寝，宋美龄皮肤上没有老人斑，没有几根白头发。

朱屺瞻喜爱梅花，自号"梅花草堂主人"。他曾说："做事要顾人，艺术要从己！"纵观朱屺瞻一生所走过的艺术道路，的确是实践了自己的格言，他忠于自己的艺术理想，不流俗、不媚时，甘居寂寞与贫穷，坚定、执着，表现出极大的勇气和毅力。从八九岁始，直到105岁，朱屺瞻始终从事一种职业：画画，直到寿命的尽头还举办"百又五岁画展"。可以说，他的生命和绘画密不可分，融为一体。朱屺瞻的长寿秘诀，概括起来主要有四点：乐观豁达、脑体结合、生活规律、夫人相助。

刘海粟早年习油画，苍古沉雄，又兼作国画，线条有钢筋铁骨之力；后潜心于泼墨法，笔飞墨舞，气魄过人；晚年运用泼彩法，色彩绚丽，气势雄浑。刘海粟直到晚年仍然面色红润，思维敏捷。有人向刘海粟求教长寿秘诀，他总结了四"得"口诀：放得下，吃得进，拉得出，睡得着。刘海粟平生十上黄山，他对黄山可谓深情无比。刘海粟不是一个循规蹈矩、温文尔雅的画家，他破格出新、不拘细节、自由奔放、新鲜泼辣，他的长寿与其性情、与其对书画的执着深情有很大的关系，1994年他以98岁高龄去世。

不仅作画者长寿，爱画赏画者亦能长寿。传说中国古代隋炀帝即位之后，沉迷酒色，穷奢极欲，患了烦渴症，整日口干舌燥。若干名医诊治亦未能见效。一次，精于书画的太医莫尹锡看了隋炀帝的神色和口舌之后，要来纸笔，并不开处方，而是作起画来，画了一幅“梅林与雪景”的画，献给隋炀帝。隋炀帝看得入神，不觉寒气逼人，舌生津液，烦渴之症不治而愈。

赏画能治病，这种医疗手段逐渐被医学界认可，在医疗实践中进行尝试，业内人士称之为“影像疗法”。置身于自然环境中，唤起病人对大自然和生命的热爱，达到“忘病”的境地，从而从忧愁、悲伤、哀思、痛楚、烦闷的困境中解脱出来，使人心情舒畅，乐观开朗，使失调的大脑神经机能得以恢复，以调动机体蕴藏着的巨大潜能，促使机体分泌出更多的有益健康的激素，增强机体生命活力和免疫能力，启动强有力的防病抗病机制，使患者的异常情绪和行为得到减轻。绘画既培养了雅性，又涵养了情致，这是现代人非常适用的养生乐道，寄情于书画，以欣赏书画为乐，自得其乐，自得寿康。

当然，现代也有些画家英年早逝，如陈师曾 47 岁，陈少梅 45 岁，徐悲鸿 58 岁，傅抱石 60 岁，周思聪 57 岁，陈逸飞 59 岁等。有些人的早逝其实并不是画画的因素，而是为其他因素所左右与连累，但至少给了人们一个启示，如果能够安心于画画，则离长寿不远。

七、以藏养生

在生活富足之后，人们对于自己喜欢的东西会产生占有之念，收藏的蔚然成风与这样的心念不无关系。但是，对许多人来说，收藏并不是为了金钱和名利，而是一份兴趣、一份闲情，它能够修养身心，还能养生保健。有研究表明，收藏具有治疗慢性病的价值，对高血压、胃病、神经衰弱、精神烦躁等病症的舒缓效果比较理想。有人曾做过统计，收藏家、文博专家的平均寿命比常人要高出十多岁，我国的著名收藏家大多高寿。

宋代的秦观出任汝南郡学官时，因得肠疾而卧舍中，其友高符仲携王维《辋川图》来探病，对他说："阅此可以愈疾。"秦观便让儿子在床头展开画卷，阅于枕上，恍然如与王维一起入辋川，棋弈茗饮，或赋诗自娱，觉水光山色，绝迹天机。两三天内，秦观感觉不到一点病痛的折磨，竟然康复如初了。这听起来似乎有些离奇，其实这是有效转移了注意力而舒缓了病情。

美国收藏大家洛克菲勒一世是人类历史上第一位亿万富翁，以后几代洛克菲勒也都爱好收藏，在拍卖与收藏领域，洛克菲勒家族在相当长一段时期内可谓横扫拍卖会，基本没有什么对手。洛克菲勒家族的第三代大卫·洛克菲勒曾说："财富属于上帝，我们只是管家。"结果，这位管家活了 102 岁。在日本，一位"卖房子买器物"的坂本五郎先生活了 93 岁。坂本五郎的大客户安宅英一先生同样也活了 93 岁，安宅英一是日本当年最大的百货公司的老板，在事业如日中天之时开始踏足收藏。当公司面临危机，只要卖掉些古董就可以拯救公司时，安宅英一选择了保全自己的收藏系列而不去救公司，最终又把所有藏品捐赠给了大阪市立东洋陶瓷美术馆。

沈钧儒是著名爱国民主人士、法学家和政治活动家，享年 88 岁，他承袭家风，一生爱石藏石。他的奇石藏品品种丰富，既有天上的陨石，又有地下的化石，仅矿石标本就有两百多枚。他的藏石来自世界各地，一如郭沫若所说的那样："凡游迹所至，必拾取一二小石归，以为纪念。"88岁时，他在北戴河洗海水浴，还从鹰角石海滩捡回一块大石头。

香港大收藏家张宗宪出身苏州望族，祖父张揖如为近世竹刻巨擘，父亲张仲英是上海滩古董界翘楚，开设古玩店"聚珍斋"，专营明清官窑瓷器，英国大维德爵士、日本山中商会都是其客户。张宗宪是最早将苏富比、佳士得两家顶尖拍卖行引进香港的人，香港苏富比第一场拍卖会在文华酒店举槌，在一百多件瓷器拍品中，张宗宪一人就送拍了五十多件官窑瓷器。他还协助中国拍卖行的发展，如嘉德拍卖行、北京翰海拍卖行、上海朵云轩拍卖行等都得到了他的支持。酷爱收藏的他说自己"没有一分钟不在动脑筋，晚上做梦也在做事"，坚持不退不休，活跃在拍卖场里。张宗宪说："人不能退休，早退早死，退了也不能休。我不退不休，做到最后一天就拜拜。不是为钱，也不是为生活，而是一个人有寄托才长寿。吃了睡睡了吃不做事就是等死。有点钱呢，可以玩玩古董，未来能升值，又有历史价值。买了好东西，全世界都知道，名利双收，将来又容易升值。"

香港早年著名的收藏团体敏求精舍中的很多成员都相当长寿，创始人胡惠春先生活了83岁，他的堂号"暂得楼"取自王羲之的《兰亭集序》"欣于所遇，暂得于己，快然自足"，表达了其欣然而遇的内心喜悦和暂得于己的博大胸怀。敏求精舍的维他奶之父罗桂祥先生活了85岁，民国四公子之一的张伯驹活了84岁，香港船王赵从衍活了87岁，与器物朝夕相处的美国著名收藏家安思远活了85岁，旅美华人收藏家王己千寿达96岁。

收藏可以帮助广交藏友。收藏者需要广泛结交收藏界的朋友，积极参加藏友的学术交流，方能获得更多收藏方面的信息资料，获得意想不到的收获和教益。因此，喜欢收藏的人通常朋友较多，不会沉寂于无聊的苦思与发呆之中。收藏即收集历史遗存，立下大志，只要持之以恒，定会取得成功。著名集邮家、邮学家郭润康享年 100 岁，他从 15 岁开始集邮，七十多年风雨不误，始终如一，孜孜不倦，不懈追求，终成中国邮坛泰斗。

自古文人雅士皆爱收藏，行走百川，胸纳四海，得之泰然，失之坦然，皆以平常心看待。收藏大家王世襄花毕生精力收集了明清家具八十件，不论生活如何窘迫，都不愿将任何一件单独卖掉，最后捐给上海博物馆收藏，体现出了收藏的社会价值，也是对中华传统文化和文明的传承做出的历史性贡献。日本医生桧原重明是日本医学奠基人，生前一直工作到一百零五岁。在他看来，工作就是一剂抗衰良药。在接受《日本时报》专访时桧原重明指出，长寿的秘诀就是要一直工作。他甚至去世前几个月还在工作，为患者提供诊疗服务，每天工作十八小时。

对抗岁月需要一种持久的专注力。当你专注于心头所好时，一呼一吸、一思一想、一心一念之间，只在于当下。老人们即便退休了，也要拥有一份长久的兴趣与事业，在兴趣和专注中凝固时光，或许才是真正的优游岁月。

八、以诗养生

在一般人的印象中，诗人的寿命似乎有些短，因为有些著名诗人英年早逝给人留下了较深的印象，例如曹植 40 岁、王勃 27 岁、李贺 26 岁、李煜 42 岁、高启 38 岁、纳兰性德 31 岁、徐志摩 35

岁、海子 26 岁等，在世界上其他国家也有一些“短命”诗人。那么，诗人果然不够长寿吗？

据李淑英《唐宋诗人年龄寿命分析》(《贺州学院学报》2008 年第 3 期）一文对上海辞书出版社出版的《唐诗鉴赏辞典》和《宋诗鉴赏辞典》后所附的“诗人小传”收录的诗人统计显示：

《唐诗鉴赏词典》“诗人小传”收录诗人共一百八十二人，其中可知寿命的八十人，占全部诗人的 44%;寿命不详的一百零二人，占全部诗人的 56%。可知寿命的诗人平均寿命为 59.36 岁，其中 90 岁以上的一人，80~89 岁的四人，70~79 岁的十二人，60~69 岁的二十三人，50~59 岁的二十八人，40~49 岁的八人，30~39 岁的零人，20~29 岁的四人。

《宋诗鉴赏辞典》“诗人小传”收录诗人共二百五十四人，其中可知寿命的一百三十七人，占全部诗人的 54%；寿命不详的一百一十七人，占全部诗人的 46%。可知寿命的诗人平均寿命为 63.69 岁，其中 90 岁以上的两人，80~89 岁的十七人，70~79 岁的二十三人，60~69 岁的四十八人，50~59 岁的三十人，40~49 的十四人，30~39 岁的一人，20~29 岁的一人，19 岁以下的一人。

可见，在唐宋诗人中，“人生七十古来稀”其实并不算稀罕。另外，在唐宋诗人中有一个奇怪的现象，那就是寿命在 30~39 岁的诗人极少。唐代一个人都没有，在宋代也只有一人。而查阅其他名人辞典，则会发现不少寿命在 30~39 岁的名人。这说明唐宋时期的这种寿命现象是一种偶然，不存在必然性或规律性，不能说明 30~39 岁就是某些诗人的大限或长寿诗人的安全期。

在宋代，诗人的自然生命一般情况下是可以得到保障的，诗人的生活处境和政治处境相对唐代诗人来说要优越得多。这种情况直接导致了宋代的长寿诗人特别多，70 岁以上的诗人所占的比例要远远高于唐代诗人，因此也就提高了宋代诗人的平均寿命。据雷震先生统计，中国古代名人的平均寿命为 64.35 岁。如果考虑到统计资料的差异性等因素，可以认为，唐宋诗人的平均寿命与整个中国古代名人的平均寿命差不多，应在正常值之内，与当时一般人的寿命相比，应该是比较高的。

诗人通常情感丰富，内心热烈，懂得生活，因此在正常的生活环境下他们也十分注重养生。得享 85 岁高龄的陆游就非常懂得养生，并留下了一些关于养生的诗作。“世人个个学长年，不悟长年在目前。我得宛丘平易法，只将食粥致神仙”，喜欢食粥，它既能润肺养胃，滋润五脏，还能根据自己的需要添加各种补品及药材，每日喝粥，必享大寿。寒冷容易诱发一些老年慢性病，陆游根据自己的切身体会，写道，“体孱不犯寒时出，路湿常寻乾处行”。陆游有一首诗写道“洗脚上床真一快，稚孙渐长解烧汤”，人的脚底有六十六个穴位，是人体经络的会聚之处，用热水洗脚，刺激了脚下的穴位，可以解除疲劳，利于睡眠。陆游的养生诗提倡养心怡性、豁达开朗，在其《自诒》（二首之一）中写道：“愈老愈知生有涯，此时一念不容差。身如病鹤长停料，心似山僧已弃家。高枕时时闻解箨，卷帘片片数飞花。饭余解带摩便腹，自取风炉煮晚茶。”

不同的诗人会有不同的养生方法，它们各有千秋，九九归一。白居易在《清夜琴兴》中写道：“月出鸟栖尽，寂然坐空林。是时心境闲，可以弹素琴。”弹琴是白居易推崇的养生方法，成为调节情绪的最好手段。黄庭坚曾写道：“使君落笔春词就，应唤歌檀催舞袖。得开眉处且开眉，人世可享金石寿。”可以使“开眉”欢笑，心旷神怡，心情快乐的，当然能得“金石寿”。

南宋文学家文天祥《正气歌》云:“天地有正气，杂然赋流形。下则为河岳，上则为日星。于人曰浩然，沛乎塞苍冥。皇路当清夷，含和吐明庭。”面对元朝统治者的威逼利诱，身体孱弱的文天祥却“幸而无恙”，文天祥认为自己是靠着胸中的浩然正气抵御了所有的邪气、浊气，才保证了自己的健康。《素问·举痛论》说：“怒则气上，喜则气缓，悲则气消，恐则气下，惊则气乱，思则气结。”《灵枢·百病始生》说:“喜怒不节，则伤脏。”减少贪欲妄想，保持思想安定清静，就能减少不良的精神刺激和过度的情绪波动，减少疾病的发生。

尽管统计学分析诗人的平均寿命没有多少可圈可点之处，但是他们留下的美好诗篇却能够让人获得清新之后的愉悦感，古人认为这种愉悦感也是一种福报，可以助寿。清代张潮在他的《幽梦影》中说:“文名可以当科第,俭得可以当货财,清闲可以当寿考。”清闲时间读一点诗词是最惬意不过的人生了，“诗和远方”代表着未来与希望,有憧憬,生活就有活力。朱锡绶则在《幽梦续影》中说:“云何出尘，闭户是；去何享福，读书是。”“读史书使人明智，读诗书使人灵秀。”学习古诗词不仅能使人灵秀，更重要的是可以使人脱离庸俗和低级趣味，更加文明、高雅和充满正气。

第七章　茶道传承

中国的许多文人墨客都喜爱茶，并以茶为名，给自己起了不少雅号、别名等。唐代，茶圣陆羽自号“茶山御史”，诗人白居易自称是“别茶人”。宋代，文人曾几自号“茶山居士”，理学家朱熹在书信中别号“茶山”。明代时，戏曲家汤显祖将书斋命名为“玉茗堂”，自号为“玉茗堂主人”；文学家王浚将书屋定名为“茗醉庐”；文学家沈贞别号“老茶人”，文集题名为《茶山集》；书画家王涞，别名“茗醉”；文学家姚咨室名“煮茗轩”。清代大文学家俞樾将住处定名为“茶香室”，将文集冠以《茶香室丛钞》《茶香室经说》。这一切，都在于茶与“雅”字最为契合，最配得上文人的身份与气质。

唐代僧人皎然在《饮茶歌诮崔石使君》一诗中，首先使用了“茶道”一词：“孰知茶道全尔真，唯有丹丘得如此。”以唐代当时的风尚看，“茶道”主要指煮茶与饮茶之道，有时也泛指饮茶过程中的所悟之道。日本出现“茶道”一词，大约在十六世纪，日本茶道始祖村田珠光在《心之文》中写道：“此道最应忌讳的就是傲慢与贪婪、嫉妒高明者、蔑视初学者之心。”此道，由此被认定为“茶道”，赋予茶以深邃的思想内涵。

一、茶之为饮，发乎神农氏

陆羽在《茶经》“六之饮”中说：“茶之为饮，发乎神农氏，闻于鲁周公。”是说在神农氏时代人们就已经开始采集茶叶作为饮料了，到了鲁周公时就有了文字记载。但是，在唐以前，茶主要是作为一种药物被人饮用的，并把茶作为祭祀祖先和神灵的供品。

秦汉统一中国后，随着巴蜀与其他地方交流的频繁与加快，茶业开始流向中国其他地区。西汉时期，茶叶生产已经扩展到了湖南、广东和贵州等地。到了三国时期，在孙吴管辖的地区内，大量出现茶叶生产基地，长江中游和华中地区成为当时中国的茶业中心，而饮茶风尚也开始流传到了北方的豪门贵族之中。《荆州土记》中记载，“武陵七县通出茶，最好”，表明荆汉地区茶业发展迅速，巴蜀茶业独冠全国的优势已经不复存在。

西汉时王褒在《僮约》中提到“烹茶尽具”和“武阳买茶”，证明当时的武阳（今四川彭县）已有一定规模的茶叶市场，茶叶也已成为了日常需要的商品。三国时东吴皇帝孙皓以茶代酒来关照他的重臣韦曜。《南齐书·武帝本纪》载有南朝齐世祖武帝的遗诏：“（我）灵上慎勿以牲为祭，唯设饼、茶饮、干饭、酒脯而已。大卜贵贱，咸同此制。”从此，茶就成了中国古代用于祭品和清供的珍品。《三国志·吴志·韦曜传》记载：“曜素饮酒不过二升，皓初见礼异时，常为裁减，密赐茶荈以代酒。”到了魏晋南北朝，茶已常用于宴会、待客和祭祀之中。

在东晋南朝时期，长江下游和东南沿海茶业获得发展，《桐君采药录》记载，“西阳、武昌、晋陵皆出好茗”，文中所指晋陵即今日常州，其茶出自宜兴。东晋《华阳国志·巴志》记载：“周武王伐纣，实得巴蜀之师……土植五谷，牲具六畜，桑、蚕、麻、苎、鱼、盐、铜、铁、丹、漆、茶、蜜……皆纳贡之。”说明茶在当时已经成为了重要的物产，书中又说“园有芳蒻（摩芋）香茗”。武王伐纣发生在公元前 1066 年，这意味着距今三千多年前的巴蜀地区茶叶生产已经达到一定规模，优质的茶叶作为贡品已经开始用来进贡了，晋人常璩在《华阳国志 · 巴志》中对此有过专门记载。

据南朝何法盛《晋中兴书》记载，吴兴太守陆纳招待当时的卫将军谢安，“所设唯茶果而已”，他的侄子陆俶觉得太过寒碜，就自作主张准备好了丰盛酒肴，结果因破坏了陆纳表示廉洁从简的意图，陆纳就此愤责陆俶道：“汝既不能光益叔父，奈何秽吾素业？”陆俶因此还被打了四十大板。谢安清高倜傥，以丰筵招待让陆纳觉得是玷污了谢安的素业。可见早在晋朝，茶已被视为传递俭廉精神的重要载体。《晋书》中还记载有，“桓温为扬州牧，性俭，每宴饮，唯下七奠拌茶果而已”，是说桓温在任扬州太守时性情俭朴，每次宴饮客人只设七个盘子的茶食，同样传递出以茶养廉的作风。茶性高洁清雅，自然成为名士高僧都喜欢的饮料。

晋代杜育（？—311）有赋作《荈赋》，其中的荈字，专指采摘时间较晚的茶。《荈赋》是现在能见到的最早专门歌吟茶事的诗词曲赋类作品，文章涉及茶的种植、生长环境、采摘时节、劳动场景、烹茶品茗、饮茶效用、选水以及茶具的选择等。《荈赋》比唐代陆羽的《茶经》要早四百多年，《茶经》一书中三次提及杜育作品，《荈赋》在中国茶叶史上具有极高的地位。《荈赋》全文为：

灵山惟岳，奇产所钟。瞻彼卷阿，实曰夕阳。厥生荈草，弥谷被岗。承丰壤之滋润，受甘露之霄降。月惟初秋，农功少休；

结偶同旅，是采是求。水则岷方之注，挹彼清流；器择陶简，出自东瓯；酌之以匏，取式公刘。惟兹初成，沫沉华浮。焕如积雪，晔若春敷。若乃淳染真辰，色绩青霜，白黄若虚。调神和内，倦解慵除。

在东晋时，王羲之雅集娱乐用的“曲水流觞”，虽然说的是饮酒作诗,但这样的雅风却代代相传。据吕温《三月三茶宴序》记载，到了唐代时吕温等一批文人不谙饮酒，就在“曲水流觞”时以茶代酒，变成了“曲水茶宴”，以至后来有了人数规模更大的“曲水茶会”。晋代时已经有了茶馆的雏形，据《广陵耆老传》记载:“晋元帝时有老姥，每日独提一器茗，往市鬻之，市人竞买。”这就是说，当时已经有了流动茶摊和以卖茶水为生的商人了。

南朝宋山谦之所撰《吴兴记》，大约成书于公元 454 年，其中写道:“每岁吴兴（湖州）、毗陵（常州）二郡太守采茶宴会于此。”这是在采茶之后的欢庆而举办的宴会，之后慢慢演变成了以茶为主体的茶宴，说明茶宴、茶会这种形式在南朝已出现端倪。

中国的佛教在隋唐达到繁荣与鼎盛时期，许多帝王均信佛。《隋书》中记录有一则怪诞的故事:一夜，隋文帝杨坚做了个噩梦，梦见有个神人把他的头骨给换了，梦醒后他一直头痛不止。后来遇到一位僧人，僧人告诉他：“山中有茗草，煮而饮之当愈。”隋文帝服之果然见效，从此爱上饮茶。上有好者，下必甚焉，一时人们竞相采啜，并有流行之说:“穷春秋，演河图，不如载茗一车。”意思是说，苦心钻研孔子的《春秋》和殚精竭虑演绎谶书《河图》的人想出人头地，还不如喝茶来得快活。隋文帝以帝王之尊既崇佛又嗜茶，促进了僧人生活与饮茶习俗的结合。

以茶为主体的聚会、宴会，到了唐代更为兴盛，众多文官武将、名士墨客、僧人道士会在春秋天里聚在一起，吟诗品茗，加上一些布置和助兴活动，俨然已是一个热闹的雅集场面了。唐代白居易在《夜闻贾常州崔湖州茶山境会亭欢宴》有诗为证，在这首诗里，读者可以读到关于花、茶、香、琴、诗的妙味：

遥闻境会茶山夜，珠翠歌钟俱绕身。
盘下中分两州界，灯前各作一家春。
青娥递舞应争妙，紫笋齐尝各斗新。
自叹花时北窗下，蒲黄酒对病眠人。

由于有着广泛的茶叶需求，到唐代时已经形成了四十三个产茶区，遍及如今的十四个省区，我国茶区产区的格局在唐代时已经初步形成。《封氏闻见记》记载:“自邹、齐、沧、棣，渐至京邑，城市多开店铺，煮茶卖之，不问道俗，投钱取饮。”这比晋代的流动茶摊有了很大进步，茶馆茶铺已经基本成形。在唐代李肇《国史补》中列举了二十一种当时最著名的茶叶，加上在一些诗篇中的名茶，据统计，在唐代生产的主要茶叶名品有一百五十种之多。

二、茶道大行，王公朝士无不饮者

唐代在士大夫当中兴起了饮茶风尚，自此《封氏闻见记》直言：“茶道大行，王公朝士无不饮者。”《旧唐书·李珏传》记载：“茶为食物，无异米盐，于人所资，远近同俗。既祛竭乏，难舍斯须。田闾之间，嗜好尤甚。”当时已经把茶与米盐相比，须臾难舍，可见饮茶之风非常兴盛。唐人杨华的《膳夫经手录》中记载:“茶,古不闻食之,近晋、宋以降,吴人采其叶煮,是为茗粥。至开元、天宝之间,稍稍有茶;至德、大历遂多,建中以后盛矣。”

陕西扶风法门寺出土的大量宫廷茶具,再现了唐代皇室贵族的饮茶风情,鎏金鸿雁流云纹银茶碾、鎏金团花银锅轴、鎏金仙人驾鹤纹银茶罗、鎏金飞鸿银匙、鎏金人物画银坛子、鎏金银龟盒、鎏金摩羯纹银盐台、鎏金镂空飞鸿球路纹银笼子等,件件精雕细琢,纹饰细致。唐代茶画《宫乐图》表现的是宫中妇女品茶与饮馔、音乐相结合的情景。画中一张大型方桌,后宫嫔妃、侍女十余人,围坐与侍立于桌旁,团扇轻摇,品茗听乐,意态悠然。画幅右侧中间一名女子手执长柄茶勺,正在将茶汤分入茶盏里,方桌中央放着一个很大的茶锅,整个画面呈现出十分祥和的气氛。

唐代的道士和僧人中出现了不少茶艺高超、烹茶出色者,纯阳真人吕岩在《大云寺茶诗》中写道:“兔毛瓯浅香云白,虾眼汤翻细浪俱。”李咸在《谢僧寄茶》中有“半匙青粉搅潺湲,绿云轻绾湘娥鬟”的诗句,都表明他们的烹茶技巧非常细腻娴熟。

唐代道士叶法善,字道元,深受皇室尊宠,五十年中受到四位皇帝的信任,享年一百零四岁,唐玄宗作有《叶道元尊师碑记》。叶法善长寿与其嗜茶密不可分,他不仅饮茶,还自己种茶、制茶。他在浙江卯山修炼,利用优质水土制成形似竹叶、色泽绿润的茶叶,取名“仙茶”,因品质上佳而为唐高宗珍爱,被列为贡品。

民间传说,在唐景龙年间(707—710),浙西一带遭受瘟疫之灾,松阳百姓染疫者甚多,许多百姓因此家破人亡。叶法善就召集众多道士采制卯山仙茶,煮卯山仙泉泡茶,并开观施茶七七四十九天,降伏了一度肆虐蔓延的瘟疫。叶法善因此被当地百姓称为济世救人的“叶天师”，并纷纷建立“天师殿”，现在的松阳县境内还留有多处“天师殿”遗址。

茶会是唐代文人聚会的一种常见方式，通常又与一些雅集活动相联系，这可以从唐诗中得到印证。许多诗人在参加茶会、茶宴、雅集后都留下了自己的诗句，例如在《全唐诗》中就可以看到：武元衡的《资圣寺贲法师晚春茶会》、刘长卿的《惠福寺与陈留诸官茶会》、钱起的《过长孙宅与朗上人茶会》和《与赵莒茶宴》、王昌龄的《洛阳尉刘晏与府掾诸公茶集天宫寺岸道上人房》、鲍君徽的《东亭茶宴》等，后来宋代的《文会图》和明代《惠山茶会图》所反映出来的茶会雅集，都是对唐代茶会的一种传承与发展。唐吕温在《三月三茶宴序》中对茶宴的优雅气氛和品茶的美妙韵味，则作了非常生动的描绘：

三月三日，上巳禊饮之日也。诸子议以茶酌而代焉。乃拨花砌，爱庭阴，清风逐人，日色留兴。卧借青霭，坐攀花枝，闻莺近席而未飞，红蕊拂衣而不散。

白居易的《琴茶》，是当时文人生活的一种写照，在他看来，唯有琴和茶是生活中不可缺少的，他这样写道：

琴里知闻唯渌水，茶中故旧是蒙山。
穷通行止长相伴，谁道吾今无往还？

在白居易的日常生活中几乎是离不开茶的，而且他十分精通茶道，对茶叶、水、茶具、煎茶火候等十分讲究，这在他的另一首《山泉煎茶有怀》中可见一斑：

坐酌泠泠水，看煎瑟瑟尘。

无由持一碗，寄与爱茶人。

白居易通过饮茶，来激发自己的作诗灵感。在他的诗句中，先后出现过“夜茶一两杓，秋吟三数声”“或饮茶一盏，或吟诗一章”等句子。因为爱茶，白居易还常赴文人茶宴，文献记载过他参加的茶宴就有湖州茶山境会亭茶宴、太湖舟中茶宴等。

作为雅道之一的茶道，茶道这一概念的最早提出者是唐代的皎然，在《饮茶歌诮崔石使君》诗中，出自琅琊谢氏家族的皎然（谢昼）写出了“孰知茶道全尔真，唯有丹丘得如此”的诗句。当时的茶道烹饮技艺主要是“煮茶法”，陆羽在《茶经》中对“煮茶法”有过描述：准备烹饮器具（煮茶釜、水勺、碗、瓢、筷子、火夹、水囊、茶巾等）和材料（火炭、净水、盐、茶等），烤茶，碾茶，筛茶，煮水，投茶，放盐，搅拌，倒汤，分汤，奉茶，饮茶等，说明在唐代已经有了一套较完整的茶道程序与规范，甚至比现在的中国茶道更要复杂一些。

晚唐刘贞亮在《茶十德》中对茶的作用进行了精要的概括，称“以茶尝滋味，以茶养身体，以茶驱腥气，以茶防病气，以茶养生气，以茶散闷气，以茶利礼仁，以茶表敬意，以茶可行道，以茶可雅志”，主要就是从饮茶的功效与茶道的精神方面做了列举，前六项从身体养生方面来说明，后四项则从精神需求方面来指点，最后一项“以茶可雅志”可谓直接说明了茶的雅道价值。

中唐以后，佛教盛行，僧人打坐都以茶提神，出现了“庙庙种茶，僧必善茗”的嗜茶风尚，饮茶之风由南向北推广而去，形成了“比屋之饮”。《百丈清规》中有许多关于茶礼茶事的规范要求，成为记载佛门茶礼及其施茶程序的重要著作，例如规定寺院法堂东北角设“法鼓”，西北角设“茶鼓”，讲经说法擂法鼓，集众饮茶击茶鼓。

饮茶的人多了，自然会出现烹茶高手，茶艺就会出众。五代十国期间，南方就出现了一位烹茶高手吴僧文了。《荆南列传》记载他“雅善烹茗，擅绝一时。武信王时来游荆南，延住紫云禅院，日试其艺，王大加欣赏，呼为汤神，奏受会亭水大夫，人皆目为乳妖”。武信王即高季兴，是五代十国时的南平王，他每天要看僧人表演茶艺，并大加赞赏，特别是对文了赞不绝口，以至“呼为汤神”，而《荆南列传》对他的评价首句即是“雅善烹茗”，一个“雅”就把茶带到了雅道的氛围之中。

唐代时，通过日本的遣唐使和学佛僧人，特别是都永忠、最澄和空海的传播，将中国的茶及茶文化带入东瀛，让日本人对茶有了最初的接触与印象。日僧圆仁在《入唐求法巡礼行记》中记载，在扬州开元寺，“登阁上，相公及监军并州郎中、郎官、判官等，皆椅子上吃茶，见僧等来，皆起立作手，并礼唱且坐，即俱坐椅上啜茶”。在书中，圆仁写到了多个寺院中出现的茶礼，说明当时的寺院用茶礼招待客人已经极为普遍。

三、一茶一汤功德香，普令信者从兹入

南宋时，建安流行斗茶，在汤色与汤花上一争高低，茶汤以鲜白为上，汤花就是用筅搅拌而起的泡沫，要求细小密集，光泽温润，持久不化。经过一段时间的流行，斗茶高手不断涌现，有

的高手可以在茶汤表面击拂出图案、文字等纹理，还有“云头”“雨脚”之说，可谓镜花水月，争奇斗艳。连宋徽宗都知道击佛不能用蛮力，要用手腕带动手指，这样手法才能灵动；如果用整个小臂带动手指，则费力且动作滞涩。当时，有人把“茶百戏”与琴、棋、书并列，是士大夫喜爱和崇尚的一种雅趣活动。

宋徽宗虽为帝王，却无治国之策，但他多才多艺，涉及的雅道领域有茶道、琴道、书法、绘画、收藏、诗词，在茶道方面他著有在中国茶道史上具有重要价值的《大观茶论》，他还精于茶艺，多次为臣下点茶，并引以为傲。宋代的茶叶产地迅速扩大到了一百十一个州区，出现了许多官营茶园。《宋史·职官志》记载：宋太平兴国八年（983），皇家设立了茶马司，其职责就是“掌榷茶之利，以佐邦用；凡市马于四夷，率以茶易之”。

倾注茶汤于碗中而形成各种物象的游戏叫“茶百戏”，这是由一位宋代僧人福全首先发明的，《清异录》下卷《生成盏茶》中有记录：“福全生于金乡，长于茶海，能注汤幻茶，成一句诗，并点四匝共一绝句，泛乎汤表，小小物类垂手办耳。”国清寺僧人处谦把这种“茶百戏”带到杭州表演，苏轼作诗称赞：“天台乳花世不风”，夸其为“占茶三昧手”。

宋代诗人范仲淹、欧阳修、王安石、苏轼、苏辙、黄庭坚、陆游等文学家都十分爱茶，因此留下了许多颂茶诗词，其中苏轼写了八十多首，陆游写了三百多首茶诗。宋代范仲淹写过一首《斗茶歌》：

其闻品第胡能欺，十目视而十手指。
胜若登仙不可攀，输同降将无穷耻。

斗茶时竞赛者往往紧握手指，十分紧张，胜者若“登仙”，输者似“降将”，娱乐性十足。元代画家赵孟頫还专门画过《斗茶图》，画中充满生活气息，四个人物像是远道而来，刚放下挑担，担子内装有煮茶炊具。站在左边的一位，袒胸露臂，右手提一茶桶，左手举杯，仿佛正在夸耀茶的色香味；稍后的一位，高卷双袖，斟茶入杯，对面的两人正在专注地听对方讲话，把当时的斗茶情景表现得活灵活现。也可以判断说，斗茶之风从宋代一直延续到了元代，从京城临安传到了太湖流域。在宋代苏汉臣的《长春百子图》中，一群孩子中有的调琴赏花，有的欢笑嬉戏，有的拿着茶壶，有的举着茶杯品茶，寓意一派祥和的景象。

朱熹在武夷山创建武夷精舍，长居达八年之久，著名的《四书集注》便在此完成，他于著书立说期间，常与友人以茶代酒，或宴于泉边，或宴竹林，或宴岩亭，或宴溪畔，以茶论道，以茶穷理。传说武夷巨石上镌刻的“茶灶”二字，就是朱熹当年亲笔题写并请工匠刻上的。在这里朱熹与陆游和辛弃疾一起办过茶会。朱熹《武夷精舍十二首》中为“茶灶石”题诗写道：

仙翁遗石灶，宛在水中央。
饮罢方舟去，茶烟袅细香。

庆历八年（1048），蔡襄到建安北苑御茶园去督办贡茶，因此爱上制茶与饮茶，他让茶农采摘茶芽制成新茶，并特别制作了不含香料的“小龙团”，进贡给宋仁宗品尝。回京复职后，蔡襄发现京城斗茶之风盛行，就写了一篇《茶录》，详细记载了建安茶的品质和斗茶的规则要领，对当时的斗茶之风起到了推波助澜的作用。

在《茶录》中，蔡襄所述的点茶步骤为：炙茶、碾茶、罗茶、候汤、熁盏、点茶，就是将磨碎的茶粉放在碗（盏）中用沸水边冲泡边搅拌，直至茶汤表面形成厚厚的泡沫为止，然后连茶汤一起喝，如今日本的抹茶道与此如出一辙。在《茶录》中，蔡襄大加赞赏建窑建盏，使得这一出自小山村的瓷窑声名鹊起，自此成为中国一大名窑。

饮茶也是宋代的“和尚家风”，南方凡有条件的寺院都会开辟一块茶园。宋代大川普济编纂的《五灯会元》载：“问如何是和尚家风？师曰：饭后三碗茶。”在道原的《景德传灯录》中，涉及茶的地方多达六七十处，温州瑞鹿寺本先禅师更是把饮茶推到了极致：“晨起洗手面，盥漱了吃茶，吃茶了佛前礼拜，归下去打睡了；起来洗手面，盥漱了吃茶，吃茶了东事西事，上堂吃饭了盥漱，盥漱了吃茶，吃茶了东事西事。”

宋代的“径山茶宴”，因兼具山林野趣和禅林高韵而闻名于世，举办茶宴时，众佛门弟子围坐“茶堂”，依茶宴顺序和佛门仪规依次点茶、献茶、闻香、观色、尝味、叙谊。先由住持亲自冲点香茗“佛茶”，以示敬意，称为“点茶”；然后由众僧依次将香茗奉献给来宾，名为“献茶”；赴宴者接过茶后先打开碗盖闻香，再举碗观赏茶汤色泽，在“啧啧”的赞叹声中品尝茶味。径山寺第二十五代住持密庵咸杰留下《径山茶汤会首求颂二首》，成为迄今发现的径山寺茶事记载中最为明确的文字证明：

其一：

径山大施门开，长者悭贪俱破。
烹煎凤髓龙团，供养千个万个。
若作佛法商量，知我一床领过。

其二：

有智大丈夫，发心贵真实。

心真万法空，处处无踪迹。

所谓大空王，显不思议力。

况复念世间，来者正疲极。

一茶一汤功德香，普令信者从兹入。

当时有不少日僧入宋求法，包括荣西禅师和道元禅师，更有一些僧人直接到径山学习禅法，回国后把禅法和茶宴一同带回了日本，甚至直到如今日本还保留有“茶汤会”的名称，因此也有了“径山，日本茶道之源”的说法，现存日本的茶道中仍然保留着“径山茶宴”中的品茶程序与要求，最后同样要在“啧啧”的赞叹声中完成品茗的过程。

宋元时期，径山茶宴的仪规被纳入了《禅苑清规》，成了禅门礼仪和茶艺习俗的经典样式。日本的道元禅师将中国的《百丈清规》《禅苑清规》等结合日本的礼仪要求，也编撰了一本《永平清规》。在《永平清规》中，根据径山茶宴礼法，对吃茶、行茶、大座茶汤等茶礼都做了详细规定，对后来的日本茶道礼仪产生了深远的影响，已经延续了数百年的建仁寺等寺院的“四头茶会”，是对这一礼仪的最完整保留。

四、茶以资高士，盖造物有深意

元代时，中国的制茶转向散叶茶阶段，是绿茶制作由蒸青法到烘炒法的重要过渡期。元代马端临在《文献通考》中记载：“茗有片散。片者即龙团，旧法；散者则不蒸而干，如今之茶也。始知南渡之后，茶渐以不蒸为贵矣。”此时，虽然仍为蒸、炒并用，但已以炒为贵了。元代保留着部分宋朝的遗址，包括御茶园和官焙。元大德六年（1302），在武夷山创建茶场，称为“御茶园”，专制贡茶。

元代的茶文化沿袭了宋代的特点，在元曲中有描写元代的瓷质茶具，以白瓷为尚，元曲中提及的玉杯、雪瓯、白玉碗、白玉壶都是当时名贵的白瓷，“洁白如玉，可试茶色”，造型也受到宋代茶具的影响。

在明代时，茶人中出现了一位真命王子，更是一位雅道高手，在雅道八项中，至少涉及茶道、琴道、书法、收藏、诗歌五项，他就是朱元璋的第十七子朱权（1378—1448）。朱权从小体貌魁伟，聪颖过人，深得朱元璋的喜爱，十四岁就被封了宁王。但他在成年后却受到燕王朱棣的暗算，只能隐忍度日，把全部的精力投向了文化、音乐、诗歌、科技等方面，他的《太和正音谱》和《神奇秘谱》将中国古代大量的戏曲与音乐记录在案，成为中国艺术史上重要的文献。朱权同时又是一位制琴名家，他制作的“流云飞瀑”中和琴是闻名遐迩的珍品。

朱权完成的《茶谱》，以茶悟道，署名“臞仙”，是把自己比作为一名瘦骨仙人，以展现道家返璞归真、自然清逸的精神面貌：“探虚玄而参造化，清心神而出尘表。”在《茶谱》中，他说茶道就是“林下一家生活，傲物玩世之事”，只有摆脱了世俗观念桎梏的茶人，才有资格说茶论道，方可“举白眼而望青天，汲清泉而烹活火，自谓与天语以扩心志之大，符水以副内练之功”。因此，他把茶归纳有三种功能：“可以助诗兴而云山顿色，可以伏睡魔而天地忘形，可以倍清谈而万象惊寒。”

朱权设想的茶礼应该是简洁的，在主客寒暄后即可饮茶，之后的时间就留给了抚琴弈棋吟诗这样的雅道环节了，或者只是孤坐林中石上，独得清逸飘然。《明史》记载朱权“栖神物外，不伍于世流，不污于时俗。或会于泉石之间，工处于松林竹之下，或对皓月清风，或坐明窗静牖，乃与客清淡款话，探虎玄而参造化，清心神而出尘表”。在写《茶谱》时，朱权在南昌郊外构造精舍，终日鼓琴读书，雅致闲适。

烹茶品茗，在明代已经被定格为文人必处的雅事之一，许多美好的想象都围绕着茶事来展开。明代黄龙德在《茶说》“八之侣”中写道:“茶灶疏烟，松涛盈耳，独烹独啜，故自有一种乐趣。又不若与高人论道，词客聊诗，黄冠谈玄，缁衣讲禅，知己论心，散人说鬼之为愈也。”写出了以茶会友，与雅士清淡的乐趣，在饮茶之际论道聊诗、谈玄讲禅，两腋生风，清新舒爽。

明代的文人似乎特别喜欢列举自己最喜爱做的事，乐纯在《雪庵清史》中并列了居士每日必须做的事：“焚香、煮茗、习静、寻僧、奉佛、参禅、说法、作佛事、翻经、忏悔、放生。”与黄龙德一样，独烹煮茗都是最爱，有人还特别提及与饮茶有关联的事件。明代隐士冯可宾于《蚧茶笺》总结茶宜十三事：“无事、佳客、幽坐、吟咏、挥翰、徜徉、睡起、宿醒、清供、精舍、会心、赏鉴、文僮。不唯求避世入林，但寻一方净土，造一室桃源，饮茶其中，静心亦不难。”

明代著名书画家和文学家徐渭自称是一名“茶痴”，并写下了许多茶诗，也写过《茶经》一卷和《煎茶七类》，他以书法艺术的形式表现过《煎茶七类》，呈现出雅致之气，体现出了茶文化高雅不俗之气，在浙江上虞孝女庙里现在还存有徐渭《煎茶七类》石刻。

《煎茶七类》，其中第五是“茶宜”：“凉台静室，明窗曲几，僧寮道院，松风竹月，晏坐行吟，清谭把卷。”《徐文长秘集》又有“品茶宜精舍、宜云林、宜寒宵兀坐、宜松风下、宜花鸟间、宜清流白云、宜绿鲜苍苔、宜素手汲泉、宜红装扫雪、宜船头吹火、宜竹里飘烟”，可谓道尽了品茶最宜的环境与氛围。

明代许次纾《茶疏》中的“饮时”，也列举出了二十宜：“心手闲适、披咏疲倦、意绪棼乱、听歌闻曲、歌罢曲终、杜门避事、鼓琴看画、夜深共语、明窗净几、洞房阿阁、宾主款狎、佳客小姬、访友初归、风日晴和、轻阴微雨、小桥画舫、茂林修竹、课花责鸟、荷亭避暑、小院焚香、酒阑人散、儿辈斋馆、清幽寺院、名泉怪石。”有这般闲趣雅事在旁，怎不是一个好人生呢？

在如此惬意的茶宜之后，他们又写下自己独有的感受。明代陈眉公在《小窗幽记》中说：“竹风一阵，飘扬茶灶疏烟；梅月半湾，掩映书窗残雪。”“茅斋独坐茶频煮，七碗后气爽神清；竹榻斜眠书漫抛，一枕余心闲梦稳。”“采茶欲精，藏茶欲燥，烹茶欲洁。”“茅屋三间，木榻一枕，烧清香，啜苦茗，读数行书，懒倦便高卧松梧之下，或科头行吟，日常以苦茗代肉食，以松石代琴奇，以琴书代益友，以著述代功业，此亦乐事。”真是闲适自在，享受清福。

明代文学家李贽，终生以茶为友，在《茶夹铭》中他这样写道：“我无老朋，朝夕唯汝。”“夙兴夜寐，我愿与子（茶）终始。”并发出了肺腑之言：“子不姓汤，我不姓李，总之一味，清苦到底。”他要汤李一家，相伴终生，痴情到物我难分的地步。明代沈周说：“自古名山留人以待羁人迁客，而茶以资高士，盖造物有深意。”饮茶向来被视为一种优游光阴、寄闲托意的雅举，是士大夫文化中的一种清尚。

明代的“吴门四家”，文徵明、沈周、唐寅、仇英都是画家，又都是爱茶之人，茶会、茶事是他们笔下经常描绘的题材，其中文徵明的作品最多，传世下来的就有《惠山茶会图》《品茶图》《汲泉煮品图》《松下品茗图》《煮茗图》《煎茶图》《茶事图》《陆羽烹茶图》《茶具十咏图》等十余幅，其中的《惠山茶会图》描绘了文徵明与好友在惠山山麓“竹炉山房”品茶赋诗的情景：在一个素朴的井亭旁架好了茶炉，侍童正在布置茶具，烧火烹茶。

明代的文人喜欢“寻僧”，与“缁衣讲禅”“作佛事”，同样僧人也愿意与文人和禅师结伴同行或探幽访古。明代僧人释向来云游普陀，写有《宿白华庵访赠朗彻禅师》，云“相逢洗我风尘色，夜静烧铛雪煮茶”，以雪煮茶，十分有情调。白居易烹茶也最爱用雪水，在《吟元郎中白须诗亲兼饮雪水茶因题壁上》中他写道:“吟咏霜毛句，闲尝雪水茶。”《红楼梦》里妙玉则以经年贮藏的梅花上扫得的雪水烹茶，又把品茶地点放在出家人妙玉的居处栊翠庵，可见作者曹雪芹相当清楚寺院与茶道的密切关系。

明代承续唐宋遗风，寺院里依然常有茶宴茶会举办，明高启《大全集》卷十二《圆明佛舍访吕山人》中有“茶宴归来晚”之句，在杭州径山周遭的寺院中，还时常举办茶会，《理安寺志》中有“理安寺衲子，每月一会茗”。每月的茶会也成为了僧人展示茶艺与雅趣的重要机会，雅道各项由此有了交流与传播的契机。

五、从来名士能评水，自古高僧爱斗茶

明清时期，随着市镇的快速发展，茶馆、茶楼、茶寮、茶社、茶棚到处出现，在一些大城市里出现了上茶馆休闲或谈事的风尚，

当时的泡茶以冲泡法为主，普遍使用茶壶、茶杯和茶盘。与茶事活动活跃相关，茶书、茶诗、茶画也不断涌现。清代的文人墨客，如曹雪芹、郑板桥、高鹗、顾炎武等，都作过不少与茶相关的诗作。

明末清初，清顺治十一年（1654），隐元禅师应邀率三十位知名僧俗，从厦门起航赴日本长崎，后在京都黄檗山万福寺开创日本黄檗宗，在传播禅法之际同时创立煎茶道和普茶料理（素食）。隐元禅师是径山寺第九十代住持费隐通容的弟子，因此万福寺茶宴礼法可以说是宋代径山茶宴在日本的延续与余韵。

明末清初学者、诗人冒襄（冒辟疆）曾撰《影梅庵忆语》，追忆他和其妾“秦淮八艳”之一董小宛的爱情故事，其中写到董小宛为他烹茶，两人相对而饮的情景：

> 姬能饮，自入吾门，见余量不胜蕉叶，遂罢饮，每晚侍荆人数杯而已，而嗜茶与余同性。又同嗜岕片。每岁半塘顾子兼择最精者缄寄，具有片甲蝉翼之异。文火细烟，小鼎长泉，必手自吹涤。余每诵左思《娇女诗》“吹嘘对鼎”之句，姬为解颐。至“沸乳看蟹目鱼鳞，传瓷选月魂云魄”，尤为精绝。每花前月下，静试对尝，碧沉香泛，真如木兰沾露，瑶草临波，备极卢、陆之致。东坡云：“分无玉碗捧峨眉。”余一生清福，九年占尽，九年折尽矣。

董小宛是秦淮八艳之一，琴棋书画样样精通，连烹茶技艺也让一代名士赞叹与折服，可谓是民间的雅道高手。

明末清初的杜濬自号“茶癖”，寓居江宁（今南京）鸡鸣山时深居山乡，以茶相伴，工诗作文，自号“茶星”，还嫌不够，又号“茶村”，说自己与茶的关系实为“吾之于茶也，性命之交也”，平日连剩茶也不舍得扔去，集于净处后用土封存，名曰“茶丘”，并作《茶丘铭》记文。

郑板桥一生爱竹爱茶，写有名联“从来名士能评水，自古高僧爱斗茶”，把文人墨客与高僧禅师嗜爱饮茶的传统与鉴赏能力全部给予了概括，他安于“对芳兰，啜苦茗”的清贫，向往“茅屋一间，新篁数竿……一盏雨前茶，一方端砚，一张宣州纸，几笔折枝花”的生活，与“六一居士”欧阳修的生活要求基本相近，诉求中隐含着无穷的雅趣，在他的对联名句“墨兰数枝宣德纸，苦茗一杯成化窑”和“汲来江水烹新茗，买尽青山当画屏”之中，分明可以看到郑板桥在茶道、花道、书法、绘画、收藏、诗词等方面的雅心。

清代著名诗人袁枚（1716—1797）有诗四千余首，他还是一位美食家，写有著名的《随园食单》，是系统论述烹饪技术和南北菜点的重要著作。在《茶酒单》一篇中，袁枚对于南北名茶均有所评述，还记载了不少茶制食品，颇有特色。其中有一种“面茶”，即是将面用粗茶汁去熬煮后，再加上芝麻酱、牛乳等佐料，面中散发淡淡茶香，美味可口；而“茶腿”是经过茶叶熏过的火腿，肉色火红，肉质鲜美而茶香四溢。由此可以看出袁枚是一个对茶、对饮食有相当研究的人。

《红楼梦》第四十一回“贾宝玉品茶栊翠庵　刘姥姥醉卧怡红院”中，妙玉在栊翠庵中请客人喝茶，用成化窑的五彩小盖钟茶杯奉给贾母，给宝玉的则是碧玉斗，给黛玉和宝钗用的是茶杯上面刻有“晋王恺珍玩”和“宋元丰五年四月眉山苏轼见于秘府”字样，说明清朝大户人家的茶器收藏之精，即便是平常用的器物也都出自名家，十分讲究与精致，也是风雅到了极致。清代文学家张潮（心斋居士）在《幽梦影》中说，“冰裂纹极雅，然宜细不宜肥。若以之作窗栏，殊不耐观也”，对瓷器的雅好也是跃然纸上。再看下面一段《红楼梦》里的描述，说明当时的大户人家中已经有许多品种的好茶，而且十分讲究：

只见妙玉亲自捧了一个海棠花式雕漆填金“云龙献寿”的小茶盘，里面放一个成窑五彩小盖钟，捧与贾母。贾母道：“我不喝六安茶。”妙玉笑道：“知道。这是老君眉。”

清代皇宫亦时常举办茶宴，特别是在乾隆年间，仅在重华宫举行的茶宴就有六十多次，一般于元旦后三日举行，与会者以内直词臣为主，饮茶赋诗是茶宴的主要内容。据《国朝宫史续编》的记载：乾隆圣制《三清茶》诗，以松实、梅花、佛手为三清，每岁重华宫茶宴联句，近臣得拜茗碗之赐。在康熙乾隆两朝期间还举行过数次规模宏大的“千叟宴”。

清宫的许多礼仪活动都与茶礼有关，在万寿礼、大燕之礼、大婚之礼、命将之礼、太和殿筵宴、保和殿殿试等大型礼仪活动中都有茶礼一项，在大燕之礼中：“……尚膳、内管领、护军参领丌，迩御筵降，乃进茶丹陛。清乐奏海宇升平日之章，尚茶正率尚茶、待卫、执事等举茶案，以次由中道进至檐下进茶，大臣奉茶入殿中门，群臣咸就本位跪。进茶大臣由中陛升至御前跪，进茶，退立于西旁，皇帝饮茶，群臣均行一叩礼。进茶大臣跪受茶碗，由右陛降，出中门，群臣咸坐。侍卫分赐王公大臣茶，内府护军、执事等分赐幕下大臣官员茶，尚茶正等撤茶案，乐止。”

在一些地方志中常出现僧人在乡间开辟茶园和种植茶树的记

录。清康熙四十三年（1704），福建永春狮峰岩建成，“僧种茗芽以供佛，嗣而族人效之，群踵而植，弥谷被岗，一望皆是”，茶树品种“佛手”也因此而得名。

在鸦片战争之后，中国出现了相当长一段时间的混乱，外侵与内斗此起彼伏，包括茶道在内的雅道几度完全中断，这其中既有战乱造成的无暇顾及，也有人为思想造成的文化浩劫，能够留存下来的也是个案和个别现象。在众多的茶事活动中，最后留存在民间的乡镇茶馆也在经济建设的大潮中被拆得几乎片瓦不存。

直到进入 21 世纪，富裕起来的中国人才有了些许集体觉醒，重新认识到雅道的价值，茶道在民间获得自发性的复兴，但苦于断层太久，相当一部分人的努力只是在低水平中重复着过去的点滴，还不能从根本上到达和超越历史上曾经到过的高度。在此背景之下，中国的茶人把眼睛向境外看去，从日本到韩国，从中国的香港到台湾，相继获得了一些有益的启发，并试图在学习的基础上有所突破。

第八章　花道传承

在四季分明的地区，春华秋实是人们对生活的憧憬与寄托，特别是在春天百花竞放的时节，更是充满着人们对美好世界的赞美与歌颂。对于花卉的热爱，仅仅在天然环境中欣赏显然不足以满足人们的需要，于是，就有了“华鬘”和“花环”，不仅女子喜爱如此装扮，男子同样趋之若鹜，直至把鲜花带回家，插作在花器之中，营造出一种“花如在野”的氛围。

插花，是将自然成长的花木采摘下来，用于装饰或插作而形成的视觉之美。以这样的定义，我国很早以前就有了以花抒情、用花达意的表现方式。佛前供花，是插花早期发生于中国的另一重要端口。人们为了表达对释迦牟尼的尊敬，最初主要用纯洁的莲花供奉给佛陀，直至演变到后来的十供养中，供花始终是最主要的清供方式。文人插花是中国的一大特色，在明代达到高峰，袁宏道的《瓶史》和张谦德的《瓶花谱》为中国传统插花定下了基调，其精华被日本吸收到一些流派的花道之中。

一、花朝月夜动春心，谁忍相思不相见

关于插花的起源，一直有不同的见解，一种观点认为在远古时期人们就已经有了采花做装饰的习俗，从女子的“华鬘”装饰，到祭祀活动中的清供，都是在劳动与生活活动中自然产生的审美现象，它们都是插花艺术的雏形，因此插花是从本土自然生成的生活艺术形态。另一种观点则认为插花是由佛前供花产生的，在印度佛教中，信徒为了表达对释迦牟尼的崇敬，用鲜花置于舍利宝瓶中，才有了最早的供花形式。由于佛教源自古印度，对于中国来说是一种外来的宗教信仰，由此伴生而来的佛前供花也就成了源自域外的传播结果。

从《诗经》中就可以看到许多对花草树木的歌颂，在唐诗、宋词、元曲和明清小说中更是无处不见对花的描写，如果在古典文学中抽去了花草内容，恐怕会支离破碎得无法拼出完整的中国文学图像。

《诗经 • 郑风 • 溱洧》中写道 ：“维士与女，伊其相谑，赠之以勺药。”短短数语，却讲了一个爱情故事 ：春天来了，青年男女一起在郊外游玩，到处挤满俊男靓女，又是笑来又是说，为表达心中的爱慕之情，青年男女在临分手时就摘下芍药花枝赠送给对方。这采摘下的花枝，在古代就有个专用名称 ：折枝花，如同现在的切花。《楚辞》中也有不少关于花的诗句，那时的插花可能还没有用上容器，造型也十分简单，但在朴实无华的形式中，孕育着插花艺术的成长。

《诗经》中出现有近百种花草名称，大多出现在歌颂爱情与描写欢庆的诗句之中。对于《诗经》名物的分析一直是《诗经》研究的重要组成部分，关于其中花草的图解十分有助于阅读和理解

《诗经》内容。日本学者细井徇邀请京都一带的画工，于 1847 年完成了《诗经名物图解》，全书共三卷，分草、木、鸟、兽、鱼、虫六部，收图两百多种，其中的草、木两篇，对于了解古代中国的花语与偏好很有帮助。在《诗经》所表现的时代，佛教还没有进入中国，但中国民间对于花草的热爱，以及对折枝花的运用已经相当普遍，可见其有着相当大的自发性和独立性。

在中国古代的岁时八节中，有一个花朝节，也叫花神节，俗称百花生日，在春秋的《陶朱公书》中已有记载。至于“花神”，则相传是指北魏夫人的女弟子女夷，她善于种花养花，被后人尊为“花神”，并把花朝节附会成她的节日。花朝节，晋代时在农历二月十五日，至宋以后，始渐改为二月十二日。一般士民，于花朝日至郊外看花游春，这是中国人民最富诗意的传统节日之一，与八月十五的中秋，分别称为“花朝”与“月夕”。

汉代（前 206—220）是继秦朝之后的大一统王朝，文化统一，科技发达，以儒家文化为代表的汉文化圈正式成立。在出土文物和保留至今的汉砖上，可以看到许多花卉的图像。在河北望都东汉墓道壁画中，有一陶质圆盆，盆内立有一排六枝小红花，似折技花插在陶盆之中。陶盆置于方形几架上，形成花枝、花器、几架三位一体的组成，成为中国插花的初期形态。

在魏晋南北朝（220—589）期间，人们对于花卉之美的热爱，已经从在大自然和花园中的直接欣赏，开始摘回花枝放到家中持续观赏。南朝梁袁昂《古今书评》中有写：“卫恒书如插花美女舞笑镜台。”梁元帝奉和萧纲组诗《春别应令诗四首》，借景抒怀，表达了闺中女子对恋人的相思之情。其一：

昆明夜月光如练，上林朝花色如霰。
花朝月夜动春心，谁忍相思不相见。

萧绎（508—554），是梁武帝萧衍第七子，于公元552年登基，称梁元帝。梁元帝不但治国有方，而且还完成了大量著作。《梁书·元帝本记》称赞他："博览群书，下笔成章，出言为论，才思敏捷，无人能和他相比。"《春别应令诗四首》其一以月光如练、朝花如霰，营造出春心浮动的意境；其二写交龙锦、合欢枝以及映日通风影珠幔，飘花拂叶度金池；其三以杨柳乱丝比喻思绪万千，直抒离别之痛;其四写当时与佳人觅语吟诗，而今只有在夕阳下倚桥望月，凉月如水，与云相映，更添离愁。在落花流水之间，将人生的真实境界与诗歌的艺术境界合二为一。

庾信（513—581）是南北朝时期文学家、诗人，其家"七世举秀才""五代有文集"，堪称雅道世家，他作有一首《杏花诗》：

春色方盈野，枝枝绽翠英；
依稀暎村坞，烂熳开山城；
好折待宾客，金盘衬红琼。

透过诗句人们发现：在南北朝时期插花形态中的盆花已经出现，诗中最后一句的"金盘衬红琼"，金盘即铜盘，红琼即杏花，"好折待宾客"则说明主人用红杏插置于铜盘中用来布置迎客环境，让气氛变得更为雅致。南朝宋武帝之女寿阳公主，一日卧于含章殿下，梅花落在其额上，留下五瓣花形，拂之不去，遂号"梅花妆"，宫女竞相仿效，成为一种时尚的样式。

关于插花来源于佛前供花的观点，从历史典籍中可以发现许多记载。《无量寿经·卷》（下）中有云："悬绘、燃灯、散花、烧香，以此回向，愿生彼国。"散花已经在当时成为"四供养"内容之一。在印度，有将莲花插入"贤瓶"中供佛的习俗，贤瓶是一种阔嘴小颈壶式的供瓶，有时人们也称其为吉祥瓶、如意瓶、甘露瓶或宝瓶。在南北朝时期的中国佛前供花中已出现贤瓶，插花形态中的瓶花通过贤瓶得以很好展现。

在东汉初期佛教造像艺术中，如江苏连云港市孔望山的东汉佛教造像已出现了用莲花供佛的图像，在佛像旁，一名高鼻深目的胡人右手执一枝三瓣莲花，用以供佛。后汉竺大力、康孟详共译的《修行本起经》中记载："须臾佛到，知童子心时，有一女持瓶盛花，佛度光明……"佛教徒在佛像前供花主要是散花。东晋高僧法显在其《佛国记》中记佛像出巡时"门楼上夫人采女遥散众华"，佛画中的飞天散花多源于此。

《法苑珠林》第三十六卷记载："南齐晋安王萧子懋，字云昌，武帝之子也。始年七岁阮淑媛尝病危笃。请僧行道。有献莲华供养佛者。众僧以铜罂盛水，浸其华茎欲令不萎。如此三日而华更鲜。子懋流涕礼佛誓曰：若使阿姨因此胜和，愿佛之力令华竟斋不萎。七日斋毕华更鲜红。看视罂中稍有根须。母病寻差。当代称其孝感也。"意思是说：南北朝时期，齐国晋安王子懋在 7 岁的时候，母亲阮氏重病，生命垂危，于是请和尚做一个七天的法事，祈求借助佛法给母亲治病。有人摘下莲花供佛，和尚们用铜钵盛水，将莲花浸泡在里面想使花不枯萎。这样过了三天，莲花越加鲜艳。子懋流着泪拜佛，并发誓说："如果我的母亲这次病能够好，希望佛力加持，让花不枯萎。"七天过去了，莲花一日比一日鲜艳。而铜钵中的莲花居然长出了一些根须，母亲的病也好了。当世之人都说是子懋的孝心感动了佛菩萨，才有此奇迹。

中国的原始插花与佛前供花的礼仪相结合，在魏晋南北朝时期从萌芽阶段进入初级阶段，龙门石窟记录下了这一时期插花的特征。在龙门宾阳中洞前壁第三层南侧有一块浮雕，反映的是北魏文照皇后的礼佛场景，即《皇后礼佛图》。浮雕中北向的第一位女供养人，手持三枝不同形态的莲花，做出即将插入面前侍女所持圆形浅口花器的动作，三枝花分别是一朵莲花，一个花蕾，一个莲蓬。这组浮雕插花中的莲花、花蕾和莲蓬，对应代表佛教现在、未来和过去的三世学说，这一图案被龙门石窟研究院确定为是中国流传至今最早的插花图像。

隋朝时，日本的小野妹子于推古十五年（607）来隋求经，对当时已经十分流行的盘花与瓶花产生了兴趣，回国时就把佛前供花的礼仪与插花器具带回国，中国的插花从此在日本撒下了种子。小野妹子后皈依佛教，改名为小野专务，日夜以花献佛，并制定了寺院供花的规则。因天皇所建的六角堂由小野妹子守护，旁边有一池塘，每当圣德太子到此沐浴时，小野妹子就在池畔筑起一个名为“池坊”的厢坊，作为自己的住持之处，并在此传授插花技法，这便是日本花道“池坊”的由来。

在佛教中，清供作为对佛主的礼敬方式，从四供养、五供养、六供养、八供养，一直发展到十供养，但无论如何演变，都没有离开供花。《法华经》中说：“若人散乱心，乃至以一花，供养于画像，渐见无数佛。”在《法华经》的法师品中，出现的十供养是：一花、二香、三璎珞、四抹香、五涂香、六烧香、七幡盖、八衣服、九伎乐、十合掌也。仔细看一下内容，除了居第一位的花之外，还有四种香（二香、四抹香、五涂香、六烧香）、一种乐（九伎乐），这些都是如今雅道中的内容。

二、莫怪杏园憔悴去，满城多少插花人

到了唐代，人们对于花草的喜爱渐渐上升到书面文字，不仅出现在诗文佳句中，还出现了一些论述花卉的专著和关于插花的专论，从而开启了中国花事的新篇章。

唐玄宗天宝年间的一个春日，唐玄宗和杨妃在宫中沉香亭观赏牡丹花，伶人们正准备表演歌舞以助兴，唐玄宗却说："赏名花，对妃子，岂可用旧日乐词？"于是急召李白进宫写新乐章。李白奉诏进宫，即在金花笺上作了《清平调词三首》，其中其三写道：

名花倾国两相欢，长得君王带笑看。
解释春风无限恨，沉香亭北倚阑干。

簪花是早期插花中的一种常见现象，女子把采摘下来的花朵插在头发中或发髻上，走起路来昂首挺胸，精神十足，是那时美化自己的日常方式，许多诗词中就写到了这种插花。杜牧（803—约852），号樊川居士，是唐代杰出的诗人和散文家，他的一首《九日齐山登高》可以看到满头插满菊花的景象：

江涵秋影雁初飞，与客携壶上翠微。
尘世难逢开口笑，菊花须插满头归。
但将酩酊酬佳节，不用登临恨落晖。

古往今来只如此，牛山何必独沾衣。

杜牧是宰相杜佑之孙，杜从郁之子，可以看出，名门出身的他十分喜欢插花。他还有一首《杏园》，就直接写到了插花，不过，这插花究竟是插在头上、身上，还是瓶里、盆里，则没有写明白。但通过此诗可以看到，在唐代时，插花已经不仅仅是宫廷所好与寺院所有，在士民的生活中已经十分常见了，以至于杜牧在《杏园》里写下了"满城多少插花人"：

夜来微雨洗芳尘，公子骅骝步贴匀。
莫怪杏园憔悴去，满城多少插花人。

唐代著作《百花谱》对近百种常见花卉进行了描绘与评判，是中国一本较早出现的花卉专著，书中赋予花卉以各种"花语"，如将海棠喻为"花中神仙"等，可惜此书全文已不见。《百花谱》的作者贾耽（730—805），南皮人（今属河北沧州），曹魏太尉贾诩之后，是唐朝中期宰相，也是杰出的地理学家，贞元九年（793）正式拜相，居相位十三年。贾耽恭行温厚，工诗擅书，爱好雅趣，被时人称为淳德君子。作为一国之相爱上花道之事，正说明赏花早已成为雅事一件，为宫廷与贵族所好。当时的官人，大多是读书人出身，对于雅道都有家传爱好，他们在仕宦之外的业余生活也是相当精彩，能诗善文，弄花吃茶，向往自在的生活方式。

《春盘赋》被认为是唐代写景插花的滥觞，作者欧阳詹（755—800），晋江人（今福建泉州），在贞元间与韩愈联第，时称龙虎榜，为国子四门助教。春盘，又称辛盘或新盘，主要取韭、薤、蒜、姜、蕖、蓼、芥、蒿、芹等辛味菜蔬五种或七种插盘，在新春时节用于奉神，以求新年自励。奉神后又以生食或和米做成七宝羹，于上七日食用。唐代春盘与汉代陶盆观念相类似，将盆视为大地，或加置梅、李、小树或年花，以写实的手法表现实景。

《花九锡》则已完全点出插花的所有要素，被称为后代插花艺术发展的楷模与基础。作者罗虬（生卒不详，公元874年前后在世），台州人（今浙江台州），既是诗人，也是唐代有名的花艺家。九锡原是古代帝王礼遇臣子的九大项礼物，罗虬以插花的角度针对当时的国花牡丹提出了九大礼遇原则，有黄袍加身之意，可看出当时对插花的品赏原则。《花九锡》为：一、重顶帷（障风）；二、金剪刀（剪折）；三、甘泉（浸）；四、玉缸（贮）；五、雕文台座（安置）；六、画图；七、翻曲；八、美醑（赏）；九、新诗（咏）。除了前五项与插花直接相关外，《花九锡》第六项是“画图”，指要有书画作背景；第七项是“翻曲”，要用音乐伴奏；第八项是“美醑”，喝那种多次沉淀过滤过的酒，类似于日本清酒，边饮边赏眼前美好的景致；第九项是“新诗”，通过创作新的诗句把这些美好感受记录下来。这正是一个涉及了花、酒、琴、书、画、诗的美好雅集啊！

宋代《清异录》记载南唐李煜（937—978）：“李后主每春盛时，梁栋窗壁，柱栱阶砌，并作隔筒，密插杂花，榜曰锦洞天。”说明南唐李煜对当时的插花普及起了非常大的作用。插花可以说是他诸多爱好中的一个配角，但他仍十分认真对待。李煜的百花洞天以天地为背景，以春光为题材，以宫廷做容器，一派兴之所至的繁华天真，奢靡又质朴，代表了他插花艺术的帝王气质。每年七夕生日时，李煜必命人用红、白色丝罗百余匹，作月宫天河之状，整夜吟唱作乐，天明才撤去。“每春盛时”，为每年二月十五的花朝节前后，可以说这是有记载的最早的插花展示活动。可惜李煜最终兵败降宋，死于汴京，否则还能更好地继续他的艺术人生和雅道生活。

唐代时，插花作品已经开始放置在精美的台座上，以增加豪华与夺目的效果，也可以更便于赏花者凑近欣赏。同时，在台座与插花后面的墙面上，又悬挂起了书画，从而在视觉上达到“花画合一”的整体审美效果，增添了画面观和立体性。欣赏者盘坐一侧，或品茗或饮酒，边谈论边吟诗，时琴瑟时鼓乐，力求高雅和谐，多层赏玩，成为时尚的雅集方式。

《清异录》是北宋人陶谷撰著的一部杂采隋唐至五代典故的随笔集，共有六百四十八条内容，保存了中国文化史和社会史方面的很多重要史料，书中一半以上的条目分别被《辞源》和《汉语大词典》采录。《清异录》中写到插花专用器皿“占景盘”的发明过程：在五代（公元 10 世纪左右）时，后周人“郭江洲有巧思，多创物，见遗占景盘，铜为之，花唇平底，深四寸许，底上出细筒殆数十。每用时，满添清水，择繁花插筒中，可留十余日不衰”。在这里，占是站立的意思，占景就是竖立花草景物，起到了如今的剑山作用，不致让花草倒下，一时成为插花所用的主要花器。

在宋代时，赏花已不仅为文人雅士所独有，“赏心乐事”进入了寻常百姓家，花朝节改为了“扑蝶节”，更有“壶碟节”，专用于欣赏铜瓷各类花器，“唯花乃能雅俗共赏”已经获得广泛共识。宋辛弃疾《定风波 · 暮春漫兴》词：“少日春怀似酒浓，插花走马醉千钟。”

欧阳修在《洛阳牡丹记》写道：“洛阳之俗，大抵好花。春时城中无贵贱皆插花，虽负担者亦然。花开时，士庶竞为游遨，往往于古寺废宅有池台处为市，井张幄帟，笙歌之声相闻。最盛于月陂堤、张家园、棠棣坊、长寿寺、东街与郭令宅，至花落乃罢。”南宋中国诗话集《苕溪渔隐丛话》记载：“蔡繁卿守扬州，春时作万花会，用花十余万枝。”可见当时排场之大，官场喜花之风正兴。

历史有时会出现一些令人惊愕的奇遇，南宋时有三位大诗人都相隔一年出生，而且都酷爱梅花，留下了关于瓶插梅花的佳句，他们就是1125年出生的陆游、1126年出生的范成大和1127年出生的杨万里。南宋文学家、爱国诗人陆游在《岁暮书怀》中写道：

世事从来不可常，把茆犹幸得深藏。
床头酒瓮寒难熟，瓶里梅花夜更香。
薄命元知等蝉翼，畏途何处不羊肠？
诗成读罢仍无用，聊满山家骨董囊。

一句“床头酒瓮寒难熟，瓶里梅花夜更香”，当指瓶插梅花，床头酒瓮和瓶里插花已成为他生活中不可或缺的一部分，表达出一盆瓶插梅花幽香到三更的情景。在保存下来的古建筑中，人们在湖南乡竹溪村看到村中 座“大大第”古民居内，厢房正面的墙壁上有一幅苍龙起舞的水墨画，画的两边挂着的正是这副楹联。该栋房子始建于清代道光年间，已有两百多年历史了，据其族谱记载，新居建成后，该民居主人十分仰慕陆游的人品和诗词文章，将陆游《岁暮书怀》书写于厢房之中，每天瞻仰，而能够选用这句作楹联，表明在深山老林中的人家一样有着爱好插花的雅趣，这着实让人高兴。

南宋中兴四大诗人之一的范成大有一首《再题瓶中梅花》：

园林篱落冻芳尘，南北枝间玉蕊皴。
风袂挽香虽淡薄，月窗横影已精神。
雪霜春事年年晚，今古诗情日日新。
铁石如翁犹索句，真成嚼蜡对横陈。

在南宋时，爱梅赏梅插梅是文人的一大共同爱好，他们纷纷向北宋隐逸诗人林逋看齐。林逋终生不仕不娶，隐居西湖孤山，酷爱植梅养鹤，自谓“以梅为妻，以鹤为子”，人称“梅妻鹤子”。

杨万里则有一首《昌英知县叔作岁坐上赋瓶里梅花时坐上九人》中也写道：“胆样银瓶玉样梅，北枝折得未全开。为怜落寞空山里，唤入诗人几案来。”杨万里偏爱梅花，共留下了三十多首梅花诗，其中一首《探梅》写得十分俏皮：

山间幽步不胜奇，政是深寒浅暮时。
一树梅花开一朵，恼人偏在最高枝。

“一树梅花开一朵，恼人偏在最高枝”，要看看不清，要闻闻不着，要折折不到，这般苦恼正是酷爱者才会有，如若不动心，哪里管它长在什么地方，甚至都没有发现梅花已开在枝头。他还有一首《瓶中梅花长句》，写尽了瓶中梅花的幽香。

宋代时文人雅士爱花，因偏爱及花性的差异，相继有人对花的品性做了分析，并进行了拟人化的表达。黄庭坚（1045—1105）是一位道教徒，号山谷道人，是北宋著名文学家、书法家。明代邓志谟《花鸟争奇》中提到黄庭坚提出的“花十客”概念：“梅花索笑客，桃花销恨客，杏花倚云客，水仙凌波客，芍药殿春客，莲花禅社客，桂花招瘾客，菊花东篱客，兰花幽谷客，酴醾清叙客。”曾慥是一位两宋之际的道教学者，号至游子，他编有《高齐漫录》《乐府雅词》等书籍，提出“花十友”为：兰为芳友、梅为清友、腊梅为奇友、瑞香为殊友、莲为净友、栀子花为禅友、菊为佳友、桂花为仙友、海棠为名友、酴醾为韵友。

张敏叔是宋代画家，工诗词，绘有著名的《十二客图》，以十二花喻十二客，并各赋其诗。宋人龚明之所著《中吴纪闻》卷三《张敏叔》曾纪其事，张敏叔定为：“牡丹为赏客、梅为清客、菊为寿客、瑞香为佳客、丁香为素客、兰为幽客、莲为静客、酴醾为雅客、桂为仙客、蔷薇为野客、茉莉为远客、芍药为近客。”姚伯声，政和年间（1111—1117）人，素好风雅，善诗词，喜爱草木，在其弟姚宽所编《西溪丛语》卷上记载：“昔张敏叔《有十客图》，忘其名。予长兄伯声尝得三十客：牡丹为贵客，梅为清客，兰为幽客，桃为夭客，杏为艳客，莲为溪客，木樨为岩客，海棠为蜀客，踯躅为山客，梨为淡客，瑞香为闺客，菊为寿客，木芙蓉为醉客，酴醾为才客，腊梅为寒客，琼花为仙客，素馨为韵客，丁香为情客，葵为忠客，含笑为佞客，杨花为狂客，玫瑰为刺客，月季为痴客，木槿为时客，安石榴为村客，鼓子花为田客，棣棠为俗客，曼陀罗为恶客，孤灯为穷客，棠梨为鬼客。”关于姚伯声的花三十客，在其他书籍中还有其他排序和名称上的差异。

宋代论及插花或莳花的著作较多，比较重要的有温革的《分门琐碎录》、周密的《乾淳起居注》、林洪的《山家清事》、苏轼的《格物粗谈》和《物类相感志》、吴怿的《种艺必用》等，这些著作从不同角度记载了瓶插技艺和赏鉴品评，为之后的插花活动提供了参照和突破的范本。

三、花前把酒插花枝，歌也相宜，舞也相宜

元代的花事花学受到宋代风尚的影响，对“花语”十分看重，生活于宋末元初的程棨，在宋人姚伯声提出的“花三十客”基础上又增加二十种花，一举提出了“花五十客”，成为历代花卉语言沿用最广的时代。

卢挚(1242—1314)是元代词人，他写有一首《双调·沉醉东风·闲居》小令：

雨过分畦种瓜，旱时引水浇麻。
共几个田舍翁，说几句庄家话。
瓦盆边浊酒生涯。
醉里乾坤大，任他高柳清风睡煞。

恰离了绿水青山那答，早来到竹篱茅舍人家。
野花路畔开，村酒槽头榨。
直吃得欠欠答答。
醉了山童不劝咱，白发上黄花乱插。

卢挚用《沉醉东风·闲居》这个题目写的小令共有三首，写的都是隐居之乐。最后一句：即使喝醉了，山童也不会嘲笑咱，摘下路边的菊花在白发上乱插。虽有插花动作，但还不是真正意

义插在盛水花器中的插花。

王恽(1227—1304)是元代著名学者、诗人兼政治家，为元世祖、元裕宗和元成宗三代著名谏臣。其书法遒婉，著有《秋涧先生全集》，并有散曲创作，今存小令四十一首。他的《和仲常牡丹诗》写道：

汉殿承恩早，金盘荐露新。
色酣中省乐，香重锦窠春。
尽殿群芳后，谁辞载酒频。
清如司马相，也作插花人。

反映出当时的宫廷插花活动依然活跃，并被视为高雅的风尚而受到上层人士的爱好。

元代张端（？—1383）作有《和杨孟载对花五咏》，其三为：

灼灼树上花，枝枝可攀折。
折以赠所思，亦复自怡悦。
今日颜色好，明日风光别。
年年送清明，一树东阑雪。

折花何为？“折以赠所思，亦复自怡悦”，既然已经摘下，为了持久鲜艳，自然是插作在花瓶盆器之中为最好的安排。

谢应芳（1295—1392），元末明初学者，字子兰，号龟巢，常州武进人。自幼钻研理学，隐白鹤溪上，名其室为“龟巢”。谢应芳授徒讲学，议论必关世教，导人为善，元末避地吴中，明兴始归，隐居芳茂山，素履高洁，为学者所崇。他作有一首《一剪梅》，写出了春天里饮酒插花、歌舞升平的美好景象：

一天和气盎春晖。桃也芳菲，李也芳菲。
若教风打雨淋漓。红也尘泥，白也尘泥。
花前把酒插花枝。歌也相宜，舞也相宜。
鹤长凫短总休提。长也天知，短也天知。

到了明朝，插花成为一种风尚，大量文人雅士涉足插花，以花会友，炫其才华，耀其襟怀，诩其清雅，瓶花成为其时插花的主流形式，在构图布局、花材容器、品鉴赏玩方面都有基本的美学原则，开始建构完整的插花理论体系。他们钟情山林野趣，企盼幽静隐居生活，插花自然而成为“幽栖逸事”。明代文学家谭元春（1586—1637）在他的《瓶梅》诗中这样写道：

入瓶过十日，愁落幸开迟。
不借春风发，全无夜雨欺。
香来清净里，韵在寂寥时。
绝胜山中树，游人或未知。

似乎要写出梅花插入瓶后的“幸福”感，一是“全无夜雨欺”，二是“韵在寂寥时”，三是“绝胜山中树”，洋溢出一种得意的插花人感受。

明代戏曲家高濂所著《遵生八笺》之五《燕闲清赏笺》卷中有《瓶花三说》：“瓶花之宜”“瓶花之忌”与“瓶花之法”，首次全面系统地总结了历代插花的实践经验，并上升为理论进行分析。《遵生八笺》是中国古代养生学的集大成之作，《瓶花三说》是最早的插花艺术论著之一。

明代处于中国插花全面复兴的鼎盛时期，许多文人写下关于花卉与插花的专著，其中尤以袁宏道的《瓶史》与张谦德的《瓶花谱》最为突出。1600年问世的《瓶史》，成为文人模仿插花的“教科书”。1696年，《瓶史》被日本人翻译成日文出版，从此深刻影响到日本的花道发展，以至在日本有“宏道流”花道的传承。

在《瓶史》出版前五年的1595年，18岁的张谦德完成了他的插花专著《瓶花谱》，在体例上仿金润的《瓶花谱》。张谦德，生于明万历五年（1577），字青父，号米庵，又号蘧觉生，昆山人，撰有《名山藏》《清河书画舫》《真迹日录》《朱砂鱼谱》等书。张谦德于万历二十三年（1595）著《瓶花谱》，可谓“家学相传，前辉后光”的结果，张谦德的《瓶花谱》分为品瓶、品花、折枝、插贮、滋养、事宜、花忌、护瓶等八节。万历二十四年（1596），张谦德又编著成《茶经》，分上、中、下三篇，为后人对明代及明以前茶事研究提供了借鉴。因此，张谦德是一位集雅道多项于一身的江南才子。

同时代的江南还出现了一位插花高手屠本畯，主要活动于明万历年间（1573—1620）。屠本畯，字田叔，又字豳叟，号汉陂，晚年自称憨先生、乖龙丈人等，是鄞县（今宁波）人。屠本畯出身于书香门第之家，著有《闽中海错疏》《海味索引》《闽中荔枝谱》《野菜笺》《离骚草木疏补》等书，涉及植物、动物、园艺等广阔领域，意在“畅山林之趣”“尽幽赏之致”。在插花方面，屠本畯开展插花配材研究，因此有花盟主、花客卿、花使命的分别，而这三种花材，依其结构，在插作时以主枝、客枝、使枝来称呼使用。在明代，有两本描述花木时令的著作,《花月令》由晚明文人程羽文撰写,《瓶史月表》由明末屠本畯撰写，两者问世时间相距不远。前者多文人气息，文字优美简练，但植物种类太少；后者有民间特色，植物种类较多，还能分出“花盟主”“花客卿”“花使令”三个档次，不过也有互相矛盾之处。

明代插花著作在日本影响较大，中国在插花领域的创新不断被日本模仿与吸收。狩野山乐（1559—1635）是狩野永德的弟子，京都狩野派画家，就留下了仿中国文人插花的作品《花卉图》，并使这股中国的文人花风潮在日本流行了一段时间。直到田能村竹田（1777—1835）时，还在效仿中国的文人插花。田能村竹田因政见不被采纳而在京都过着自由的文人生活，在绘画方面具有独特的风格，他把自己的插花作品画入了自己的绘画之中。

明代陈眉公在《小窗幽记》中说:“插花着瓶中，令俯仰高下，斜正疏密，皆有意态，得画家写生之趣方佳。”从这段文字可见，他十分熟悉插花要领和懂得美感所在，也能够从画家的角度去观察瓶花的优美之韵。他还说:“瓶中插花,盆中养石,虽是寻常供具,实关幽人性情。若非得趣个中，布置何能生致？”这分明是在说：若不是深得其中情趣，如何能布置得更为雅致呢？

清代张潮在《幽梦影》中说：“养花胆瓶，其式之高低大小须与花相称,而色之浅深浓淡又须与花相反。”能够写出这样的句子,说明张潮是一名插花高手，在实践中悟出了这样的道理。为此，程穆倩说，“足补袁中郎《瓶史》所未逮”。清代文学家、戏剧家李渔在《闲情偶寄》中认为弈棋等游戏充满争斗意味，并不能使人真正心情松弛,倒不如督率家人浇水灌木,毕竟“草木欣欣向荣，非止耳目堪娱，亦可为艺草植木之家，助祥光而生瑞气”,“亦颐养性情一助也”。在李渔看来，莳花弄草不失为一种有效的快乐方式，将休闲与怡情高度耦合，可以在淡泊的生活中逞其博雅情怀。李渔著《闲情偶寄》，沈复写有“闲情记趣”，可见“闲情”两字在清人的生活中已成为一种文人的共同诉求。

苏州人沈复（1763—1832）在《浮生六记·闲情记趣》中对插花的技巧已经有了更为明确的指导，这些技巧与方法至今仍被广泛运用。他说："插花朵数宜单，不宜双，每瓶取一种，不取二色。”“起把宜紧”“瓶口宜清”成为中国传统插花的基本准则。他还创造了一种插花法:“若盆、碗、盘、洗，用漂青、松香、榆皮面、和油，先熬以稻灰收成胶，以铜片按钉向上，将膏火化粘铜片于盆、碗、盘、洗中，俟冷，将花用铁丝扎把，插于钉上，宜偏斜取势，不可居中，更宜枝疏叶清，不可拥挤;然后加水，用碗沙少许掩铜片，使观者疑丛花生于碗底方妙。”沈复的发明是“剑山”雏形，最终成为东方插花有别于西式插花的独门技巧。

四、开口笑，插花归，更候清秋晚

过去，诗人通常会写花，且不拘于是原野里的花木，还是盆栽中的花草，或者是花器中的花朵，对于他们来说，眼中有花，心中有美，才是最重要的。屈原（约前340—前278）在《离骚》中有“纫秋兰以为佩”，说明当时有采摘香花佩戴在身的风尚。楚辞是屈原创作的一种新诗体，并且也是中国文学史上第一部浪漫主义诗歌总集。在《楚辞·离骚》中，屈原写道：

扈江离与辟芷兮，纫秋兰以为佩。

制芰荷以为衣兮，集芙蓉以为裳。

江离、芷、秋兰均为香草名，木兰、秋菊均为花卉名，芰荷指菱叶与荷叶，芙蓉即莲花。从插花的角度看，花枝离开植物母体开始，已经就有了插花的属性，诗中“扈江离与辟芷兮，纫秋兰以为佩”和“制芰荷以为衣兮，集芙蓉以为裳”，都是指用香草披挂在身或结绳在腰，用菱叶、荷叶、莲花制成衣裳，而这些植物都已经离开了母体，被采摘了下来，只是没有插制在花器中，而是佩戴到了人身上，人体充当起了花器的功能。

东晋陶渊明《饮酒 • 其五》中有一句极其著名的诗句 :“采菊东篱下，悠然见南山。”陶渊明在庭园中随意地采摘菊花，无意中抬起头来，目光恰与南山（庐山）相会。“悠然见南山”，既是人的清淡而闲适的状态，也是山的静穆而自在的情味，这样的生活令人为此着迷、为之疯狂。试问 : 采菊东篱下之后的陶渊明要干什么？簪花、插花还是泡水饮用？无人可知，但这一采菊的动作却引发了后世的人们对一种闲适生活状态的向往。

白居易（772—846），号香山居士，是唐代现实主义诗人，他的《买花》是为组诗《秦中吟十首》的最后一首 :

帝城春欲暮，喧喧车马度。共道牡丹时，相随买花去。
贵贱无常价，酬直看花数。灼灼百朵红，戋戋五束素。
上张幄幕庇，旁织巴篱护。水洒复泥封，移来色如故。
家家习为俗，人人迷不悟。有一田舍翁，偶来买花处。
低头独长叹，此叹无人喻。一丛深色花，十户中人赋。

这首诗写出了当时花市的繁华，喧喧车马度，贵贱无常价，家家习为俗，人人迷不悟。说明当时的人们十分爱好和懂得用赏花来调节生活的情趣。白居易在《与元九书》中还写道："夷至于梁、陈间，率不过嘲风雪、弄花草而已。噫！风雪花草之物，三百篇中岂舍之乎？"在这段话里，白居易在说：到了梁、陈两朝之间，人们大都不过是玩弄风雪、花草而已。唉，风雪花草这类事物，在三百篇中能割弃得了吗？"三百篇"是对《诗经》的代称。

元稹（779—831），是唐朝宰相和著名诗人，作为一国之相，对插花的喜爱也在其诗文中有所流露。他的《西明寺牡丹》诗句：

花向琉璃地上生，光风炫转紫云英。
自从天女盘中见，直至今朝眼更明。

对于"自从天女盘中见"一句，著有《中国插花史》研究的黄永川先生认为，当指插花中的"盘插"。作为一生研究中华插花艺术的黄永川先生来说，当看到"盘中见"时一定十分惊喜，从更多的考评与注评中可知，此处的"盘"并非专指器皿，而是代指月亮，即一盘明月。

宋代欧阳修（1007—1072），号醉翁、六一居士，写有《谢判官幽谷种花》：

浅深红白宜相间，先后仍须次第栽。
我欲四时携酒去，莫教一日不花开。

此诗虽写种花、饮酒与赏花的闲情雅趣，但欧阳修深谙插花要旨，深浅红白要相间相称，且要与四季时令相适宜，这样便可随时携酒去赏花，而日日都有花开。

邵雍（1011—1077）是北宋著名理学家、数学家、道士、诗人，他写有一首七言律诗《插花吟》，诗名就有了插花两字，在短短的八句诗中更是四次出现花字，但他的插花还是指插在头上的簪花：

头上花枝照酒卮，酒卮中有好花枝。
身经两世太平日，眼见四朝全盛时。
况复筋骸粗康健，那堪时节正芳菲。
酒涵花影红光溜，争忍花前不醉归。

“头上花枝照酒卮，酒卮中有好花枝”，插花者即年过花甲的作者自己，描写一种酒不醉人人自醉的感觉：头插花枝，饮酒为欢，花照美酒，美酒映花，鲜花与美酒，充溢于诗人的心扉，活灵活现地表现出了诗人悠然自得、圆融自乐的神态。

黄裳（1044—1130），北宋词人，年轻时就重老庄之学，渴望闲云野鹤的生活，喜欢与僧、道之流交往。黄裳与同时代的名僧有诗文往来，传之后世的有《贻如祖大师》《送异师行》《送开平书贻佛智长老》《寄五峰长老》等。黄裳有一首《蓦山溪 · 腊日游尧山》，直接写到了插花：

春前信息，到处欢声满。
旌旆出西郊，拥笙歌、婵娟两畔。
东巡事往，空有雪中山，
仙驭悄，古风间，谩动吟人叹。

天边身世，况值重华旦。

击壤访遗民，想如云、望中不断。

功名休论，齐楚共唐虞，

开口笑，插花归，更候清秋晚。

这是一首游山后的小令，时在春前腊月，山雪未化，应该是梅花初开的时节，作者心情很好，在最后一句写道："开口笑，插花归，更候清秋晚。"因为心情好，归去的时候摘了几枝花，到家里可以插在花器中，说明此时的一些文人墨客，游山后有剪枝回家插花的习惯。

从宋代流行男子簪花习俗上看，当时的文人墨客对于花草的热爱已经无以复加，而百姓们对此也习以为常。从文人雅士留下的诗文中，我们可以看到这样的场景。苏轼（1037—1101）是北宋文学家、书法家、唐宋八大家之一，他有一首《次韵李公择梅花》，诗中六处写到花，一处写到茶（永怀茶山下），尤其是其中一处直接写到了插花："更忆槛泉亭，插花云髻重"，不过这是插在髻上的簪花，是当时日常生活中常见的插花形式。

苏轼的《吉祥寺赏牡丹》也写到了簪花：

人老簪花不自羞，花应羞上老人头。

醉归扶路人应笑，十里珠帘半上钩。

宋熙宁五年（1071）五月二十三日，时任杭州通判的苏轼跟随知州沈立去吉祥寺僧人守璘的花园中集会赏牡丹，赏花第二天沈大人向众人展出十卷《牡丹亭》，苏轼看到赏花画面的壮观、恢宏的书籍以及与诸位市民一同游玩的快乐，有感写下这首《吉祥寺赏牡丹》。这首诗叙写了苏轼与杭州百姓一同赏牡丹的欢乐气氛及百姓看其醉归的情景，表达了诗人对生活的乐观态度和倔强、洒脱的情怀。按照当时的礼俗，士大夫集会时可以簪花，但老人簪着花成群结队走在街市上，总觉有些不好意思。为了突出这种心态，苏轼掀起一道波澜，“人老簪花不自羞，花应羞上老人头”，说花不愿上老人的头，而事实上花还是上了老人的头。两个“羞”字，一说人，一说花，相映成趣，语妙天下，花活了，人更活，以此缩小官民距离，其乐融融。

李清照（1084—1155），宋代女词人，号易安居士，婉约词派代表。她有一首词《蝶恋花·上巳召亲族》：

永夜恹恹欢意少，
空梦长安，认取长安道。
为报今年春色好，花光月影宜相照。

随意杯盘虽草草，
酒美梅酸，恰称人怀抱。
醉里插花花莫笑，可怜春似人将老。

这首词是李清照生活安定时期召集亲族聚会饮宴后有感而作，但酒宴未给词人带来欢快，相反更勾起对故国的深沉思念和旧家难归的惆怅，在怡乐的酒宴中发出了感叹：喝醉了将花插在头上，花儿别笑我，可怜春天像人的衰老一样快要过去了。

宋代范屏麓，写有《李花》诗，把春日里的李花与秋天的菊花和冬日的腊梅相提并论：

> 丽日风和暖，漫山李正开。
> 盈林银缀簇，满树雪成堆。
> 清馥胜秋菊，芳姿比腊梅。
> 杖藜游侠子，攀折晚归来。

最后一句“攀折晚归来”，写出了对李花的偏爱，回家前还不忘攀上树折几枝回家，不仅可看到栽在地里的开花李树，而且可以继续欣赏插在瓶里的李花插花。

中国的古诗词里究竟有多少诗词描写到了花草？恐怕这是一项无法准确完成的统计工程，即便是单单描写插花的诗词也难以计数。人们只能知道：诗离不开花，花也离不开诗，咏花颂雅，把诗词与花草很好地结合到了一起，学习雅道不能没有插花，也不能没有诗词。

第九章　香道传承

“香”字，源于谷物之香，甲骨文中的“香”，形如“一容器中盛禾黍”（禾黍边上有小点，表示黍粒），指禾黍的美好气味。《说文解字》中说：“香，气芬芳也。”从黍从甘，甘表示甜美；而馨香的“馨”也表示香气远溢。香被运用于生活在中国有着悠久的历史，主要以熏燃、悬佩和涂敷的方式出现，历代的王公贵族和文人墨客对香推崇备至，它被认为是颐养性情、启迪才智的妙物，香因此成为古代宫廷和贵族生活的重要组成部分。之后香又被文人所喜好和传播。古代才子夜读常有红袖添香，养在深闺的佳人整日与香为伍，好不惬意。

明代陈眉公在《小窗幽记》中说：“好香用以熏德，好纸用以垂世，好笔用以生花，好墨用以焕彩，好茶用以涤烦，好酒用以消忧。”“独坐丹房，潇然无事，烹茶一壶，烧香一炷，看《达摩面壁图》，垂帘少顷，不觉心静神清，气柔息定，濛濛然如混沌境界，意者揖达摩与之乘槎而见麻姑也。”从语句中看出明代文人已经确立自己的生活方式与品位，雅道诸项可随意进入日常生活，并让生活带有浓浓的书卷气和雅致性。

一、何幸含香奉至尊，多惭未报主人恩

在五千年前的中国，先民们已经开始使用熏炉。宋代丁谓所著《天香传》中“香之为用从上古矣。所以奉神明，可以达蠲洁”，是指用香历史可追溯到上古时期，用来供奉神明亦可达到辟秽清洁的目的。

辽西牛河梁红山文化晚期遗址曾出土一件之字纹灰陶熏炉炉盖，距今达五千多年。山东潍坊姚官庄龙山文化遗址曾出土一件蒙古包形灰陶熏炉，距今有四千多年，夹细砂灰陶，高 17 厘米，腹径 14 厘米，顶部开圆孔，炉身遍布各种形状的镂孔（圆形、椭圆形、半月形等）。说明在四五千年前，中国先民已经用到香炉，香已经出现在生活中。

上海青浦福泉山良渚文化遗址曾出土一件竹节纹灰陶熏炉，距今也有四千多年，高 11 厘米，口径 9.9 厘米（略小于底径），呈笠形，斜直腹，矮圈足，腹外壁饰有六圈竹节形凸棱纹，炉盖捉手四周有十八个镂孔（三孔一组，共六组），当时所用的燃烧物是一些具有芳香气味的草和木屑。福泉山良渚文化遗址所在地远离皇亲贵族，在四千年前完全是荒芜的边陲，却也出现了熏香炉，足见香的运用在中国十分悠久和普遍。

这几件熏炉“分散”于辽河流域、黄河流域及长江流域，其样式与后世的熏炉基本一致，而有别于祭祀用的鼎彝礼器，并且造型美观，堪称新石器时代末期的“奢侈品”，这说明熏香的习俗可能要比插花与饮茶的历史更为悠久，从一个独特的角度折射出早期中华文明的灿烂。

先秦时期，香料已被广泛应用于生活。从士大夫到普通百姓，

都有随身佩戴香囊和插戴香草的习惯。当时，由于边陲和海外的香药如沉香、檀香、乳香等尚未大量传入内地，所用香药以各地产的香草香木为主，如兰、蕙、艾、萧、郁、椒、芷、桂、木兰、辛夷、茅等。

秦汉时期，在宫廷里熏香、佩香成了常事。《汉宫仪》规定“尚书郎怀香握兰，趋走丹墀”，并要“含鸡舌香，伏其下奏事”，类似白领上班之前喷香水，整个皇宫里都是香云飘散。王维在《重酬苑中郎》写道：“何幸含香奉至尊，多惭未报主人恩”，就理解是怎么一回事了。《汉宫仪》中还有尚书郎熏衣的记载，当时有专门用来香熏烘烤衣被的曝衣楼。《渊鉴类函·岁时八·七月七日三》记载：“太液池西有汉武帝曝衣楼，七月七日宫人出衣曝之。”唐李贺《七夕》诗：“鹊辞穿线月，花入曝衣楼。”唐沈佺期《七夕曝衣篇》诗：“宫中扰扰曝衣楼，天上娥娥红粉席。”

长沙西汉张瑞君墓出土的铜器上已明确有“熏炉”二字的铭文。考古资料显示，广东发掘的四百余座汉墓中，共出土熏炉一百十二件，近半数的墓葬中有熏炉出土。而在洛阳绕沟挖掘的二百二十余座墓葬中，仅出土熏炉三件，这说明早期对熏炉的使用在南方更为普及。汉代的熏炉甚至还传入了东南亚，在印尼苏门答腊就曾发现刻有西汉“初元四年”字样的陶炉。

《诗经》汇集了西周至春秋中叶五百年的诗歌三百多篇，共载有植物一百七十八种，其中芳香植物三十多种，是古人采集和利用香料较全面的早期记录。诗人们对于香木香草的吟咏一直不绝于耳，“朝饮木兰之坠露兮，夕餐秋菊之落英”，屈原《离骚》里的咏叹让人印象深刻。

古人似乎很早就认识到了熏烧香草可以用来驱虫除秽。最早成书于春秋战国时期的《周礼》说:“翦氏掌除蠹物，以攻禜攻之，以莽草熏之，凡庶蛊之事。”香草因具有特殊的气味，被人们广泛使用，但有些香草并不用作熏烧。古兰是一种著名的香草，也叫都梁香，用于煮兰汤以沐浴，达到香身的效果。在室内使用器物熏香的习俗大约是在春秋晚期至战国初才出现。

战国时期，在室内熏香的风气在一定范围内流行，这从出土的熏炉可以看出，陕西雍城遗址的“凤鸟衔环铜熏炉”就是一例。熏炉通高35.5厘米，重约4公斤，造型奇特，工艺精湛，为古代熏炉精品。四个正立面纹饰相同，构图可分上下两层，每面有三只虎纹。

著名的长沙马王堆一号墓（公元前160年）也发现了熏炉、竹熏笼、香枕、香囊等多种香具，豆形陶熏炉，做工精致，通体涂黄色，再用红黄两色彩绘花纹，盖顶的一只鸟还可以转动。钮周围饰以双划纹折线两层，内层作三角形，外层作八角形，间有三角形镂孔。

马王堆一号墓中还同时出土了许多香药，包括有辛夷、高良姜、香茅、兰草、桂皮等，其中还有一个盛有香药的陶熏炉，此熏炉里还留存有高良姜、辛夷、茅香等混合香草。这些香料的出现，标志着熏香已经从驱蚊灭虫的俗事，变成了赏心悦目、有文化内涵的雅事，具有了把观赏、工艺、礼仪，甚至文学、艺术交融为一体的特点，使熏香成为了一项审美活动。出土于河北满城中山靖王刘胜墓的“错金博山炉”，呈海上仙山的造型，可见汉代人将熏香看作了养生长寿的途径之一。

最早的博山炉是源于陕西咸阳茂陵出土的一件熏炉，它的独特之处在于炉体由一条纤细的竹节状支座承托着炉体，总高58

厘米。这件熏炉是西汉皇家未央宫的生活用器，从同时出土的“阳信家”刻铭的铜器分析，加之历史文献的记载，得知这件熏炉原在未央宫，建元五年（前136），汉武帝将其赏赐给姐姐阳信长公主。博山炉的出现，有可能是受到西亚和中亚熏炉的影响，因为这种熏炉早在西亚地区已经广泛使用了。

香文化在汉代的快速发展，汉武帝有很大贡献。他在位期间大规模开拓疆域，遣使通西域，使战国时期初步形成的丝绸之路真正畅通起来，在促进东西方交流的同时也便利了西域香料的传入。汉武帝本人很喜欢熏香，大大带动了汉代的用香风气。博山炉在汉武帝时期出现后迅速在全国范围内流行，并且长盛不衰。在已出土的博山形熏炉中，以河北满城刘胜墓中出土的错金博山炉和陕西兴平茂陵从葬坑出土的错金银竹节熏炉最具有代表性。

最早记录在书的熏衣香方，是东晋葛洪《肘后备急方》中的“六味熏衣香方”。六味香药分别是沉香、麝香、苏合香、白胶香、丁香、藿香。这六味香药的组方与做法，奠定了后世各种熏衣香方的基本组方。

魏晋南北朝时，熏香在上层社会更为普遍。同时，道教、佛教兴盛，都提倡用香。这一时期虽战乱不断，但香文化却仍然获得了较大发展，合香配方的种类大为增长，并且出现了一批专门用于治病的药香。用香风气从王公贵族扩展到士大夫文人中间，并出现了许多写香的诗文，如曹丕的《迷迭香赋》、刘绘的《博山香炉》，脍炙人口，流芳千载。

二、博山炉中沉香火，双烟一气凌紫霞

随着唐王朝成为一个富强的大帝国，其对外贸易及国内贸易都空前繁荣起来，西域的大批香料通过丝绸之路源源不断地运抵中国。唐中期以后，南方的“海上丝绸之路”又开始兴盛起来，从而有大量的香料经两广、福建进入北方。香料贸易的繁荣，使唐朝还出现了许多专门经营香材香料的商家。社会的富庶和香料总量的增长，为香文化的全面发展创造了极为有利的条件。

在唐代，人们对香的研究和利用进入了一个精细化、系统化的阶段。对各种香料的产地、性能、作用、配制等都有了专门的研究，制作合香的配方更是层出不穷。在这个时期，对香品的用途也有了完备细致的分类：会客用的香、卧室用的香、办公用的香、修炼用的香，各不相同。佛家有佛家的香，道家有道家的香，不同的修炼法门又有不同的香，可以说在唐代已经是专香专用了。

唐代的许多皇帝都对香料十分钟爱，而且依仗雄厚国力，在用香的品级和数量上都远远超过前代的帝王。香檀木虽贵以斤两相论，唐皇宫内仍取之制作香床、香几等大件物品;皇帝经行之处，甚至“以龙脑、郁金铺地”，还常用沉香、檀香、龙脑、麝香等配入涂料涂刷皇宫内的楼阁殿柱。宫中开花时，以重顶帐篷蒙蔽在栏杆上，使香气不散，称为“括香”，所有这些都极尽奢华。

《新纂香谱》中记载，唐玄宗天宝年间（742—756），交趾国进贡如蝉蚕形的瑞龙脑香，杨贵妃也仅获得十枚，她就用这龙脑香熏衣，结果香气能达十余步远。夏天时，皇帝与亲王下棋，令乐工贺怀智独弹琵琶，杨贵妃则立于局前观棋，结果“风吹贵妃领巾于贺怀智巾上，良久回身方落”。贺怀智回家后觉得满身香气，

就解下幞头存放在锦囊中。平息安史之乱后，明皇回宫，又想念起了杨贵妃，贺怀智就把保存的幞头献上，并将之前发生的事情奏明，明皇当即泣曰：“此瑞龙脑香也。”这段记载陈述了一个以香抒情的动人故事。

佛教在唐代的兴盛对香文化也是一个重要的推动，佛家的教理经书对香大加推崇，几乎在所有的佛事活动中都要用到香。在唐代的香具中，出现了大量的金器、银器、玉器、石器，即使模仿前朝博山炉的制式，外观也更加华美。熏球、香斗等香具开始广泛使用。在敦煌壁画里就常能见到香斗、博山炉等丰富多彩的唐代香具。同时，熏炉的制式也随之发生了新的变化，即由浅膛直接点燃草木香料的熏炉，向“隔火熏香”的深膛香炉演变。正是由于唐代的发展，后来香文化的普及也就十分必然了。

衣衫飘香，是古人追求的一道“嗅觉风景”。古时，让香气随身的方法很多，像佩戴香囊、熏衣、洗衣香等，其中效果最好的当属熏衣。熏衣，也是古人讲究生活质量方式的呈现。唐代元稹《白衣裳》中“藕丝衫子柳花裙，空着沉香慢火熏”，就是描写用沉香熏衣服。王建《宫词》之一，描写宫妃因天雨湿凉入浴，要更换秋衣，服侍宫妃的宫人在一旁殷勤地为其熏衣：

雨入珠帘满殿凉，避风新出玉盆汤。
内人恐要秋衣着，不住熏笼换好香。

唐代时，熏衣还是贵族们彰显自己身份的一种方式，尤其是宫中使用的香品，代表着皇室所专属的气味。王建在其诗《宫词》中还提到了宫中香方的特殊性与无法模仿性：

供御香方加减频，水沈山麝每回新。

内中不许相传出，已被医家写与人。

为了维护皇室专用的绝对性，宫中的香方要不断变化。原本不外传的宫廷香方，却被医药方家有意识地搜集、记录整理成书，并广泛地传播开来。唐代医学著作《备急千金要方》《千金翼方》《外台秘要》中都收录有熏衣香方。在这些香方中，或许就有当年皇室曾使用的熏衣香方。

唐代的文人墨客甚至还把识香、鉴香、品香、制香、斗香和咏香作为一种文化素养的体现，极受赞誉。比如，李白的“博山炉中沉香火，双烟一气凌紫霞”、李贺的“沉香熏小像，杨柳伴啼鸦”、李商隐的“沉香甲煎为庭燎，玉液琼苏作寿杯”等诗句都在表达一种特有气质。孟浩然在《寒夜》诗中便说：“夜久灯花落，薰笼香气微。锦衾重自暖，遮莫晓霜飞。”白居易《石楠树》诗里也曾写道：“可怜颜色好阴凉，叶翦红笺花扑霜。伞盖低垂金翡翠，熏笼乱搭绣衣裳。”另一首白居易著名的《后宫词》中更有“红颜未老恩先断，斜倚薰笼坐到明”之句。

《清异录·熏燎·斗香》中记载，唐中宗时，宗楚客兄弟、纪处讷、武三思以及皇后韦氏诸亲属等权臣常举办雅会，“各携名香，比试优劣，名曰斗香。”又据《陈书》记载，南唐后主李煜造有临春、结绮、望春三阁，皆用沉香、檀香香木建成，还自制“帐中香”：“以丁香、沉香及檀香等各一两，甲香三两，皆细研成屑，取鹅梨汁蒸干焚之。”宫中还设有主香宫女，持百合香粉各处均撒。

公元754年1月23日，鉴真大师经过六次东渡，克服千难万险，抵达日本九州。鉴真将中华医学、香学等文化毫无保留地在日本传播，如药材的识别、收藏、炮炙、使用、配伍，香料的和合等，极大地促进了日本医学、香学的发展。鉴真东渡时携带有大量的药材与香料，这些药材绝大多数可用于香品制作。

唐代宫中用以熏衣的熏炉也很快就传到了日本，在奈良正仓院至今还收藏着唐代球形银熏炉和铜熏炉各一件，通体镂空雕花，从中半为启阖，内置灰盘，焚香于中，借熏卧褥衣服，如同《西京杂记》中所称的卧褥香炉："长安巧工丁缓者，又作卧褥香球，一名被中香炉，本出房风，其法后绝，至缓始复为之，为机环转运四周，而炉体常平，可置被褥，故以为名。即今之香球也。"早期中日两国人员与文化的交流，为保护中国优秀的传统文化产生了深远的影响。

三、剩喜今朝寂无事，焚香闲看玉溪诗

宋代时海上香料贸易繁荣，大量域外香料传入，当时泉州港每年香药的进口量达到10万公斤以上。20世纪70年代，从泉州古港打捞上来的一艘宋代沉船中所载香药近2000公斤。当时从宫廷到民间用香成风，南宋时有几位皇帝沉迷于玩香，还时常自调香合香。《香乘》卷七记载："宣政间有西主贵妃金香，得名乃蜜剂者，若金之安南香也。光宗万机之暇留意香品，合和奇香，号东阁云头香，其次则中兴复古香，以占腊沉香为本，杂以龙脑麝身薝卜之类，香味氤氲，极为清韵。"宋宫中制作的熏香料还被赋予雅名，据《陈氏香谱》记载：南唐李主时期宫中香，辗转流传，传至北宋时期沈立、梅尧臣，再至黄山谷。此香初名为"宜爱"，本为江南宫中香，有美人字曰宜，甚爱此香，故名宜爱。"江南宫

中制香，名宜爱香，黄鲁直易名意可香。”黄山谷、黄鲁直，皆指诗人黄庭坚。

宋代宰相丁谓和一大批名士也都嗜好香料，丁谓因此还著有《天香传》一书，加之洪刍的《香谱》、叶庭珪的《香录》、陈敬的《新纂香谱》等香料专著的出现，中国香文化就此逐渐定型。到了宋代，品香与斗茶、插花、挂画并称，“四般闲事”已成为文人不可或缺的文化形式与心灵活动，在嗅觉、味觉、视觉、心灵上，形成精致香文化的独特风貌。文人雅士们钻研着香道，于是出现了许多制香法、各式香书、香谱等。

丁谓（966—1037），长洲（今江苏苏州）人，祖籍河北，作为北宋宰相，前后共在任七年。他幼年勤奋好学，博闻强记，天象占卜、书画棋琴、诗词音律，无不通晓。在他写的《天香传》中记载了自己爱香集香用香的经历，其中写道：宋真宗赵恒初年（1008—1016），他担任天书扶持使期间，在道场里设坛祈祷，从白天到黑夜焚烧着各种名贵的香料，皇帝乘车来祷告神明，上香五次（宋真宗每次拜谒玉皇真圣、圣祖都上五次香），气味芳香浓郁不同寻常，这不是世俗所能想到的。丁谓晚年流放崖州时，因为爱香而让他不至乏味，正如《天香传》中所言：“忧患之中，一无尘虑，越惟永昼晴天，长霄垂象，炉香之趣，益增其勤。”

北宋诗人黄庭坚，字鲁直，号山谷道人。自称有“香癖”的他，还是一位善于辨品鉴气味、制作药方的高手。香，是黄庭坚的生活良伴，是咏物寄情的依托，也是“灵台湛空明”的生命净化与修行。梅询（864—1041），是北宋著名诗人梅尧臣的叔叔，入为翰林侍读学士，拜给事中，知审官院，史称“少好学，有才辩，为官勤于政事，关心民瘼”，性喜焚香。他每天早晨焚香，以公服罩之，再抓住两袖出门办公，坐定后撒开两袖放香，因此时人称他是“梅香”。

文人们爱香、咏香，有的也会制香。被喻为“文风汪洋恣肆”的豪放词人苏东坡，从他对香的一再怜惜中可见文人雅士对香的一往情深。苏东坡一生喜茶爱香，在任杭州知府时，制作过一款名香，叫“闻思香”，原料有旃檀、元参、丁香、香附子、隆真香、豆蔻、茅香，其香如其文，韵深意长。《燕居香语》中甚至记有苏轼、苏辙两人的合香方。《和鲁直二首》：

四句烧香偈子，随风遍满东南。
不是文思所及，且令鼻观先参。

在诗、书、香中修身养性、参悟真理，文人雅士的晚年亦显格外逸致闲情与淡然禅机！

在香道发展鼎盛时期的宋代，用香成为普通百姓追求美好生活不可或缺的一部分。生活中随处可见香的身影。街市上有“香铺”“香人”，还有专门制作“印香”的商家，甚至酒楼里也有随时向顾客供香的“香婆”。

北宋绘画大师张择端所绘《清明上河图》有香铺的招牌，可见当时用香之普遍。街上还有“供香饼炭墼，并挑担卖油，卖油苕、扫帚……香炉”。当时有钱人家的妇女坐上牛车或马车，会有两位小丫鬟手持香球随侍在旁，妇女自己也拿了香球，不但“驰过，香烟如云，数里不绝，尘土皆香”，当牲畜走过排泄时，坐在车上的人闻不到排泄物的气味，这是非常实用的芳香剂。

宋代儒者多认同焚香祭祖，比如宋代“二程”程颢和程颐说：“凡祭，洒扫厅事……焚香请曰：孝孙某，今以仲春之祭，共请太祖某官、高祖某官、曾祖某官、祖某官、考某官，降赴神位。奠酒焚香……事毕，焚香曰：祭祀已毕。”在其编写的祭祀仪式中就反复强调在祭祀祖先中要焚香祈祷。

朱熹论述的祭祀仪式中也采纳焚香，“昔侍先生见早晨入影堂焚香展拜，而昏暮无复再入，未知尊意如何”。也就是进入影堂祭祀先祖的时候是要焚香的。再如：“南北向赞引献官诣，盥洗之南北向立，盥手帨手升，焚香再拜。”

宋人杨万里在《焚香诗》中写道：“琢瓷作鼎碧于水，削银为叶轻似纸。”首句形容如碧水般色泽的香炉，后句的银叶则是今日的隔火砂片。陆游（1125—1210）有诗《假中闭户终日偶得绝句》曰：

官身常欠读书债，禄米不供沽酒资；
剩喜今朝寂无事，焚香闲看玉溪诗。

古人对焚香的要求是无烟却香味低回悠长，书斋庭院里，素腕秉烛，灯如红豆，一缕暗香，若有若无，流淌浮动，人皆欲醉。在闻香迷离之中，阅尽多少繁华沧桑，又化作缕缕青烟；于香气悠然里，或抱膝观书，或对坐清谈，便是古典中国隽永的意象。

陆游在《夏日杂题》中的“午梦初回理旧琴，竹炉重炷海南沉；茅檐三日萧萧雨，又展芭蕉数尺阴”，更把海南沉香作为文人雅士抚琴熏香、吟诗作词的高雅行为。陆游《雨中作》：

积润画图昏素壁，渍香衣帻覆熏笼。
新晴不用占钟鼓，卧听林梢淅淅风。

宋代的熏衣在日常生活中十分普遍，男女都会将衣服熏香。陆游就是个有熏衣癖好的人，在诗中经常描写熏衣，《四月晦日小雨》：“风生团扇清无暑，衣覆熏笼润有香”；《晨起》：“衣润熏笼暖，灯残漏箭长”。宋人比较喜欢花香，调制花香味的熏衣香是宋人合香的特色。宋人陈敬的《陈氏香谱》中，记载有模仿梅花与兰花香味的熏衣香。薰衣梅花香：甘松、舶上茴香、木香、龙脑各一两，丁香半两、麝香一钱，右件捣合粗末如常法烧熏。

当时熏衣的方法，与宋洪刍《香谱》中记载的方法类似，在《香谱》卷下“薰香法”中说：“熏衣时，用香灰或银叶隔火取香最妙。凡薰衣，以沸汤一大瓯，置薰笼下，以所薰衣覆之，仙润气通彻，贵香入衣难散也。然后于汤炉中，烧香饼子一枚，以灰盖或用薄银碟子尤妙。置香在上薰之，常仙烟得所。薰讫，叠衣，隔宿衣之，数日不散。”

《新纂香谱》作者陈敬为南宋时期人，成书年代为南宋，但出版于元代。此书可谓中国香学史上的集大成者，囊括了宋代十一种香谱的精华，其中收录数百种香方，不乏唐代宫廷、寺庙所用的经典香方，还收录了与香有关的文人创作以及宋代名士黄庭坚等人所爱的香品。

四、香销琴室松风冷，灯灭书窗竹月凉

对香文化的推崇，为香产品带来了一个广大的市场。元代时，由于版图扩大到与波斯接壤的地区，香药从西北陆路进口的数量成倍增长。大量的外国使臣、商人、传教士，带着香料在泉州刺桐港这个“东方第一大港”登陆。当时的泉州城“云屋万家，楼

雉数里”，是香料进出口的重要集散地。

线香的出现是香史上一件引人注目的事情，目前可以认定的时间是在元代。线香的出现直接改变了人们的行香方式，尤其是百姓的烧香方式，香炉体积发生变化，小型的香插、香桶开始出现，人们用香更加便捷。但它并没有取代传统的香席仪式，上品香料依然是皇室贵族的香事之常。

元代文人也十分喜爱焚香，流行“一炉两瓶”的成套香具，著名书画家赵孟頫为了表明他清淡如水的交友之道，什么客套虚礼都可不讲，但好香一炷还是要有的，美妙的香味陪伴他们品书论画，闲坐清谈。

明初海禁，禁民间使用番香番货（指来自外国或外族的东西），香文化发展一度处于低谷；在明中晚期，随着商品经济的发展，海禁放松，思想文化领域呼唤个性解放逐渐成为主流，香文化又悄然回归。永宣年间郑和率两万多人的庞大船队七下西洋，沿途用人参、麝香、金银、茶叶、瓷器等与各国交易，换回的物品中香药占有很大的比例，包括胡椒、檀香、龙脑、乳香、木香、安息等，这些除宫廷使用外，大部分销往各地。明黄省曾著《西洋朝贡典录校注》中，还详细记载了各国向大明皇帝进贡降真香的史料，其记载的二十二个南洋诸国，贡品中几乎全部涉及降真香。

明代时，品香焚香成为了文人和仕女私密生活中的重要部分，明代文学家冒襄（1611—1693）在《影梅庵忆语》中回忆自己与董小宛的爱情往事，两人一起收集珍贵香药和名香方，用于制香，“手制进丸，诚闺中异品”，然后通宵不眠，“姬与余每静坐香阁，细品名香”，想白居易《后宫词》和刘言史《长门怨》的诗句:“独坐炉边结夜愁，暂时恩去亦难留。手持金箸垂红泪，乱拨寒灰不举头。”《影梅庵忆语》中还写道，“半夜，一香凝然，不焦不竭，郁勃氤氲，纯是糖结。热香间有梅英半舒，荷鹅梨蜜脾之气，静参鼻观”，描写了半夜还在香气缭绕中参禅的情形。对于明代的宣德炉，冒襄曾赞之：“有炉光怪真异绝，肌腻肉好神清和。窄边蚰耳藏经色，黄云隐跃穷雕磨。”

明文人官员、苏州吴县人陈镒（？—1456）在《挽周子符》中有这样的诗句：“香销琴室松风冷，灯灭书窗竹月凉。”抚琴焚香在许多中国古画中都可以看到，一对诗句，就让人看到了琴房与书房，琴道与香道，以及书房里的收藏，点出了文人的日常与最爱。而做过吴县县令的袁宏道追慕白居易和苏东坡二公之风，在《袁宏道集笺校》中写道：“每下直辄焚香静坐，命小奴伸纸，书二公闲适诗，或小文，或诗余一二幅。”短短数语，又勾画出在书斋里发生的场景，融合了香道、书法、收藏、诗词四项，文人生活的清雅之风跃然纸上。苏州文人文震亨则似有洁癖，“所至必窗明几净，扫地焚香”。

明朝制香方法大多出于宋代，但制作更为精细，香品形式也更为丰富。元代出现的线香，到明代制作技术已完全成熟，且广为流行，明代中期还出现了签香，也称为捧香，出现了早期的塔香，一端挂起，悬空燃烧，称为龙挂香。

明代香具种类齐全，炉、瓶、盒搭配的配套香具已定制。前朝已有的香具包括柄炉、篆香炉、熏球均有制造使用，新增了香筒、卧炉、香插等。明朝嘉靖官窑有所谓的“五供”或称“五具足”，即一炉、两烛台、两花瓶的成套供器，使用于祭祀及太庙、寺观供奉等正式场合。宣德三年（1428）曾使用泰国进贡的数万斤铜料，铸制了三千三百余件宣德炉。铜香炉主要用于燃烧各种品级的沉香木块，民间也制作了大量设计精良的铜香炉。

明代的“性灵小品”和笔记文学非常兴盛，这些作品的文字中涉香内容较多，有许多对香的描述点评，读之令人回味无穷。陈眉公《太平清话》中写道：“香令人幽，酒令人远……”；《小窗幽记》：“好香用以熏德，好纸用以垂世，好笔用以生花……”“净扫一室，用博山炉，爇沉水香，香烟缕缕，直透心窍，最令人精神凝聚。”“遇月夜，露坐中庭，必爇香一炷，可号伴月香。”“深山高居，炉香不可缺，取老松柏之根枝实叶共捣治之，研风昉羼和之，每焚一丸，亦足且清苦。”“茶取色臭俱佳，行家偏嫌味苦；香须冲淡为难，幽人最忌烟浓。”从中可见在生活中陈眉公几乎是离不开香的。

古代卧房中多用篆香计时，明人朱之蕃《印香盘》诗曰：

不听更漏向谯楼，自剖玄机贮案头。
炉面匀铺香粉细，屏间时有篆烟浮。
回环恍若周天象，节次同符五更筹。
清梦觉来知候改，褰帷星火照吟眸。

说的就是睡觉时案头点上香印来计时，篆香还有清新空气和驱蚊的效果，因此在民间流传很广，使用历史悠久。古代女子在闺房中多有篆香。李清照《满庭芳》上阕中写到篆香烧尽，是指有意营造的芳馥氛围：

小阁藏春，闲窗锁昼，画堂无限深幽。
篆香烧尽，日影下帘钩。

手种江梅渐好，又何必、临水登楼。

无人到，寂寥浑似，何逊在扬州。

此外李时珍《本草纲目》等医书对香药和香也多有记载，《本草纲目》几乎收录全部香药，也有许多用到香药和熏香的医方，用来除秽、祛疫、安神、改善睡眠，治疗各种疾病，包括烧烟、熏鼻、浴、枕、戴等用法。

《香乘》作者周嘉胄曾因创作书画装裱专著《装潢志》而闻名于书画界，而这本《香乘》被香界称为中国香学“圣经”，其对中国香学史料收集完备之极，上至先秦典籍关于香的记载，都罗列其中，堪称后世习香之人必备且常读之书。

中国传统用香的法度《遵生八笺》，此书虽非香学专著，但其中涉香章节相当经典，特别是收录的《焚香七要》，原作者为洪武皇帝第十七子朱权，著书类目繁多，尤以琴学经典《神奇秘谱》闻名遐迩。《焚香七要》规定了中国传统用香的法度，如香炉、香合、香灰、隔火、香炭的选取标准及运用规则。除了香道与琴道，朱权对茶道也贡献颇大，著有《茶谱》一书。

《考槃余事》一书中有《香论》一节，总结了前人的用香境界及品闻妙处，其中《香之为用》一文堪称经典，精炼概括了中国用香的核心，且行文优美，耐人品读。作者虽未论及香方，但对香器具及明代士人的品香趣味有所表述。

五、绿衣捧砚催题卷，红袖添香夜读书

明清时期是中国香道文化的普及阶段，受巨大的用香需求和

政策的影响，社会用香风气较前代更为浓厚，无论是上层社会用香还是平民阶层用香，都极普遍。香具的种类也更为丰富，雕饰精美，香品成型技术更加成熟，制作工艺也更为发达。海外的香料通过各种渠道和方式进入中国内地，香料的输入更为多样。

清代乾嘉时期代表诗人、散文家袁枚（1716—1798）于乾隆十四年（1749）辞官隐居于南京小仓山随园，常年吟咏其中，广收诗弟子，尤其以女弟子为多，席佩兰即为其中之一。袁枚亦有《寒夜》一诗："寒夜读书忘却眠，锦衾香尽炉无烟。美人含怒夺灯去，问郎知是几更天。"焚香读书忘寝而被夫人训斥，颇为有趣。这是古今很多文人雅士所憧憬的一种读书意境，香已经成为他们读书生涯中的一个重要组成部分。

在清代，香炉是许多文人在生活中固定的书斋陈设，读书时伴着香烟袅袅，这也成了记忆中的古代文人的风雅形象。朱锡绶在《幽梦续影》中说："冬室密宜焚香，夏室敞宜垂帘。焚香宜供梅，垂帘宜供兰。"清代女诗人、袁枚女弟子席佩兰《寿简斋先生》中诗句："绿衣捧砚催题卷，红袖添香夜读书。"明代佚名画家作品《千秋绝艳》中，有"莺莺烧夜香"的情节，画面上崔莺莺立在一座高香几前，几上放着焚香必备的"炉瓶三事"中的两件——插有香匙与香箸的香瓶，以及一只小香炉。她左手捧着香盒，右手刚刚从香盒里拿出一颗小小的香丸，将要放入香炉中。古代红袖女性"添香"的场景，就这样展现在了我们的眼前。

在明清时期人们常用焚香来调节自己的心情。明人屠隆的《考盘余事》载："安息香，都中有数种，统名安息。"每天早上他都要通过点上一炷香或烧香粉来唤醒一天的活动，也通过燃香这一过程，让他自己的心绪得以平静，知道自己今天该做些什么事。

清人李渔在《闲情偶记》“床帐”一节，强调的就是“床令生花”，并且解释如此做法的妙处：“白昼闻花，其香仅在口鼻；黄昏嗅味，其味直入梦魂。”人在沉睡状态中被花香萦绕，在古人看来是一种很难得的境界。

在电视剧《甄嬛传》中，雍正皇帝为了防止年氏家族借皇子谋权篡位，在赐给华妃的欢宜香中加入麝香，让华妃永远无法怀孕；擅长制香的安陵容为争宠，在甄嬛去疤痕的药中加入香料，让甄嬛流产。这些野史中的情节正说明许多香材有其特别的功效，它们本身就是一帖帖中药，可以起到用药的效果，香的功效受到了广泛的重视。

民间对香的推崇也不断受到刺激，相传旧时广东海南一带，在女儿出嫁时娘家便会陪嫁给女儿一块沉香，目的是待女儿怀孕时，可以把沉香磨成粉冲服，以安神理气；可在临产时喝服，并点燃沉香，沉香的香气氤氲清雅，能使孕妇顺产并镇痛。在书生赴京考状元时，大多需要长途跋涉，也会备一块沉香，其一可以在临场时“闻之提神醒脑”，其二可以在沿途防病避邪祛灾。

《红楼梦》里有数不尽的焚香场景和考究至极的各种香，包括藏香、麝香、梅花香、安魂香、百合香、迷迭香、檀香、沉香、木香、冰片、薄荷、白芷等。据《本草纲目拾遗》载，康熙年间曾有香家为曹雪芹祖父曹寅制藏香饼，香方得自拉萨，用沉香、檀香等二十余味中药。曹雪芹从小生活在这样的环境之中，自然对香文化有相当的了解。曹雪芹不仅有日常用香的习惯，且深谙和香之法，贾宝玉《夏夜即事》亦是曹雪芹的生活写照：“倦绣佳人幽梦长，金笼鹦鹉唤茶汤。窗明麝月开宫镜，室霭檀云品御香。”

《红楼梦》中描述富贵人家将香料使用在沐浴、熏香、祭祀等活动中的情景，但是，针对不同性格的人，《红楼梦》又给她们的用香做不同的定位。可卿卧室里洋溢的是一股“甜香”，黛玉窗前飘出的是一缕“幽香”，宝钗衣袖中散发的是一丝“冷香”，而倒霉的妙玉则被一阵“闷香”所熏而昏厥，用香营造出了一种特殊的氛围，满足了书中人物的需求，也是香品发展到清代时候的一种现状体现。

《红楼梦》第十三回“秦可卿淫丧天香楼　王熙凤协理宁国府”中描写，秦可卿托梦王熙凤:“这日夜间，正和平儿灯下拥炉倦绣，早命浓熏绣被，二人睡下，屈指算行程该到何处，不知不觉已交三鼓。”这里提到的“浓熏绣被”，是指以前公侯富贵人家晚上睡觉前都要将被子放在熏笼上用香熏过，熏笼是古代富贵人家的日常必备家居物品，多为竹子制成，覆于火炉上使用，以收熏香、烘物、取暖之功。熏笼在清代更是被富贵人家广泛应用，清人曹庭栋所著《养生随笔》卷四曾指出:“熏笼只可熏香，若以暖被，火气太甚。”可见熏笼使用范围极广。从日常用香的描写中，也可印证《红楼梦》是一部真正说尽富贵气象之书，不愧有社会百科全书之称。

清代的“香席”一般以四人为限制，在安静雅致的室内举凡陈设、用具、入坐、行香、品评，最后还要在香簿上题词，在这过程中，要求品香人“散虑忘情、探究心性”，在袅袅的香烟中体验生命的内在价值。

篆炉方法作炉之式《印香炉谱》，可能是中国古代最后一部香学专著。作者丁月湖是一位文人，一生中最大的建树是改进了印香炉，他有多年幕府游历生涯，回乡之后，寄情翰墨，假琴书自怡。1876 年春他与忘年好友施兰宾谈及印香炉，认为当时的印香炉“粗陋不可供幽赏”，因而经常默然凝想新的炉样和镂空花纹篆字，反复心摹手画，不断构思出新奇的图样，然后授意金工，并监制造。编写《印香炉谱》一书时，丁月湖在参考了前代篆炉的使用方法后，发明创造出一种可携带的组合式炉具，形制精美，书中图例不下百种，直观记载了作炉方式。

梁实秋在《寂寞是清福》中说："寂寞是一种清福。我在小小的书斋里，焚起一炉香，袅袅的一缕烟线笔直地上升，一直戳到顶棚，好像屋里的空气是绝对的静止，我的呼吸都没有搅动出一点波澜似的。我独自暗暗地望着那条烟线发怔。"表达出了文人满足于一缕袅袅香烟的闲适与惬意。中华几千年的香道文化，而今随着收藏文化的大发展，正以其幽幽的神秘香气飘向祖国大地，并成为一种高层次的收藏品种。

第十章　琴道传承

古琴也称七弦琴，是中国传统文人修身养性、寄情抒怀的乐器。古琴是中华民族最早的弹拨乐器，以其历史久远、文献瀚浩、内涵丰富和影响深远为世人所珍视，可谓中华传统文化的瑰宝，是人类口头和非物质遗产代表作。自古中国“琴”为古琴特指，在20世纪20年代，为了与西方的钢琴进行区分，才将中国“琴”改为“古琴”之称。古时，琴棋书画并称，琴则位居四雅之首，用以概括中华传统文化。

《风俗通 · 声音》中说：“雅琴者，乐之统也。与八音并行。然君子所常御者，琴最亲密，不离于身……深山幽谷，犹不失于琴。以为琴之大小得中而声音和，大声不喧哗而流漫，小声不湮灭而不闻，适足以和人意气，感人善心。”雅士聚会在一起，茶花与琴乐是万万不能缺席的。陈眉公在《小窗幽记》中说：“临风弄笛，栏杆上桂影一轮；扫雪烹茶，篱落边梅花数点。”乐声、茶味、花香，和着明月与雪景，如此风雅之时和风景之地，自然也不能缺席了文人雅事，否则这般美意无人可以欣赏到了。

一、琴器：龙吟虎啸，钧天雅奏

琴作为中国文人吟唱的伴奏乐器，自古以来一直是文人墨客必备的知识和必修的科目，在中国音乐中处于领导地位，得到广泛共识。孔子《论语 · 述而》曰："志于道，据于德，依于仁，游于艺。"按照朱熹《四书集注》的诠释，这里的"游"是指"玩物适情"，《庄子 · 渔父》对此做过一个孔子与弟子的集体形象："孔子游乎缁帷之林，休坐乎杏坛之上。弟子读书，孔子弦歌鼓琴。"

公元844年前后，约唐武宗会昌年中，有一位叫赵璘的人，采访诸家科目记，撰成十三卷，编了一本《因话录》，在卷二中有一句话："（李约）有山林之致，琴道、酒德、诗调皆高绝。"这里出现的"琴道"两字被认为是它的最早出处。李约是郑王元懿玄孙，有画癖，听说一位士人家有张璪所绘松石幛子，就把它买回来收藏，"以至行雅操知名当时。特精楷隶，并善画梅"。说明这位李约公子在雅道中涉猎很广，琴道、书法、绘画、收藏、诗词，兼及五项。可见，"琴道"一词与"茶道"类似，在唐朝时已经出现，但比"茶道"一词晚出现五十年以上。当时的"琴道"一词主要是指弹琴的技法，而如今的内涵则要更为丰富一些。荷兰外交官兼著名汉学家高罗佩（1910—1967）十分痴迷中国古琴，在1941年时出版了一本《琴道》，被视为古琴研究的权威之作。

古琴作为中国的传统乐器，至少有三千五百年以上的历史。古籍记载伏羲作琴，又有神农作琴、黄帝造琴、唐尧造琴等传说；舜定琴为五弦，文王增一弦，武王伐纣又增一弦为七弦，可见古琴文化的源远流长，博大精深。根据文献记载，先秦时期，古琴除用于郊庙祭祀、朝会、典礼等雅乐外，主要在士以上的阶层中流行，秦以后才开始盛兴于民间。湖北曾侯乙墓出土的古琴实物，距今有两千四百余年，唐宋以来历代都有古琴精品传世。

20世纪50年代，在南京西善桥出土了魏晋时期的“竹林七贤”砖刻，其中的阮籍、嵇康正是古琴高手，不仅琴技精绝，也是琴曲创作大家，阮籍所作的古琴曲《酒狂》流传至今。东晋丞相谢安性好音律，“家有名琴，后为齐竟陵王所宝”，相传他还作有琴曲《升平调》问世。

南朝宋代刘义庆《世说新语》记载了王徽之邀请桓伊吹笛的故事，这就是夫子庙一个古地名“邀笛步”的由来，也是笛曲《三调弄》的由来。到了唐代，《三调弄》被改编为著名的琴曲《梅花三弄》。

有关古琴的记载，最早见于《诗经》《尚书》等文献。《尚书》载:“舜弹五弦之琴，歌南国之诗，而天下治。”可知琴最初为五弦，周代时已有七弦。东汉应劭《风俗通》:“七弦者，法七星也，大弦为君，小弦为臣，文王、武王加二弦，以合君臣之恩。”三国时期，古琴七弦、十三徽的型制已基本稳定，一直流传延续到现在。

制作古琴要用上等木材，坚固耐用，可以模拟万物之声。古琴有标志音律的十三个徽，亦为礼器和乐律法器，属于八音中的丝。古琴音域宽广，音色深沉，余音悠远。隋唐时期，由于建立了强大的国家政权，尤其是“贞观之治”以后，政通人和的大好局面带来了琴学发展的大好时期。在古琴的制作工艺方面，出现了以蜀人雷威为代表的一大批斫琴名家。

易安居士李清照（1084—1155）是宋代女词人，有“千古第一才女”之称，她曾留下过古琴遗物。传说在青州大火后，赵明诚李清照夫妇流落江南，在金陵偏居。一日，他俩在街上看到一小女子携琴卖身葬父，于是他们尽其所有买下了这张瑶琴，算是救助了这位小女子。后来，赵明诚李清照夫妇客死江南，这琴辗转多次后流入到了当时金陵的鼎盛世家之中。琴背原刻两行阴文鎏金隶书楚辞体诗句："岐山之桐，斫其形兮，冰雪之丝，宣其声兮。巍巍之魂，和性情兮，广寒之秋，万古口兮。"文字十分俊美。

书画大家赵孟頫遗存有几张古琴，他博学多才，能诗善文，通律吕，解鉴赏，是中国古代士人形象的代表。关于赵孟頫的"琴事"，明代万历《尧山堂外纪》有记，他"有古琴二，一曰大雅，一曰松雪，因以大雅名堂而号松雪焉"。因藏有一张名为"松雪"的古琴，赵孟頫因此而自称"松雪道人"，其斋名"松雪斋"，反映出他对古琴的珍视程度。在赵孟頫身后，人们一直珍藏着他用过的古琴，近年来还不断出现在各大拍卖会上。

2007 年 12 月 9 日，北京荣宝秋季拍卖会古董珍玩专场中，有一张唐琴，据传此琴曾为赵孟頫收藏过，甚至可能就是赵孟頫以此称号的"松雪"古琴！此古琴为仲尼式，长 123 厘米，龙池内刻有隶书"光化二年"款、凤沼内刻有隶书"升"字款。光化二年为唐代末期（899）。从"光化二年"及"升"字的字迹来看，其风格为典型唐隶风格，遒劲老辣，中正端庄。风化程度自然古旧，为唐光化本年所刻。此琴有流水兼蛇腹等断纹，细密自然，环绕琴身，无后世开盖修复痕迹，年代悠久，为唐末所制古琴无疑。20 世纪 50 年代在上海"今虞琴社"雅集时，陈长林先生之父、闽派琴家陈琴趣等人都用此琴演奏过，当时著名古琴家、收藏家吴振平先生就有"此琴在《长风》之上"的评价。

北京荣宝拍卖公司曾拍出的一张宋元时期古琴"龙吟虎啸"，以 385 万元成交。这张由宋末、元初书法家赵孟頫制作的"龙吟虎啸”琴，创造了当时宋代古琴拍卖的最高价。“龙吟虎啸”古琴为仲尼式，以虫蛀古桐材所制，通身髹以黑漆，久经使用，手指袍袖磨擦处露栗壳色漆，蛇腹断满布其上，古气盎然。琴背池上刻隶书“龙吟虎啸”四字，其下嵌一片古玉。琴通长 122 厘米，额宽 19 厘米，尾宽 14 厘米，四、五徽间最厚处达 6.5 厘米，琴面金徽十三枚，弧度浑圆头尾一致。

2016 年 12 月 6 日，北京匡时秋拍“百雅之首——重要古琴夜场”，共有六件精品上拍，其中，赵鸿雪旧藏赵孟頫制仲尼式古琴“钧天雅奏”以 1000 万元起拍，最终以 1360 万元落槌，以 1564 万元成交。“钧天雅奏”，仲尼式，长 121 厘米，峄阳孤桐斫制，嵌螺钿徽，玉轸，玉雁足，紫檀制岳山及承露。琴面弧度浑圆，琴额舒阔劲挺，为南宋仲尼琴的经典制式；鹿角霜灰胎，髹朱红漆，岁月蕴积，已呈栗壳色；通体断纹斑斓，琴面蛇腹断，琴背蛇腹、流水，错杂陆离。龙池上方刻“钧天雅奏”四字，篆书，龙池两侧镌刻赵孟頫亲书“峄阳孤桐乃斲乃琴，含天地德全太古心”。龙池下方铭“松雪道人”篆书款，刻“治世之音”印文。

“静”可以说是琴音的最大特点，琴音也被称为“太古遗音”“天地之音”。“静”有两层意义，一是抚琴需要安静环境，抚琴更需要安静心境。古琴的三种音，散音、按音、泛音，都非常安静。散音松沉而旷远，让人起远古之思；泛音如天籁，有一种清冷入仙之感；按音则非常丰富，手指下的吟揉余韵、细微悠长，时如人语，可以对话，时如人之心绪，缥缈多变。泛音像天，按音如人，散音则同大地，称为天地人三籁。因此古琴一器具三籁，可以状人情之思，也可以达天地宇宙之理。

隋唐时期，古琴传入东亚诸国，并为这些国家的传统文化所汲取和传承。近代又伴随着华人的足迹遍布世界各地，成为西方人心目中东方文化的象征。一张古琴，寄托着文人太多的雅意，不论是“四雅之首”，还是“百雅之首”，抑或是“钧天雅奏”，都是雅士心中向往的圣物。陈眉公有一句对联，道出了八雅中诗、琴、书三雅的组合雅致：“富贵功名，荣枯得丧，人间惊见白头；风花雪月，诗酒琴书，世外喜逢青眼。”

二、琴乐：我有嘉宾，鼓瑟鼓琴

古琴演奏主要有琴歌、独奏两种形式，《尚书》中有“搏拊琴瑟以咏”的记载。周代，多用琴瑟伴奏歌唱，叫“弦歌”，即唐宋以来所谓的琴歌。从汉代蔡邕所著《琴操》中，有歌诗五曲，即周之弦歌，其中的“十二操”“九引”以及“河间杂歌”，都是援琴而歌的。春秋战国时期，古琴独奏已具有一定艺术表现能力，当时有名的琴师有卫国的师涓、晋国的师旷、郑国的师文、鲁国的师襄等；著名的琴曲如《高山》《流水》《雉朝飞》《阳春》《白雪》等。

《诗经》中的第一首诗《关雎》，在中国文学史上占据着特殊的位置。可以说，翻开中国文学的历史，首先遇到的就是《关雎》：

关关雎鸠，在河之洲。窈窕淑女，君子好逑。
参差荇菜，左右流之。窈窕淑女，寤寐求之。
求之不得，寤寐思服。悠哉悠哉，辗转反侧。
参差荇菜，左右采之。窈窕淑女，琴瑟友之。
参差荇菜，左右芼之。窈窕淑女，钟鼓友之。

在这首诗中，我们可以清晰地看到雅道中花草与琴乐的影子，只是当时没有那样去称呼它和理解它而已，全诗表达了对“窈窕淑女”的思念和梦寐以求的爱慕渴求之情。一边用花草左右流之、左右采之和左右芼之，一边用琴瑟和钟鼓的乐声，想通过美妙的音乐来打动女子，博取欢心，借此达成美满婚姻。在《小雅》中有另一首诗《鹿鸣》，全诗琴乐不断：

呦呦鹿鸣，食野之苹。我有嘉宾，鼓瑟吹笙。
吹笙鼓簧，承筐是将。人之好我，示我周行。

呦呦鹿鸣，食野之蒿。我有嘉宾，德音孔昭。
视民不恌，君子是则是效。
我有旨酒，嘉宾式燕以敖。

呦呦鹿鸣，食野之芩。我有嘉宾，鼓瑟鼓琴。
鼓瑟鼓琴，和乐且湛。我有旨酒，以燕乐嘉宾之心。

这是周王宴会群臣宾客时所作的一首乐歌。诗中鼓瑟吹笙、吹笙鼓簧、鼓瑟鼓琴，好不热闹，琴、瑟、笙、簧都是琴道的内容，在欢迎群臣宾客时呈现出一派歌舞升平、太平盛世的景象。

汉、魏、六朝时期，古琴艺术有了重大发展，除在《相和歌》《清商乐》中做伴奏乐器外，还以“但曲”演奏形式出现。如器乐曲《广陵散》《大胡笳鸣》《小胡笳鸣》等，反映出古琴作为器乐演奏的一个重要发展阶段。汉末的蔡邕父女和魏、晋间的嵇康，都是当时著名的古琴演奏家和作曲家。如嵇康擅长弹奏古琴名曲《广陵散》，已传为历史佳话，创作的著名乐曲有嵇氏四弄:《长清》《短清》《长侧》《短侧》;蔡氏五弄:《游春》《渌水》《幽居》《坐愁》《秋思》；传为竹林七贤中的阮籍所作琴曲《酒狂》以及六朝宋王义庆《乌夜啼》。

隋唐时期，西域音乐盛行，琵琶兴起，古琴音乐的发展受到一定的抑制，古筝得到了自己的发展空间，皎然有诗《观李中丞洪二美人唱歌轧筝歌(时量移湖州长史)》,其中写道:“赵琴素所嘉，齐讴世称绝。筝歌一动凡音辍，凝弦且莫停金罍。淫声已阕雅声来，游鱼喚喁鹤裴回。”十分欣赏赵琴的素雅，并对其发出的声音给予了“雅声”的评价。

隋末唐初赵耶利对当时流行的文字指法谱字进行了整理，并辑录了《弹琴右手法》《弹琴手势图》等解释演奏法的著作。琴谱存见于南北朝至清代的有百余种，琴曲达三千首，还有大量关于琴家、琴论、琴制、琴艺的文献，遗存的丰硕程度堪为中国乐器之最。唐代以前，古琴的乐谱是用文字记载的，称为文字谱，极其繁复。一个指法要用一句话记录，一首曲子记下来往往比一篇文章还要长。

鉴于这个原因，晚唐一个名叫曹柔的人发明了减字谱，即在文字谱的基础上，将一句话中的关键字摘出，每字各取简洁的一部分，再将这几个部分拼为一个“字”。减字谱实际上就是指法谱。因此，唐代之后的大量琴曲都流传到了今天，而唐代之前的琴曲大部分则失传了。目前所知的中国最古老的一份古琴乐谱是古琴曲《碣石调·幽兰》的谱子，相传为南朝梁代的丘明传谱，它也是流传到今天唯一的一份文字谱，为唐朝手写卷，原件现存于日本东京博物馆。这是古琴发展史上的一个重要里程碑，它以一种新的载体形式保存了古琴音乐的历史，摆脱了历代口传亲授的单一格局，大大推动了琴曲创作繁盛的局面，为以后古琴减字谱的诞生奠定了良好的基础。

《礼记·乐记》记载："凡音之起，由人心生也。人心之动，物使之然也。"较早就体会到琴音与人心的关系，音由心生，心由音传。唐代陈拙"琴说"："古人命意作调弄之趣或古淡或清美或悲切或慷慨，变态无常不可执一，故弹操弄者舒张缓急言成段节。"《溪山琴况》说："五音活泼之趣半在吟猱，而吟猱之妙处全在圆满。"唐代薛易简《琴诀》："声韵皆有所主"。这里的"主"指的是主题，音乐形象。也就是说声韵是符合音乐形象、符合艺术作品的主题的，那么演奏的技法手段当然是为了表现音乐形象而服务的，也是应该根据主题来取舍的。

唐代著名琴家有董庭兰（开元、天宝年间），从其师陈怀古处承继了当时最负盛名的沈、祝二家声调，擅弹琴曲《大胡笳》《小胡笳》。天宝中琴家薛易简，可弹大弄四十、杂调三百，并有理论著作《琴诀》七篇，擅弹《三峡流泉》《胡笳》《乌夜啼》《别鹤操》《白雪》等曲。晚唐还有琴人陈康士根据屈原《离骚》所作的琴曲等。

宋朝的古琴一方面出现怀旧的复古主义倾向，另一方面由于古琴在《相和歌》《清商乐》演奏中的长期实践，与民间音乐有着深远的联系，以及琴曲"楚汉旧声"的历史传统，使古琴音乐在复古主义倾向中并没有被湮没，而是有起有伏曲折地发展着。南宋时期杰出琴家郭沔（1190—1260）和他的弟子刘志芳、毛敏仲等人，在古琴遗产的整理、创作方面对古琴音乐的发展做出一定的贡献。如郭沔创作的琴曲《潇湘水云》《泛沧浪》《秋鸿》，刘志芳创作的《忘机》《吴江吟》，毛敏仲创作的琴曲《渔歌》《樵歌》《佩兰》《山居吟》等都流传至今。宋人朱长文（1039—1098）撰写的

《琴史》，真实地记录了隋、唐、宋三代琴的史料。

到了明代，“琴学”这一专称得以确立，并在明清时期迅速发展。明初洪熙元年朱权编著的《神奇秘谱》堪称历史上第一部古琴曲专集。全书分上中下三卷，上卷《太古神品》，中下卷《霞外神品》，意味着作者希以此书接续宋代浙派《紫霞洞琴谱》流脉。明嘉靖年间，琴家汪芝辑《西麓堂琴统》，收录一百七十首琴曲。此外，尚有明万历四十二年的琴家严澂主持选编刊印的《松弦馆琴谱》、明成祖敕撰《永乐琴书集成》二十卷、清徐琪《五知斋琴谱》以及祝凤喈《与古斋琴谱》等。在琴论方面，还有明冷谦《琴声十六法》、徐上瀛《溪山琴况》、清蒋克谦《琴书大全》等等，有如雨后春笋。

明清时期由于印刷术的发展，大量琴谱得到刊刻流传，见于记载的琴谱有一百四十多种，从中可知仅明代创作的琴曲就有三百多首。明初琴家冷谦的《琴声十六法》，是对古琴的美学思想、演奏技巧和艺术表现提出的理论。明末清初，徐上瀛更进而提出《二十四琴况》。明清以来，著名的琴曲有《秋鸿》《平沙落雁》《渔樵问答》《良宵引》《水仙操》《鸥鹭忘机》《龙翔操》《梧叶舞秋风》等。这一时期在演奏上由于民间音乐（特别是戏曲音乐）的熏陶和影响，古琴技巧有了突出的发展，尤其是左手技巧的创新，如《五知斋琴谱》中的《潇湘水云》《胡笳十八拍》等琴曲，左手技法极为细腻，前所未见。以后的许多琴谱，在整理加工传播传统古琴音乐方面也达到了一个新的阶段。明清时期著名琴人有严澂、徐祺、蒋兴俦、徐常遇、蒋文勋、张孔山等人，近代著名琴人有黄勉之、杨宗稷、王燕卿等。

三、琴人：君子之座，左琴右书

中国历代涌现出许多著名演奏家，他们是历史文化名人，代代传颂。琴有“士无故不撤琴瑟”和“左琴右书”之说，《礼记·曲礼下》中有“士无故不撤琴瑟”的训诫，说明弹琴是当时贵族阶层必须具有的修养。据诸多记载，孔子曾向师襄学习《文王操》，并亲自参与创作了《龟山操》《将归操》《猗兰操》等琴曲（歌）。此外庄子弹琴以悼亡妻，俞伯牙摔琴谢知音等故事更是千古佳话。

汉代刘向《列女传·楚于陵妻》一文中记载：

楚于陵子终之妻也。楚王闻于陵子终贤，欲以为相，使使者持金百镒，往聘迎之，于陵子终曰：“仆有箕帚之妾，请入与计之。”即入，谓其妻曰：“楚王欲以我为相，遣使者持金来。今日为相，明日结驷连骑，食方丈于前，可乎？”妻曰：“夫子织屦以为食，非与物无治也。左琴右书，乐亦在其中矣。夫结驷连骑，所安不过容膝。食方丈于前，所甘不过一肉。今以容膝之安、一肉之味而怀楚国之忧，其可乎！乱世多害，妾恐先生之不保命也。”于是子终出谢使者而不许也。遂相与逃，而为人灌园。君子谓于陵妻为有德行。诗云：“愔愔良人，秩秩德音。”此之谓也。颂曰：于陵处楚，王使聘焉，入与妻谋，惧世乱烦，进往遇害，不若身安，左琴右书，为人灌园。

这是“左琴右书”一词的最早出处，左手弹琴、右手书法，虽不一定是同时进行，但可知两项雅道的紧密联系，如“左右”之手是指最重要的两个方面。唐代司马承祯《素琴传》中记载：“自古贤人君子，莫不操之以无闷，玩之而无厌。左琴右书，盖有以也。清素者，以山名桐柏，而桐树生焉。地号灵墟，而灵气出焉。故有将遽长佳材，则成雅器，调高方外，弄送邱中。同心之言，得意于幽兰矣！岁寒之操，全贞于风松矣！相与为冥寂之友者，淡交于琴乎？”古人有“君子之座，必左琴右书”之说，或是“君子以琴书自娱”，这是中国文人的内在修养与生活态度。

东汉末年，历史上出了一位博学多才、精通音律的音乐家蔡邕，被汉章帝刘志专召入京弹琴。然而江湖险恶，政事繁杂，蔡邕终于告病还乡。一日骄阳似火，蔡邕已到苏州地界，经过一户人家门口，忽然听到“噼啪”的木材燃裂声，凭直觉蔡邕断定这是制琴的佳料，赶忙闯入，果见主人正将一段上好的桐木送进烧饭的灶膛。他急忙上前抽出还在燃烧的桐木，连呼可惜。主人虽不解，却也慷慨，不取分文就将这段桐木送予蔡邕。后来蔡邕用这段桐木制成名琴，由于一端是烧焦的，故取名“焦尾”，与周代“号钟”、楚庄王“绕梁”和司马相如“绿绮”并称为我国古代四大名琴。蔡邕弹着“焦尾”，思如泉涌，创作了号称蔡氏五弄的《游春》《渌水》《幽居》《坐愁》和《秋思》，流芳后世，经久不衰。

魏晋南北朝时期，出现了一大批在中华琴史上可圈可点的人物，如杜夔、荀邃、傅玄、阮籍、阮咸、嵇康、刘琨、何琦、董景道、成公绥、孙登、戴逵、陶弘景、陶渊明、宗炳、柳恽、柳谐等。尤其是嵇康，临刑之时大义凛然，“顾日影，援琴而弹”，不禁感叹“广陵散于今绝矣”，幸得有心人偷学暗记，才得以让这曲千古绝唱流传至今。

隋唐时期的琴人可以说是不胜枚举，如李疑、贺若弼、王通、王绩、赵耶利、董庭兰、薛易简、陈康士、陈拙等；至于文人与琴的关系则更密切，几乎所有诗人骚客均寄情于琴，或弄琴或歌琴、赞琴、吟琴、听琴等，极大地丰富了唐诗题材。初唐杰出诗人陈子昂第二次落第后，遇见有一人卖胡琴，索价百万，豪贵围观，都不敢问津，陈子昂挤进人群，出千缗（古代一种计量单位）买下，并于次日在长安宣阳里宴会豪贵，捧琴感叹："蜀人陈子昂，有文百轴，不为人知，此乐贱工之乐，岂宜留心。"话完即碎琴遍发诗文给与会者。当时京兆司功王适读后，惊叹曰："此人必为海内文宗矣！"一时帝京斐然瞩目。

由于琴学的全面盛兴，唐代还形成了明显的琴派。如唐开元、天宝年间，琴坛主要盛行的是两大琴派——"沈家声"与"祝家声"，而琴家董庭兰先后师从沈、祝两家而最终自立门派，别创新声。虽然琴派自古有之，但具体分清琴派风格却始于唐代琴人赵耶利。据朱长文《琴史》记载："赵耶利……每云：吴声清婉，若长江广流，绵延徐逝，有国士之风；蜀声躁急，若激浪奔雷，亦一时之俊。"琴派的产生是历史的产物，而非有意为之。随着时代的发展，文明的进步，交通的方便，琴人间交流往来的频繁，琴乐风格的多元互补以及对传统文化认知的加深，琴学的发展势必带来琴界共生互进，而非独自为限、画地为牢。如今的琴派，只是彼此借鉴的风格基础，切不可衍生出"我是人非"的门派之见，有碍琴道之光大。

宋代政治迂腐、军事羸弱，而经济发达、文化繁盛，琴学上出现了第一部琴史，作者朱长文（1039—1098），字伯原，号乐圃，家学渊远，精研子史，于"广览而博求"中编写出《琴史》六卷，收录自先秦至宋初琴人一百五十六人，并从莹律、释弦、明度、拟象、论音、审调、声歌、广制、尽美、专言、叙史等多方面对琴学做了系统的理论总结，提出了自己一定的见解，至今还具有不可取代的重要价值。

当时的琴学理论著述高潮迭起，除了朱长文的《琴史》以外，还有多种琴学著述，成为继隋唐之后又一个琴学高峰。著名琴派主要有广陵派、虞山派等。此外，还形成了一个琴僧系统，自朱文济（宫廷琴师，太平兴国时“古琴为天下第一”）以下都是僧人，他的弟子慧日大师夷中及再传弟子知白、义海都是有名的琴僧，而义海的弟子则全和尚及其再传弟子照旷以弹奏《广陵散》“音节殊妙”而著称，这一琴僧系统构成中华琴学的一大奇观。

中国古代的大量诗词文赋中都有琴的身影，唐代诗人李峤、李颀、李白、韩愈、白居易、张祜、元稹等，都为古琴写下了不朽的诗篇。白居易爱好古琴，在《夜琴》中有：“蜀琴木性实，楚丝音韵清。”他琴艺很高，并能自弹自唱，甚至在旅途船中仍与古琴为友，他在《船夜援琴》中写道：“鸟栖月动，月照夜江，身外都无事，舟中只有琴。七弦为益友，两耳是知音，心静即声淡，其闻无古今。”张祜的《听岳州徐员外弹琴》也有“玉律潜符一古琴，哲人心见圣人心。尽日南风似遗意，九疑猿鸟满山吟”，描写出了古琴丰富的表现力。

唐代著名琴家有赵耶利、董庭兰、薛易简、陈康士、陈拙等。赵耶利总结当时琴派说，“吴声清婉，若长江广流，绵延徐逝，有国士之风；蜀声躁急，若急浪奔雷，亦一时之俊”，至今仍符合吴、蜀两派的特点。盛唐的董庭兰作有《大胡笳》《小胡笳》等琴曲传世。薛易简在他所著的《琴诀》中总结了古琴音乐的作用：“可以观风教、摄心魂、辨喜怒、悦情思、静神虑、壮胆勇、绝尘俗、格鬼神。”并提出演奏者必须“定神绝虑，情意专注”，为后世琴家所重视，从而引申出许多弹琴的规范。

唐代王维诗云："独坐幽篁里，弹琴复长啸。深林人不知，明月来相照。"深夜的竹林显得高耸而深远，冷月当空，诗人的琴声泠泠然如泉水般清澈，曲毕，激切的啸声划破夜空。诗人独坐深林，正欲"人不知"；所共者一琴，相知者亦仅明月。皎洁的月光充满了人情般的宽慰，是诗人无语但永恒的知音。为了表示隆重与正式，古人抚琴前要先沐浴焚香，心静入定后，才在幽静的意境中感受宁静，涵咏其中。

明代文人对琴也是特别偏爱，陈眉公在《小窗幽记》中说："少学琴书，偶爱清净，开头有得，便欣然忘食，见树木交映，时鸟变声，亦复欢然有喜，常言五六月，卧北窗下，遇凉风暂至，自谓羲皇上人。""对棋不若观棋，观棋不若弹瑟，弹瑟不若听琴。古云：但识琴中雅，何劳弦上音。斯言信然。""衡门之下，有琴有书。载弹载咏，爰得人娱。岂无他好，乐是幽居。朝为灌园，夕偃蓬庐。"

朱锡绶在《幽梦续影》中说："琴不可不学，能平才士之骄矜；剑不可不学，能化书生之懦怯。""空山瀑走，绝壑松鸣，是有琴意；危楼雁度，孤艇风来，是有笛意；幽涧花落，疏林鸟坠，是有筑意；画帘波漾，平台月横，是有箫意；清溪絮扑，丛竹雪洒，是有筝意；芭蕉雨粗，莲花漏续，是有鼓意；碧瓯茶沸，绿沼鱼行，是有阮意；玉虫妥烛，金莺坐枝，是有歌意。"让人读来诗情横生，雅意倍出。

高罗佩(Robert Van Gulik,1910—1967)，是一位荷兰外交官，著名汉学家。他曾评价自己一身三任：外交官是他的职业，汉学是他的终身事业，写小说是他的业余爱好。高罗佩对中国古琴十分痴迷。他曾师从古琴大师叶诗梦，并与于右任、冯玉祥等组织天风琴社。抗战时期，高罗佩以外交官身份在重庆举办古琴义演，为中国抗日筹款，一时传为雅谈。在《琴道》一书中，高罗佩从中国音乐的传统观念出发，对琴学的起源、特征、琴人的修养等做了详尽阐述，更精到地阐释了琴曲的内蕴以及古琴及其演奏手法的意象。此外，他还搜集了大量与琴学相关的文献。因此，《琴道》自 1941 年出版以来，即被视为古琴研究的权威之作，无论对于古琴研习还是中西文化比较研究，都可谓是一部非常重要的著作。在《琴道》序中，他写道："余既作《琴道》七卷，意有未尽，更申之如右。然于所欲言，未罄什一云。"

四、琴德：高山流水，与道合妙

琴不仅仅是一种乐器，更是文人雅士以琴修身养性，乃至以琴静心悟道的一种精神生活方式。《礼记·乐记》中说："德音之谓乐。""礼乐皆得，谓之有德。"也就是说，有德之士，应该是守礼知乐的人。嵇康在《琴赋》中写道："众器之中，琴德最优。"这八字意为：众多乐器中，琴的教化作用最为突出。唐代薛易简《琴诀》："琴之为乐，可以观风教，可以摄心魂，可以辨喜怒，可以悦情思，可以静神虑，可以壮胆勇，可以绝尘俗，可以格鬼神，此琴之善者也。"给予古琴以极高评价。

伯牙、钟子期以"高山流水"和"伯牙绝弦"而成知音的故事流传至今，琴台被视为友谊的象征。伯牙为春秋时善强琴者，唯钟子期为知音。伯牙鼓琴，子期听之，志在高山，则曰巍巍；志在流水，则曰汤汤。子期死后，伯牙绝弦，终生不复鼓之。

王僧虔（426—485），出身于"琅邪王氏"，为东晋丞相王导玄孙。王僧虔喜爱文史，精通音律，当时正是萧道成辅政，王僧虔看到朝廷礼乐多与正统典范不合，民间又竞造新声杂曲，便上表说：悬钟等乐器，应该发挥雅正的功能，而凯容之礼制，应当依照八佾的仪式。如今皇家乐舞，音乐和服饰都不正确。另外歌与钟都一样随便，只求和女乐和谐，其实是注重歌唱，这样钟便失去了雅乐乐器的意义了。大明年间(457—464)开始用悬钟来配合《革卑》《拂》，虽然节奏相合，但其功能已经和《雅》乐意义相背。如果都在竞制新声，崇尚谣俗，只追求音节急促新奇，不顾及传统的音乐原则，这样流荡没有限制，不知何日是个尽头。它们排斥雅正的乐曲，崇尚繁富和淫靡。这种嘈杂粗鄙的作品在民间日益盛行，那么正统的典雅音乐就会从官员和文化人那里消失。应当勤奋工作，搜集整理遗失的雅正音乐，不断地公布出来，如有遗漏，都要修补完整。对那些整理乐曲完全的人，应给予优厚的俸禄；对那些乐艺精妙的人，应给予较好的地位。用利益刺激，人们就愿意下功夫。这样或许能够返本还原，继承往古。王僧虔的这些建议后来被宋顺帝所采纳。

宋代朱长文《琴史》中通过师文习琴的过程，给予古琴艺术道与器、道与技之关系一个很好的概括："夫心者道也，琴者器也。本乎道则可以用于器，通乎心故可以应于琴……故君子之学于琴者，宜工心以审法，审法以察音。及其妙也，则音法可忘，而道器具感，其殆庶几矣。"可见在中国古人那里，习琴、操缦从根本上讲是心得以通"道"的一个途径，如果"道"不通，纵然如师文先前"非弦之不能钩，非章之不能成"，也仍然不能领会其真谛，达到其至高境界。正如师文自己所言"文所存者不在弦，所志者不在声，内不得于心，外不应于器，故不敢发手而动弦"。此处之"道"，并非仅仅指琴道，对于君子而言，同时也是其终身所力求体认的“天道”。

明代琴谱《风宣玄品》说：“凡鼓琴，必择净室高堂，或升层楼之上，或于林石之间，或登山巅，或游水湄，值二气高明之时、清风明月之夜，焚香净坐，心不外驰，气血和平，方可与神合灵、与道合妙。”认为琴音应当和自然山水相伴，方能臻于妙境。又说“不遇知音则不弹也”。对于听众选择有很高要求，高士佳人能称知音者方为鼓琴，所谓“如无知音，宁对清风明月、苍松怪石、颠猿老鹤而鼓耳，是为自得其乐也”。

琴是知音心意交流的媒介，不是市井舞台表演的工具。后来《文会堂琴谱》总结得更明确，有所谓“五不弹”“十四不弹”和“十四宜弹”，其中“五不弹”为“疾风甚雨不弹，尘世不弹，对俗子不弹，不坐不弹，不衣冠不弹”；“十四不弹”为“风雷阴雨，日月交蚀，在法司中，在市廛，对夷狄，对俗子，对商贾，对娼妓，酒醉后，夜事后，毁形异服，腋气臊臭，鼓动喧嚷，不盥手漱口”；而“十四宜弹”则为“遇知音，逢可人，对道士，处高堂，升楼阁，在宫观，坐石上，登山埠，憩空谷，游水湄，居舟中，息林下，值二气清朗，当清风明月”。汉代人称琴为“雅琴”，且多作诗褒赞其美德，观此可以明白其中缘由。

明末清初徐上瀛著《溪山琴况》，总结琴乐美学为“二十四况”，所谓和、静、清、远、古、淡、恬、逸、雅、丽、亮、采、洁、润、圆、坚、宏、细、溜、健、轻、重、迟、速。就前“和、静、清、远”四况而言，不仅是意态上的放松，更是对音色、音质的要求。一方面，弹琴不可左顾右盼，手势也不宜飞舞花俏；另一方面，琴音必须和润而清晰，不得焦躁以取媚他人，亦不可含混而缺乏清远之趣，《风宣玄品》所谓“若要声音艳丽以为好听，莫若弃琴而弹筝，此为琴家之大忌也”，则言之尤为深切。

琴也让古代的女子不再被囿于闺阁，有了一方可以供养自己精神愉悦的净土，可以在红尘里以一种优雅的姿态，绽放万种风情。西汉著名才女卓文君，容貌美丽，善鼓琴，其夜奔相如，当垆卖酒，与汉代著名文人司马相如的爱情故事成为千古佳话，演绎成琴曲《凤求凰》，流传至今。蔡文姬为东汉著名学者蔡邕之女，生逢汉末大乱，连年烽火，在逃难中被匈奴所掳，流落塞外，后来文姬重回中原时，写下了著名长诗《胡笳十八拍》，记述了自己的不幸遭遇。

南宋著名词人李清照，词作多感慨身世飘零，她还擅长书画，兼通音律。琴对于人的教化作用以及对修养的提升，尤其是关于琴德的讨论，不应仅仅记于文字之中，还应从现实生活中挖掘出更多的实例，民国时期的“合肥四姐妹”或许就可以成为一个范本。

在民国世家中，除了宋氏三姐妹（宋蔼龄、宋庆龄、宋美龄），还有在文化界声名卓著的合肥四姐妹。1906 年，合肥四姐妹的曾祖父张树生是李鸿章的左臂右膀，淮军第二号人物，当过直隶总督、两江总督、两广总督。叶圣陶说：“九如巷张家的四个才女，谁娶了她们都会幸福一辈子。”当时叶圣陶在张家创办的“乐益”女校教书，老师中还有张闻天、柳亚子、匡亚明等人。在合肥四姐妹的成长中，琴乐不离，即使成年之后也还是戏曲之迷，从琴的单一领域拓展到了音乐与戏曲的大舞台之上了。

大女儿张元和文静端庄，典型的大家闺秀，学唱昆曲《牡丹亭》，在上海大夏大学读书时有“大夏皇后”之称，因喜爱昆曲而嫁给了风流倜傥的昆曲名伶顾传玠。1949 年 5 月 18 日顾传玠率全家去了台湾，顾传玠去世后张元和致力于弘扬昆曲，成为昆曲作曲家，

2003 年 9 月 27 日张元和病逝于美国，享年 96 岁。

二女儿张允和跟同学的哥哥周有光相爱。等到周有光成为语言大师后，张允和已经八十余岁。她每天跟丈夫依然娇娇闹闹，遇到矛盾轻轻跺两下脚，周有光不得不投降。夫妻两人每天上午一道茶、下午一道咖啡，喝时把杯子高举碰一下，举案齐眉。张允和去世前一直优雅得体，被媒体称作“中国最后一个闺秀”，享年 93 岁。

三女儿张兆和体育很好，读书时可以轻轻松松拿全校女子全能冠军，是中国公学的万人迷。沈从文在操场上见到她时，一见钟情。解放后，张兆和在人民文学出版社任编辑，政治运动一波又一波，她只管悠闲侍弄花草，并按“品格”为它们排名。张兆和著有短篇小说集《没湖畔》《从文家书》等。2003 年 2 月 16 日，张兆和去世，享年 94 岁。

四女儿张充和也是万人迷，她的文艺细胞受到蒋介石、章士钊、沈尹默的称赞。张充和工诗词，年轻时曾请戏曲专家吴梅为她改词。在重庆时，她也曾向沈尹默先生请教诗词。张充和通音律，能度曲，善吹玉笛。1940 年，她在重庆主演昆曲《游园惊梦》，文化界为之轰动。1948 年 11 月，张充和与美国人傅汉思结婚，随丈夫前往美国时她随身携带着一方古砚、几支毛笔和很少的行李。张充和先是任职于加州伯克利分校东亚图书馆，其后在耶鲁大学美术学院教授中国书法二十余年，课外兼授昆曲，成为颇有名望的学者。九十多岁时，张充和依然在院子里种玫瑰、种牡丹、种梅花。身为汉学家的傅汉思曾经这样写道：“我的妻子体现着中国文化中那最美好精致的部分。”2015 年 6 月 18 日，张充和在美国纽黑文去世，享年 102 岁。

现代雅道八项，在合肥四姑娘的生活中至少出现了七项：二姑娘喜爱茶，与周有光每天上午一道茶；三姑娘喜欢花，悠闲侍弄花草，并给花儿定“品格”，四姑娘喜欢在院子里种玫瑰、种牡丹、种梅花；大姑娘、二姑娘和四姑娘都是昆曲爱好者，特别是四姑娘还通音律、能度曲、善吹玉笛；多才多艺的四姑娘还是书画高手，去美国时随身携带着一方古砚、几支毛笔，后来更在耶鲁大学教书法；收藏则是她们与各自夫君一起在做的终身工作；作诗著书，则是合肥四姑娘的共同雅好，不仅时常为昆剧度曲，更能著书立说。除了焚香一项不见报道外，其他七项雅道尽数享用。

合肥四姑娘是现代雅道的践行者，爱雅道的情趣让她们即使在遭遇不幸时依然可以坦然面对生活。难能可贵的还有，合肥四姊妹个个长寿，都活过了 90 岁，平均寿命 96.25 岁，比中国人平均寿命高了近二十岁。雅道助长寿，或许能从合肥四姐妹身上再次得到印证。

第十一章　书法传承

何为书法？唐代艺术史家张怀瓘在《书断》中做了这样的定义："书者，如也，舒也，著也，记也。著名万物，记往知来，名言诸无，宰制群有，何幽不贯，何往不经，实可谓事简而应博。"书如其人，可抒性情，为物著作，为事记述，可见书法的功能是非常广博和无微不至的。书法评论家有名言："字为心画""书以人贵"，说明字写得好，心就雅正；书法优美也会让人变得高贵起来。

在中国古代文人雅士的心目中，书法是第一艺术，它不仅与仕途有关，也与生活密切相关，如果在其他雅道方面欠缺一点，或许尚可原谅，但若书法不好，则必须苦练达标。书画一家，但在旧时书法却要高于绘画，绘画被认为只是画工所为，而书法则是文人墨客的必修。明代陈眉公在《小窗幽记》里就记录了旧时文人的日常："余尝净一室，置一几，陈几种快意书，放一本旧法帖，古鼎焚香，素麈挥尘。意思小倦，暂休竹榻；饷时而起，则啜苦茗。信手写汉书几行，随意观古画数幅，心目间觉洒空灵，面上尘当亦扑去三寸。"书法、品茗、闻香、赏画、读书就是一日必做的几件事情。

一、非志士高人不能为

汉字是世界上寿命最长的文字，已经有六千多年的历史，历史文献称“仓颉造字”：“仰观奎星圆曲之势，俯察龟文鸟迹之象，博采众美，合而为字。”从最初的象形文字，如同画画一样的符号，再到不断演化与创新的笔画结构，才最终形成了如今的汉字体系。虽然书法艺术直至东汉末基本形成，但当与汉字的萌生同时。《周礼》中所说的“六艺”，其中的“书”就是指识字与写字。

最早的汉字已具有书法形式美的众多因素，如线条美、对称美、变化美、章法美和风格美等，汉字演变的总趋势是由繁到简。这种演变具体反映在字体和字形的嬗变之中。西周晚期金文趋向线条化，战国时代民间草篆向古隶的发展，都削弱了文字的象形性，而书法的艺术性却随著书体的嬗变而愈加丰富。

秦始皇时代，在丞相李斯主持下统一全国文字，统一后的文字称为秦篆，又叫小篆，是在金文和石鼓文的基础上删繁就简而来。《说文解字序》说，“秦书有八体，一曰大篆，二曰小篆，三曰刻符，四曰虫书，五曰摹印，六曰署书，七曰殳书，八曰隶书”，基本概括了当时字体的面貌。隶书的出现是汉字书写的一大进步，不但使汉字趋于方正楷模，而且在笔法上也突破了单一的中锋运笔，为以后各种书体流派奠定了基础。秦代书法，在我国书法史上留下了辉煌灿烂的一页，是中华民族无穷智慧的结晶。

丞相李斯则可以称得上是中国书法史上第一位得到记载的书法家，《泰山刻石》是其代表作。《泰山刻石》的书体是小篆，是秦统一后的标准字体，直接继承了《石鼓文》的特征，但比《石鼓文》更加简化和方整，并呈长方形，线条圆润流畅，疏密匀停，给人以端庄稳重的感受。唐张怀瑾称颂李斯的小篆是:“画如铁石,字若飞动”,“骨气丰匀,方圆妙绝”。

1973年在湖南长沙马王堆三号汉墓出土的《马王堆帛书》,包括《战国策纵横家书》《老子》甲本和乙本等,成为研究西汉书法的第一手资料。《马王堆帛书》用笔沉着、遒健,给人以含蕴、圆厚之感,在章法上既不同于简书,也不同于石刻,纵有行、横无格,长度非常自由,有强烈的跳跃节奏感,反映了由篆至隶的隶变阶段的文字特征。

之后,书法成为无数士子晋升的首要标准要求,汉代以来一直以此为高,可谓“非志士高人不能为”。东汉时期,蔡邕不仅能很熟练地书写《三体石经》,而且还能有书写经验的表述:“为书之体,须入其形”。他为此列举了一大堆形象效果,感到不胜枚举后,干脆就用一句话概括为:“纵横有可象者,方得谓之书矣。”意思是说所书得有形象意味,才算好书法。为了写好书法,东汉人钟繇“十六年未尝窥户”,在韦诞处见蔡邕笔法,“苦求不与”之后便“槌胸呕血”。等韦诞死后,钟繇“盗发其冢”,遂得之。西晋卫铄《笔阵图》一文中说:“每为一字,各象其形,斯造妙矣。”

魏晋是完成书体演变的承上启下的重要历史阶段,是篆隶真行草俱臻完善的时期。汉隶定型化了迄今为止的方块汉字的基本形态,并孕育着真书(楷书),行草书在隶书产生的同时也已经萌芽。在魏晋两百年间,真书、行书、草书基本定型,是书法史上的又一巨大变革,造就出大书法革新家钟繇和王羲之,从而揭开了中国书法发展史新的一页。此后历朝历代,乃至东邻日本,学书者莫不宗法“钟王”,盛称“二王”(王羲之、王献之),并尊王羲之为“书圣”。

王羲之12岁时经父亲传授笔法论，“语以大纲”，即有所悟；王羲之为了练习书法，发现父亲把前代笔法论藏匿于枕中，就“窃而读之”。小时候王羲之还跟随当时著名的女书法家卫夫人学习书法。以后他渡江北游名山，博采众长，观摩学习，“兼撮众法，备成一家”，达到了“贵越群品，古今莫二”的高度。王羲之的楷书如《乐毅论》《黄庭经》《东方朔画赞》等“在南朝即脍炙人口”，对后世影响很大，他的正体世称“书之圣”。王羲之在书法上是个革新家，主要成就表现在行书和草书上。他的行草书又被世人尊为“草之圣”。他把散见于前代、当代书法作品中的一些用笔、结字优点，融合统一在一种崭新的书法作品中。

自魏晋以后，几乎所有学习书法者都学习王羲之笔法，欧阳询、颜真卿都学习王羲之书而成为宗师。苏轼评颜真卿的《东方先生画赞》，是完全出自王羲之的经典，并称其“气韵良是”。以至明末清初的书画大定王铎（1592—1652）说：“书未宗晋，终入野道。”欧阳询书学“二王”，又从北朝吸取险峻之风，从而形成他精密俊逸的欧体；“五绝”名臣虞世南的书法直接承智永传授，得“二王”之法，但又广学北碑，最终“接魏晋之绪，启盛唐之作”；宋代的米芾也推崇“二王”，又在此基础上广临晋唐诸家法帖，以至于被人戏称为“集古字”。

从西晋到北齐的三百多年，是书法发展的重要时期。在《女史箴图》中，站立着一位女史，左手拿纸，右手执笔，呈准备书写状。南北朝时南梁名臣、书法理论家和画家袁昂在《古今书评》中则高度赞颂陈郡谢氏家风，将王羲之书法与谢氏子弟相比较，认为：“王右军书如谢家子弟，纵复不端正者，爽爽有一种风气。”谢氏子弟衣冠磊落，爽气自华，家风影响了书法之气，而书法又彰显了家风，这是“耳濡目染，不学自能”的结果。

南北朝时期的书法进入北碑南帖时代，以魏碑为最胜。处于晋室东迁至灭亡南朝的书法，继承东晋风气，上至帝王，下至士庶都非常喜好，继承了前代书法的优良传统，创造了无愧于前人的优秀作品，也为形成唐代书法百花竞妍、群星争辉的鼎盛局面创造了必要的条件。南北朝颜之推在《颜氏家训》中已经提出书写的重要性，认为手写的书信传到千里之外就代表了书写者的面貌了。因此，中国历来重视写字与书法，从字迹中可以流露出书写者的性格、心情与习惯，可谓“见字如面”。

二、家家屏障书题遍

唐代是中国书法的鼎盛时期，帝王均享有善书之名。唐太宗对王羲之书法可谓顶礼膜拜，命御府以重金搜购王字真迹。“得真行二百九十纸，装为七十卷；草书二百纸，装为八十卷”，其中包括《兰亭集序》，遂又令魏徵、虞世南、褚遂良、冯承素、赵模等予以鉴定真伪、双钩廓镇。

史称唐太宗“心慕手追”王羲之的书法到了如痴如狂的程度，据传唐太宗临王羲之的“戈”字总不像，一次写“戬”字时把“戈”空出来，请来虞世南补上。完成之后给魏徵看时，魏徵说：“圣上之作，唯戈法最为逼真。”这句话一方面说明唐太宗如此“心慕手追”还是没有得法，而又可见虞世南学习王羲之书法的功力之深。

唐太宗欣赏虞世南的功力还可以通过另外一个故事来说明：唐太宗想在屏风上书写《烈女传》，因没有临本，虞世南就只能在朝堂上一口气默写出来，结果不错一字，赢得朝中文士的钦佩。

虞世南年少时与兄虞世基一起跟随博学广识的顾野王为师，十余年勤学不辍，学到紧要处，累旬不盥栉。虞世南又在智永的精心传授下，妙得其体，圆融遒丽，外柔内刚，继续了“二王”书法的传统。他写的《孔子庙堂碑》得到唐太宗李世民的赞赏，并经常临写虞世南的字。虞世南去世后，唐太宗感叹道：“世南一死，没有人能够同我谈论书法了。”唐太宗因此称他为德行、忠直、博学、文词、书翰“五绝”。

与唐太宗相比，唐玄宗则工八分章草，丰伟英特，扭转时风，掀起了具有盛唐气象的书学风潮。中国历史上唯一的女皇帝武则天（624—705）也是一位书法家，她在内廷设习艺馆倡导书学。武则天曾刻意学习“二王”书法多年，她的行草《升仙太子碑》点画圆转有力，字体厚实丰满，显示出了她独特的个性。凭着这幅《升仙太子碑》书法，使武则天赢得了继王羲之老师卫夫人之后又一位著名女书法家的声誉。

“初唐四大家”之一的欧阳询（557—641），人长得丑，但字写得好，一样可名垂青史。史称欧阳询身矮貌寝，但是非常刻苦，又聪颖绝伦，博览经书，酷爱书法，精研终身。《新唐书》记载：他曾于道中见西晋将领、著名书法家索靖所书碑：“驻足观摩，行去数里而复返，及疲，乃布裘坐观，直至宿于碑旁，三日后乃得其法而去。”欧阳询还是一位书法理论家，所撰《传授记》《用笔论》《八诀》《三十六计》等都是他学书的经验总结。他提出的练书习字八法，至今仍有价值：“如高峰之坠石，如长空之新月，如千里之阵云，如万岁之枯藤，如劲松倒折，如落挂之石崖，如万钧之弩发，如利剑犀角，如一波之过笔。”善于总结思想的欧阳询终于创立初唐典范楷书，体方笔圆，世称“欧体”。

有着“草圣”雅称的张旭（约658—749），是吴郡（今江苏苏州）人，其母陆氏为初唐书法家陆柬之的侄女，也是虞世南的外孙女，因此家族中世代以书法相传，从小受到浸淫。张旭成年后又与李白、贺知章友善，获得了很多的雅道熏陶，杜甫还将他们三人列入了“饮中八仙”，写有《饮中八仙歌》曰：“张旭三杯草圣传，脱帽露顶王公前，挥毫落纸如云烟。”李白也诗赞他说：“楚人尽道张某奇，心藏风云世莫知。三吴郡伯皆顾盼，四海雄侠争相随。”

作为一名纯粹的书法家，张旭把满腔情感都倾注到了点画之间，如醉如痴，如癫如狂，醉酒之后落笔成书，甚至以头发蘸墨书写，故又有“张颠”之称，与怀素并称为“颠张醉素”。苏轼《题王逸少帖》中写：“颠张醉素两秃翁，追逐世好称书工。何曾梦见王与钟，妄自粉饰欺盲聋。”除了张旭与怀素，又写到了王羲之和钟繇，表达了自己推崇晋人书风的态度。唐文宗时，诏以李白诗歌、斐旻剑舞、张旭草书为“三绝”，其中诗词与书法正是雅道中的重要内容。张旭死后，杜甫叹道：“斯人已云亡，草圣秘难得。”

颜真卿（708—784）生于名门世家，祖父和伯父都是书法家，但他幼年丧父，由同样出身名门的母亲带大并教会他书法，初学褚遂良，又学王羲之，在临摹时他不求形貌相似，而更多探求书法至美的原理，别出心裁，终于创出一种雄健、奇伟、壮美的新书体，成就了光耀千古的大唐书风。

“颠张醉素”中的另一位主角怀素（737—约799），自幼出家，聪明好学，练字极为勤奋，曾将写字用秃之笔埋在山下，号曰“笔冢”。因无钱买纸，便在寺院附近种植万棵芭蕉，以其叶为纸练字，并将居所命名为“绿天庵”。如今在他的出生地永州市建有“怀素公园”，公园里建有“绿天庵”。据《零陵县志》记载，绿天庵于清咸丰年间毁于兵乱，后重建有正殿一座，上为种蕉亭，左为醉僧楼，竖有怀素塑像。庵后一处刻有“砚泉”二字，是怀素磨墨取水的地方，右角有“笔冢”塔，庵正北七十余步有墨池，是怀素洗砚处。整个“绿天庵”几乎再现了怀素当年勤奋练字的全部场景。李白诗《草书歌行》也记录了怀素习书练字的场景：

少年上人号怀素，草书天下称独步。
墨池飞出北溟鱼，笔锋杀尽中山兔。
八月九月天气凉，酒徒词客满高堂。
笺麻素绢排数厢，宣州石砚墨色光。
吾师醉后倚绳床，须臾扫尽数千张。
飘风骤雨惊飒飒，落花飞雪何茫茫。
起来向壁不停手，一行数字大如斗。
恍恍如闻神鬼惊，时时只见龙蛇走。
左盘右蹙如惊电，状同楚汉相攻战。
湖南七郡凡几家，家家屏障书题遍。
王逸少，张伯英，古来几许浪得名。
张颠老死不足数，我师此义不师古。
古来万事贵天生，何必要公孙大娘浑脱舞。

这是一首以长辈身份盛赞晚辈书法，刻画怀素酒后运笔挥洒形态的诗。诗中写道怀素落笔如骤雨旋风，纵横恣肆，给人以龙腾虎跃、奔蛇走马的艺术享受。诗中一句“家家屏障书题遍”，可见当时书法的盛行，以及家家有挂轴，户户慕雅道。诗句中还通过一系列的比喻，生动地表现了怀素草书，俯仰进退，左顾右盼，急缓交替，千变万化的无穷魅力。李白对怀素的书法评价极高，认为“草书天下称独步”。但是，苏东坡认为这首诗并非李白的作品，但郭沫若等人不主张这个观点，因为“校者不能删削，以无左验故”。

用于书画的宣纸在唐代已经很闻名了，张彦远的《历代名画记》云：“江东地润无尘，人多精艺，好事家宜置宣纸百幅，用法蜡之，以备摹写。”这说明当时宣州已经产出名纸，以地名命名的“宣纸”就此产生了。另据《新唐书》记载，天宝二年（743），江西、四川、皖南、浙东都产纸进贡，而宣城郡纸尤其精美。

三、神化不能藏其秘

宋代一方面确定“崇文抑武”为基本国策，结果对外一直处于被动挨打的局面，另一方面却保持了国内长达数百年的稳定，促进了社会经济和文化艺术的发展，书画艺术也得到了振兴。宋代设立“画院”，网罗了一批研究书法艺术的人才，开创了尚意新风，故有“晋人尚韵，唐人尚法，宋人尚意”之说。北宋《宣和年谱》指出：“书非小道，本以助人伦，穷物理，神化不能以藏其秘，灵怪不能以遁其形。”正因这样，“古之名书，历代帝王莫不珍贵”（唐张怀瓘《二王等书录》）。

“宋四家”中的苏轼、黄庭坚、米芾和蔡襄，追求的是以诗词文章为基础的个性自然流露，有意识地将自身各种心灵感受倾注于书法之中，写出闲情逸致和率性真情，写出艺术个性和意绪情思。

蔡襄（1012—1067）是茶道史上的一位重要人物，他也是一位文学家，诗名远扬，有《蔡忠惠公全集》传世。在这里，他又出现在了书法“宋四家”之中。蔡襄的书法颇具晋人风度，多存晋唐遗意，善多种字体，行草尤精。欧阳修评米芾："苏子美兄弟之后，君谟书独步当世，笔有师法。"《宋史·列传》称他："襄工于手书，为当世第一，仁宗由爱之。"宋四家中，他年龄辈分应在苏、黄、米之前，他的书法学习王羲之、颜真卿、柳公权，浑厚端庄，雄伟遒丽。苏东坡说："君谟天资既高，积学至深，心手相应，变化无穷，遂为本朝第一。"蔡襄为人忠厚正直，知识渊博，他的字"端劲高古，容德兼备"。沈括说他善于"以散笔作草书，谓之散草，或曰飞草，其法皆生于飞白，自成一家"。这说明蔡襄这位稍欠改革精神的书法家并不是泥古不化的，他也在追求古趣，力创新意。

苏轼（1037—1101）是一位全才，也是一位雅道奇才，他在诗、文、书、画等方面都开创了一代风尚。作为"唐宋八大家"之一的他，书法位列"宋四家"之首，与黄庭坚、米芾等人开创尚意书风，理论上强调"意"和"韵"，不拘古法，力主创新，体现了作为一位大文学家和大书法家的深厚素养，他在书法中寄寓了自己雅致而高尚的情怀。苏轼在自己的书法论著《论书》说："书初无意于佳乃佳耳，吾书虽不甚佳，然自出新意，不践古人，是一快也。我书意造本无法，点画信手烦推求。"苏轼书法最初书二王，后又取李邕、颜真卿等名家之长，但不拘泥于古人，强调创新。苏轼这一思想打破了宋代书坛严重崇尚学习古人的僵局，所谓"宋人尚意"，这个书风的开创者就是苏轼。

黄庭坚（1045—1105），字鲁直，号山谷道人，江西修水人，后世称他黄山谷。《宋史·文苑传》称他："庭坚学问文章，天成性得，陈师道谓其诗得法杜甫，善行草书，楷法亦自成一家。与张耒、晁补之、秦观俱游苏轼门，天下称为四学士。"他自己说，"余学草书三十余年，初以周越为师，故二十年抖擞俗气不脱。晚得苏才翁，子美书观之，乃得古人笔意。其后又得张长史，怀素，高闲墨迹，乃窥笔法之妙。”黄庭坚《松风阁诗帖》，以“画竹法作书”给人以沉着痛快的感觉，其风格清劲，出锋尖利，笔画挺拔，纵横穿插。郑板桥在《题画》中说：“山谷写字如画竹，东坡画竹如写字。不比寻常翰墨间，萧疏各有凌云志。”对于他的草书，赵孟頫说：“黄太史书，得张长史圆劲飞动之意。”“如高人雅士，望之令人敬叹。”他的《花气诗》笔势苍劲，拙胜于巧，肥笔有骨，瘦笔有肉，“变态纵横，劲若飞动”，其美韵不亚于行楷书。黄庭坚的草书在“宋四家”当中应该说是水平最高，他“学草书三十余年”，从张旭、怀素处窥到了笔法的堂奥。

“宋四家”中的米芾（1051—1107）出生在官员家庭，其五始祖是宋初勋臣米信，高祖、曾祖父为武职官吏，父亲官至武卫将军；其母阎氏曾为宋英宗赵曙皇后的乳娘，米芾幼年随母生长于京城皇家府邸中。在这样的家庭条件下，米芾自小受到良好教育，他也好读诗书，6 岁时能背诗百首，8 岁学书法，10 岁摹写碑刻。米芾 21 岁时就当上了秘书省校书郎，在宋徽宗时曾做太常博士，遍观内府书画，他把书画艺术看得高于一切，且恃才傲物，因此自言“功名皆一戏，未觉负平生”。米芾能诗文，工画，山水人物自成一家，善画水墨山水。《宋史》中说：“无为州治有巨石，状奇丑，芾见大喜曰：‘此足以当吾师拜！’具衣冠拜之，呼之为兄。”米芾对赏石很有心得，总结出“瘦、漏、皱、透”四字相石法，因此米芾又被称为“米颠”，后来的画家也常画《米颠拜石图》。

宋徽宗曾让米芾以两韵诗草书御屏，米芾笔走龙蛇，从上而下其直如线，宋徽宗看后大加赞赏。米芾看到皇上高兴，麻利地把皇上心爱的砚台装入怀中，弄得墨汁四处飞溅，并向皇帝解释说：

“此砚臣已用过，皇上不能再用，请您就赐予我吧！”皇帝看他如此喜爱此砚，又爱惜其书法，不觉大笑，将砚赐之。

宋徽宗（1082—1135）自身在书法上以楷书最为出名，他通过学习褚遂良、柳公权、薛稷等书法家的书体，融会贯通，独创了“瘦金体”。这种书体瘦劲有力，笔画瘦而坚挺，书写爽快，结构中宫收紧，四周发散，重起重落，它的转折处还有明显的折痕，更显得骨力峥嵘。瘦金体的捺画很有特点，就像竹叶一般，虽然骨力强劲，但是风格却显得很细腻，非常适合题写绘画作品的落款，很多工笔画家都喜欢用瘦金体题写工笔画。

唐代李白写过《草书歌行》后，宋代诗人陆游（1125—1210）也写了一首《草书歌》：

吾庐宛在水中沚，车马喧嚣那到耳。
一堂翛然卧虚旷，蝉声未断虫声起。
有时寓意笔砚间，跌宕奔腾作诙诡。
徂徕松尽玉池墨，云梦泽乾蟾滴水。
心空万象提寸毫，睥睨醉僧窥长史。
联翩昏鸦斜著壁，郁屈瘦蛟蟠入纸。
神驰意造起雷雨，坐觉乾坤真一洗。
小儿劝我当自珍，勿为门生书棐几。

这首诗讲述了作者在愁苦郁闷的心情下写字的体验，可惜的是，诗虽然留了下来，但当时写的草书却不知去向，以诗句传达出的意境，想必这是一件笔势飞动、变幻莫测的杰作。

四、方知书画本来同

自 1279 年元世祖忽必烈灭南宋，统一全国，至元顺帝北走塞外，历九十余年，是为元代。元初经济文化发展不大，书法总的情况是崇尚复古，宗法晋唐而少创新。文宗天历初建奎章阁，专掌秘玩古物，书法一度出现兴盛局面。

元代书法家首推赵孟頫，吴兴（今浙江湖州）人，自幼聪敏好学，读书过目成诵，下笔成文，写字运笔如风。他为了练习书法，每天抄写《千字文》，要写足五百页纸。其间，十年不下楼，毅力惊人。赵孟頫 12 岁那年，随着父亲的突然去世，家境每况愈下，他只能在坎坷忧患中度日。所幸，在母亲丘夫人的告诫下，赵孟頫坚持发奋苦读，几年工夫读遍了家中藏书。赵孟頫书法初学“妙悟八法，留神古雅”的思陵书（宋高宗赵构的书法），中年开始钻研晋唐诸家，力求摆脱南宋以来取法近人、故作姿态的风习。赵孟頫明确提出“书画同源”的艺术主张，注重结字的体态，在他的《秀石疏林图》上题诗曰：“石如飞白木如籀，写竹还须八法通。若也有人能会此，方知书画本来同。”《元史》本传讲，“孟篆籀分隶真行草无不冠绝古今，遂以书名天下”，赞誉极高。

明代自朱元璋崛起草莽，推翻元朝统治，至李自成攻克北京、明思宗自缢煤山，历二百七十七年。明代朝廷诸皇帝皆喜书法，明成祖定都北京以后，即着手文治，诏求四方善书之士，充实宫廷，缮写诏令文书等。明代帝王如仁宗、宣宗也极爱书法，尤其喜摹“兰亭”，神宗自幼工书，不离王献之的《鸭头丸帖》，虞世南临写的《乐毅传》和米芾的《文赋》。

朝野士大夫重视帖学，皆喜欢姿态雅丽的楷书、行书，几乎完全继承了赵孟頫的格调。由于士大夫清玩风气和帖学的盛行，影响书法创作，所以，整个明代书体以行楷居多，未能上溯秦汉北朝，篆、隶、八分及魏体作品几乎绝迹，而楷书皆以纤巧秀丽为美。士子为求干禄也竞相摹习，横平竖直十分拘谨，缺乏生气，使书法失去了艺术情趣和个人风格。

明代书画的代表人物是“吴门四家”，他们个个自小修习书法，勤奋有加。被誉为“吴门画派”班首的沈周（1427—1509），是明代中期在诗、书、画三方面都有卓越贡献的大家，他幼年就显露读书才华，11 岁能作百韵诗，但他对做官毫无兴趣，一辈子沉浸在诗词书画的世界之中。沈周文章学《左传》，作诗学白居易，书法学黄庭坚，绘画尤佳。书画同源，沈周将绘画上杰出的笔法运用到书法中，“书中有画”是沈周书法最大的特色，其书法早年受“台阁体”影响，中年后开始力图摆脱其束缚，于是专学黄庭坚，因而深得黄庭坚笔法精髓。

祝允明（1460—1526），长洲（今苏州）人，其书学在前辈言传身教下开始，对他影响最大的是外祖父徐有贞和岳父李应祯两人。徐有贞擅长行草书，行草主要师法唐朝的怀素和宋朝的米芾。祝允明自幼聪慧过人，5 岁时就能写一尺见方的大字，9 岁能作诗。因长相奇特，而自嘲丑陋，又因右手有枝生手指，故自号枝山，世人称为“祝京兆”。祝允明书法楷书学钟繇、王羲之和初唐诸家，精谨端雅，秀美兼具；行书学王献之、智永、米芾和赵孟頫，兼取章草古意；草书取法怀素、黄庭坚，参差错落，纵横飞动，气势雄壮。

文徵明（1470—1559）出身仕宦之家，天资不算聪颖，但学习十分勤勉，在早年参加生员岁考时，因为字拙而不能参加乡试，于是发愤学习书法，并师从吴宽、沈周等人攻读诗文书画，最终成为“四绝”全才，在诗文书画方面无一不精。文徵明的小楷以晋唐小楷为基础，力求古朴苍劲，其特点为格调高雅、法度严谨、工整精致，将每一字通过揖让、向背，甚至夸张的手法使飘逸灵动和工整细致有机地结合在一起，创造出独特的文氏家法。

自称“江南第一风流才子”的唐寅（1470—1523），出身商人家庭，地位相对低下，在当世“显亲扬名”主导下，刻苦学习，11 岁就文才极好，并写得一手好字；16 岁中秀才，29 岁参加南京应天乡试，获中第一名“解元”。依据文献记载和存世作品，他曾泛学赵孟頫、李邕、颜真卿、米芾各家，并在不同时期呈不同侧重。唐寅书法为画名所掩，大体他的书法以行楷见长，笔画婉转流畅，风格俊秀潇洒，丰润优雅，有着劲骨于内、美形于外、缜密流便的独特风格。

明代还有两位书法大家不得不提，一是徐渭（1521—1593），浙江山阴（今绍兴）人，自幼聪颖过人，天才超逸而又愤世嫉俗，诗文书画无一不精，并且懂兵法。自称“我的书法第一，诗第二，文章第三，画第四”。这样一位天才一生却极不得志，晚年更是到了穷困潦倒的境地。他的草书，纯粹是个人内心情感的宣泄：点画狼藉，不计工拙，像突然而至的大风雪，像烟云缭绕的远山。另一位是董其昌（1555—1636），华亭（今上海松江）人，也是位全才式的人物，诗文书画都很精通，绘画方面倡导“南北宗论”，他的书法广泛学习古人，始学唐人，后改学钟繇、王羲之，最后自成一种风格：圆劲秀逸，平淡古朴。他在用笔上比较松弛，墨色也很清淡，章法上，字与字、行与行之间布局疏朗匀称，整体上有种飘飘欲仙的味道，追求“士气”和“文人气”，董其昌一生勤于书画，又享高寿，所以传世作品很多。

一边写字一边吃茶是文人书房里常见的景象。明代陈眉公在《小窗幽记》将茶与墨做了三度比较，他说："茶欲白，墨欲黑；茶欲重，墨欲轻；茶欲新，墨欲旧。"他还说，"茶见日而夺味，墨见日而色灰。"在书房里，自然也有香的地位，陈眉公生动地描述了闻香起笔时的动态之举："久坐神疲，焚香仰卧，偶得佳句，即令毛颖君就枕掌记，不则展转失去。"毛颖君即毛笔的雅称，韩愈作有一首《毛颖传》，以笔拟人，十分有趣。

五、才自精明志自高

清代是书法发展史上的又一个中兴期，按时间大致可分三段。早期（约顺治、康熙、雍正时）是明代书风的延续，属帖学期；中期（约乾隆、嘉庆、道光时），帖学由盛转衰，碑学逐渐兴起，古代的吉书、贞石、碑版大量出土，兴起了金石学；晚期（约咸丰、同治、光绪、宣统时），是碑学的中兴期。清代康熙帝崇拜董其昌，书风一时尽崇董书，这一时期唯有傅山和王铎能独标风格，另辟蹊径；乾隆帝集众古迹刻成空前规模的《三希堂法帖》，又复刻了《淳化阁帖》，崇尚唐碑，造成董其昌与赵孟頫书风流行，帖学至此达到极盛，出现一批取法帖学的大家，如乾隆与嘉庆年间的刘墉。

由于书法的普及，书法艺术在清代已经进入寻常百姓家，不仅文人墨客重视书法，而且才子佳人也以书法为自身修养的重要内涵加以苦练。历代女性文人书家大多出于仕女与"乐户"二门，清代亦不例外。在清代书法界，有一些出众的女书法家，她们或出自风尘女子，或来自大家闺秀。中国古代的乐户是"艺伎"的别称，因为谋生的需要，她们从小就要接受专门的才艺训练，琴棋书画酒色才艺俱佳为其谋生的基本功夫；而后能有幸与文人士大夫往来结缘，才艺方能更上一层楼，得以名流千古。此一阶层分布于各大都市，而以京城与吴越江淮尤胜，女史柳如是、董小宛等人更是鹤立秦淮，名著千秋。

仕女一门则赖有官贾家庭的荫庇与书香门第的影响，因自身兴趣的需要，往往也能享受到良好的培养，因而才艺得以发展提高。仕女们或隐身民间，或悠游文士，或可跻身宫廷，或叱咤风云，大都能安享艺术人生。

柳如是（1618—1664），名隐，后更名是，一字靡芜，号我闻居士，又称河东君。明清易代之际，她因家庭窘迫十岁时被卖入娼寮，因天资聪颖，国色天香，诗文丹青出色，名列“秦淮八艳”之冠。柳如是琴、棋、书、画、诗词都堪称奇绝，她端凝坚劲的书法正是其性情、眼界、心胸的外化和显现。翁同龢对其书法大加称许：“铁腕拓银钩，奇气满纸。”柳如是的书法师承，陈寅恪先生在《柳如是别传》中称：“河东君所与往来之名士中，李存我尤以工书著称，河东君之书法当受存我之影响无疑。”《题望海楼》为柳如是楷书对联，联语为“日毂行天沦左界，地机激水卷东溟”，深得“初唐四家”中的虞世南、褚遂良法度，并化古为我，自成风格。

王端淑（约1620—1700），字玉映，号映然子、吟红主人，又号青芜子，明末著名文臣王思任之女，明末清初山阴才女。王端淑自幼濡染家学，书画兼工，清代张庚《画征录》称其工诗文，善画。王端淑酷爱读书，自经史及阴符、老庄、内典、稗官野史，无不浏览淹贯，可谓博览群书，学识渊博，并“以才情学问自负，欲奄有众长，故诗文诸体，靡不涉笔”。

董小宛（1624—1651），名白，又名宛君，一字青莲，别号青莲女史，她的名与字皆因仰慕唐代诗人李白而取。董小宛因父母离异，生活贫困而沦落青楼，但她聪明灵秀、神姿艳发，与秦淮南曲名妓柳如是、顾横波、马湘兰、陈圆圆、寇白门、卞玉京、李香君等八人，被称为“金陵八艳”。她八岁学诗、习书画、作戏、操琴，十三四岁琴棋书画莫不知晓，诗词文赋样样精通。董小宛书法擅小楷，初习钟繇，转从《曹娥碑》，蝇头小楷工整俊丽，笔精墨妙，精美绝伦。董小宛墨迹今已相当罕见，存有金笺纸扇面小楷《秋闺词自作七言诗十一首》，此董小宛楷书秋闺诗词是一件不可多得的书法艺术作品，细品诗境，感怀伤秋。

孙云凤（1764—1814），字碧梧，令宜（春岩）长女，袁枚弟子。能诗，善写花卉。雷缙《闺秀诗话》记载，孙云凤幼年时就非常聪慧，八岁时，父亲以《诗经》句出对“关关雎鸠”，她立刻应声而对“嗈嗈鸣雁”。《论希白作字》系孙云凤扇面行书，袁枚《随园诗话》有云：“孙云凤诗既佳，书法亦秀媚。”其书法灵动清雅，不事雕琢，自然闲适，正合于其师袁枚性灵之主张。

张纶英（1798—？），字婉紃，室名绿槐吟馆，江苏武进人，张琦三女，适孙劼，工书，为包世臣所称颂；性婉柔，体弱若不胜衣，而下笔则刚健沉毅。张纶英善北碑，以郑道昭为法，所书神似唐代书法家李邕。其隶书沉稳稍腴，古朴茂实，笔法篆、真、隶互用。她的魏碑大气磅礴，但也不是一味地霸悍，而是刚中有柔，体现出女性书法的阴柔之美。其传世墨迹有《楷书宋庭瑜妻》立轴、隶书四条屏等。其《楷书宋庭瑜妻》写于方格金笺纸上，运笔婉转流丽，所写的内容是前代女性文章中的嘉话。

吴藻（1799—1862），字苹香，号玉岑子。吴藻不仅工诗词，也能书，善画兰。其《致沙馥信札》刚健洒脱不亚须眉，毫无女子纤软柔弱之质，是难得的上乘书作。

《红楼梦》的金陵十二钗不仅是绝世美人，而且各有千秋，每个人都有自己出类拔萃的特长，贾府元迎探惜四春的特长，正是指琴棋书画：元春的丫头叫抱琴，说明元春擅琴；迎春的丫头叫司棋，说明迎春擅棋；惜春的丫头叫入画，惜春果然会画画；探春的丫头叫侍书，还有一个叫翠墨，说明探春擅长书法，探春对笔墨纸砚非常有研究，她给丫头起名字都离不开书法，一个伺候她写字，一个负责研墨。

古今书法评论家在谈及其他人的书法作品时，常常会说“如歌声绕梁”，或者“如弹琴高手奏出迷人的一曲”，这从侧面表达出书法与音乐一样都以节奏为其要素，也与舞蹈一样能够表现出形体美和动态美，书法中的方圆曲直、尽留疾涩、浓淡枯湿，以及精细轻重无一不呈现出艺术的灵动与气势，展现出作者的底蕴与雅趣。

书法与其他艺术一样，需要不断创新与突破。对于其他艺术，人们对此没有太多异议，但是对于书法，似乎更多人只是接受了一种临摹之后的逼真。如果真是这样，仅仅会写好字的人是不可能成为传世书法家的。书法的创新，一在于文，二在于字，文字或诗句应该是书法家自己的创作，而不是重复那些广为人知的诗文；书法的字则要有自己的个性，在学习名家的基础上应该有所创新与突破。

第十二章　绘画传承

中国绘画的历史，几乎与中国纪年史一样悠久。尽管在不同的朝代涉及佛教、道教和宫廷内容的绘画活动此起彼伏，为我们留下了丰富多彩的非物质文化遗产，但是活跃于民间的绘画现象，才是我们讨论雅道话题时最应该关注的重点，因为只有普及了的艺术，才对提升民众雅道素养具有直接的意义。

“书画同源”是中国艺术中书法与绘画的特有现象，其艺术形态并因此影响到了整个东亚地区，许多艺术大家都是集书法和绘画，甚至诗词于一身，为后世留下了众多艺术作品。明代陈眉公在《小窗幽记》中说:“书画为柔翰,故开卷张册贵于从容;文酒为欢场，故对酒论文忌于寂寞。”言下之意为：书画是用毛笔进行的风雅之事，需要从容不迫地对待，最好是独自一人时完成；而饮酒赋诗是一种欢乐的场面，因此饮酒评论时就不应该是寂寞一人时进行。

一、早期绘画，应用渐广

在中国古代传说中有伏羲画八卦、仓颉造字、史皇作画的故事，说明远古时代的先民已经在运用绘画叙述事件和表达情感了。在出土的远古时代的实用工艺品中，发现了许多在石、陶、兽骨上刻画出的形象，这些都可以归为原始绘画作品。

在河北省兴隆县发现的一件残断刻纹角器，被认定为是迄今一万三千年前的旧石器时代晚期的遗物，表面阴刻有纹饰，内容与狩猎巫术有关。在内蒙古阴山的山崖上，则保存了推测有距今一万年的敲凿涂绘的图像，画中出现了成群的山羊、牦牛、马、骆驼和鸵鸟、大角鹿等。在迄今一万年左右，石器技术得到较快发展，同时出现了陶器、玉石和骨牙雕刻工艺，出现了造型和纹样的装饰。由于这些器物大多是日常用品，因此在民间对于绘画的认识和审美倾向也随之形成。在随后的几千年中，相继出现了仰韶文化（距今约为五千至七千年前）、马家窑文化（距今约为四千至五千年前），在这些时代中出现的彩陶器、骨器和玉石器等成为我们了解早期中国绘画的主要依据。

在原始宗教和礼仪性建筑产生之后，壁画又为绘画的发展增添了新的媒体与动力。在辽宁牛河梁红山文化女神庙遗址中发现的壁画残片，据考古认定大约有五千年的历史，壁画中出现了用赭、红、白、黄色彩绘制的几何纹样。在甘肃秦安大地湾仰韶文化晚期遗址中的一处房基地面上发现了人和动物的绘画形象，虽绘制技巧相当稚拙，却是中国目前发现的最早独立性绘画作品。在陕西临潼姜寨仰韶遗址的一座墓葬中还发现了石砚和研磨颜料的用具，这可以被视为中国美术史上最早出现的“画工”工具，此时已经出现了专门从事制作和绘制彩陶的人或职业。原始绘画以线条为主要描绘方式，图案大多分布于器物的合适位置，反映出经过精心考虑后的构图思路。可以说，以绘画为特征的雅道在那个时期已经进入了人们的生活之中。

从商代开始，手工业得到较快发展，分工越来越细，在青铜、制陶、玉石和牙骨雕刻方面都有了专门的作坊。据古文献记载，成汤时的宰相伊尹曾向王“言素王及九主之事”，汉代刘向将其解释为伊尹曾“图画其形”以劝诫成汤。刘向还在《说苑》中引《墨子》佚文谈及殷纣王“为鹿台糟丘，酒池肉林，宫墙文画，雕琢刻镂，锦绣被堂……”说明在商代的殿堂中已有装饰华丽的宫墙文画。

到了春秋战国时期（前770—前221），中国绘画有了飞跃发展，为秦汉绘画打下了基础。《庄子 · 田子方》记载：

宋元君将图画，众史皆至，受揖而立。舐笔和墨，在外者半。有一史后至者，儃儃然而不趋。受揖不立，因之舍。公使人视之，则解衣盘礴，羸，君曰：可矣，是真画者也。

这段文字突出表现了一位“儃儃然而不趋”、敢于“解衣盘礴”的“真画者”的形象，他也因此被人认为是第一位真正被记录下来的“画家”。位于上海市中心的艺术与创新社区“田子坊”之名，就是黄永玉先生根据这则故事而命名的。

1949年在湖南长沙陈家大山出土的《人物龙凤帛画》，描绘了一宽袖双手合掌而立的贵族女性形象，反映了战国时期楚国地区的绘画风貌。1973年又在长沙子弹库楚墓中发现了《人物御龙帛画》，描绘了一位头戴高冠、身穿长袍、腰间佩剑、手索缰绳御龙驰进的男子形象，在构图与表现手法上要比《人物龙凤帛画》更胜一筹。

秦汉时期的中国政权统一，经济繁荣，艺术繁多，特别是到汉代，出现了中国绘画史上的第一个繁荣时期。20 世纪 70 年代，在对秦咸阳宫等遗址进行考古发掘时发现了壁画残迹，画风浑厚古朴，表现出早期壁画的艺术风貌。另外，在一些秦墓中发现了铜镜、木梳与漆器上的绘画纹样，这表明在一般的富贵家庭中，已经通过绘画来美化生活，用绘画记录生活场景了，绘画被认为是一种高雅的事物存在于日常生活中了。

在汉代艺术中，绘画与雕塑已经上升为艺术的主要品类，在当时重要的宫殿与衙署中都绘有壁画，例如西汉麒麟阁和东汉云台上的画像等，史书记载："汉明帝雅好图画，别立画宫，诏博洽之士班固、贾逵辈，取诸经史故事，命尚方画工图画。"在衙署中的绘画则以达到树立楷模为目的，当时有些官员子孙因为先辈没有被绘入衙署画像之列而感到遗憾和不光彩。东汉灵帝光和元年（178）还创立了鸿都门学来培养宫廷所需要的人才，学习科目包括书画；东汉时期还出现了张衡、蔡邕等善于图画的文人。西汉帛画与汉墓壁画中反映出当时的贵族人家和富裕家庭已经将现实生活、历史故事、神话传说、禅瑞迷信等内容通过绘画形式记载下来，通过不同的方式刻画出墓主人的权势与地位。

在魏晋南北朝时期，佛教在中土得到了较快发展，修庙建寺、开凿石窟和绘壁造像蔚然成风，佛教美术推动着传统绘画的发展，中国画家的绘画水平得到明显提高。除佛教美术外，山水画和花鸟画从附属的地位上升到了独立的画种，有关的绘画理论与绘画史的著作开始出现。

吴国吴兴人曹不兴，被称为“江东八绝”之一，他擅长画大像，曾在五十尺长的绢上画人物，“心敏手运，须臾立成”，比例准确无误，其画艺受到过孙权的欣赏。曹不兴为孙权画屏风时，不慎有墨点弄脏了画面，他就把黑点改画成了一只苍蝇，竟然骗过孙权，以为是一只真苍蝇而动手去拂赶，可见其画艺之高超。

南齐谢赫（约459—532）著有《古画品录》，在中国绘画理论发展史上被推为第一部具有完整性和系统性的著作，书中所提出的“六法”已成为“千古不移”的经典，他在书中指出：“六法者何？一、气韵生动是也；二、骨法用笔是也；三、应物象形是也；四、随类赋彩是也；五、经营位置是也；六、传移模写是也。”谢赫把曹不兴、陆探微、卫协、张墨等人列为第一品中，成为“冠绝当时”的名手。传说卫协作画时不敢点睛，唯恐画上人物脱壁而出，反映出他在塑造形像上达到了相当高的水准。张墨的画则注重人物的气韵风范，是最早被称为“画圣”的画家之一。

东晋顾恺之（约346—407）的出现，把名门士族中的文风与绘画技巧推向了一个全新的境界。顾恺之出生于江南无锡的一个士族家庭，毕生从事绘画，因多才多艺而被称为“三绝”（才绝、画绝、痴绝）。他擅长画道释和名士肖像、仕女图及山水画，从宫殿衙署绘画转向了一种文人雅士喜爱好的题材上，他画过的名士肖像包括有阮籍、嵇康、谢安等人，以描绘魏晋名士率真放诞的风度。在《女史箴图》的后半部分画卷中，顾恺之以图描绘宫廷女子应遵循的道德规范，“人咸知修其容而莫知饰其性”，强调女性应重视内心修养而不要仅注意外貌修饰，间接地提倡雅道的教化作用。在绘画理论上，顾恺之撰有《论画》《魏晋胜流画赞》《画云台山记》，唐人在论及他的画时指出其“迹简意淡而雅正”，而成为魏晋时代的绘画典范。

南朝四朝君主和贵族大多喜爱文艺，酷爱收藏字画，梁元帝萧绎本身就是颇有修养的画家，一些画家出身于名门士族而被皇帝御用。吴人陆探微擅长画“秀骨清像”的古贤、贵族人物和名士像，并将东汉书法家张芝的草书体势运用于绘画，笔势气脉连绵不断，被称为“一笔画”，对当时的画坛产生了较大影响。南北朝时期的壁画也得到了很大发展，为后世留下了诸多精品杰作。

蒋勋在《汉字书法之美》中指出：唐代张彦远的《历代名画记》认为，书法与绘画在仓颉时代同出一源——“同体而未分”。“无以见其形，故有画”，看见了一头象，很想告诉别人象长什么样子，就画了一张画；“无以传其意，故有书”，因为想表达意思，就有了文字。“书画同源”是中国书法与绘画常识性的术语，文字与图画同出一个源流。依据张彦远的意见，书法与绘画“同体而未分”，“同体”是因为两者都建立在“象形”的基础上。正因为“书画同源”，中国的书法与绘画自唐代起明显在诸多方面产生共性与共鸣，许多书法家擅长绘画，而画家则能够写出一手好字。

二、唐宋绘画，雅风趋盛

隋唐时期的绘画是中国书画发展史上的黄金时段，特别是唐王朝十分重视绘画具有的“成教化、助人伦”的功能。出现了阎立本兄弟、吴道子、周昉等为代表的一大批杰出的人物画家，以李思训、王维为代表的山水画家，以边鸾为代表的花鸟画家，绘画理论的著作层出不穷。在帝王贵族中也出现了绘画和雅道高手，唐玄宗李隆基亦多才多艺，善八分书，“艺无不周，书画备能”，并在宫廷设立梨园亲自教曲，在音乐方面具有较高造诣。

阎立德（？—656）、阎立行（生卒年不详）、阎立本（？—673）三兄弟继承家学，在绘画、建筑与工艺上都有出色的成就。阎氏家族从北朝起就有相当的社会地位，父亲阎毗就擅长绘画工艺及营造技术，在隋朝时任将作少监，因此阎氏兄弟至少已经是“画二代”了。阎立本为了学习绘画，曾两次去荆州观摩张僧繇的壁画，第一次去观摩时没有觉得有特别之处，认为是“浪得虚名耳”第二次去钻研时，渐感技艺超群，谓“犹是近代佳手”，再三仔细研究后更是惊叹其技艺不凡，赞赏为“名下无虚士”，坐卧画前十余日而不忍离去。阎立本的《萧翼赚兰亭图》，反映的是唐太宗酷爱王羲之书法，派御史萧翼去王羲之七世孙释智永的弟子辩才处，想尽办法获得《兰亭集序》的故事。画面以辩才和尚与萧翼为中心，图左一老一少正在煮茶，右下角有方茶几，上面放着茶碾、茶罐等器物，传神地记载唐朝烹茶、饮茶所用的器具及饮茶的方法与过程。通过这样一幅画，就已经包含了雅道中的五项：茶道、书法、绘画、收藏与诗词。

吴道子（约689—758）作为唐代画圣，是中国绘画史上最有影响的画家之一，代表了唐代艺术的高度。吴道子初学书法于张旭、贺知章，后专攻绘画，以致“年未弱冠穷丹青之妙”，为学画艺，他曾长期旅居唐代东都洛阳，画壁画三百余堵，不久即画名大振，蜚声两京，被唐玄宗召入宫廷专事创作。吴道子的绘画题材相当广泛，山水画、肖像画、经变画，样样精湛。在吴道子的画中展现了盛唐宫殿、楼阁、宝池、天花、伎乐，有着“天衣飞扬壁风动”的艺术效果。他有许多助手和弟子，有的还精通雕塑，卢楞伽是其弟子中成就最大的一位，他们的成就共同建立起了“吴道子画派”，成为中国绘画史上最早出现的画派之一。

周昉（8 世纪后期至 9 世纪前期），将中唐时期的仕女图推向新的水平，日本和朝鲜的古代仕女图都受其影响。在这些仕女图中反映了唐代宫廷和贵族女子的兴趣爱好，包括了簪花、赏花、刺绣、戏狗、漫步、调琴、啜茗等，其中《调琴啜茗图》与雅道最为贴近，图中五位女子，中间三位贵妇为一组，一人轻按琴弦调试，二人侧耳准备聆听；两旁侍女为一组，正在送茶助兴。卷中仅画有一桐一花树，表达出了插花一样的雅趣。

王维（701—761），以诗出名，但他同时又是著名的居士与书画家，工草隶，善山水人物画，他的水墨山水画可以通过单纯的墨色变化来表达朴素平淡的景色与心境。王维出身于仕宦之家，较早就接触到文学与艺术，成年后一度为官，但不愿同流合污，乐于半官半隐的生活，《旧唐书》说他“退朝之后，焚香独坐，以禅诵为事”。王维酷爱诗与画，自称“宿世谬词客，前身应画师”。苏轼对他的诗与画都推崇备至，说：“味摩诘之诗，诗中有画。味摩诘之画，画中有诗。”王维晚年居于蓝田别墅，以弹琴、赋诗、敬佛为事。在雅道八项中，王维在琴道、书法、绘画、收藏、诗词等五个方面都有不乏造诣，可谓一代骄子。

唐代的绘画著作较多，水平亦高，有释彦悰的《后画录》，李嗣真的《画后品》，窦蒙的《画拾遗录》，张彦远的《历代名画记》，朱景玄的《唐朝名画录》等。张彦远（815—907），出身于宰相世家，祖辈皆为显官，家中收藏丰富，自己博学有文辞，擅长书画，精于鉴赏。他的《历代名画记》被誉为“画史之祖”和“画史中最良之书”，其中的《论名价品第》和《论鉴识收藏阅玩》

论及唐末名画价格及藏画鉴画应注意的事项，反映出唐代的收藏风尚。

由于皇室贵族对绘画的热爱，从五代的西蜀开始建立起了皇家画院，到宋代更是发展到了空前的规模。宋代时，绘画作品作为一种收藏品被广为接受，文人墨客自身也投入到绘画收藏与创作中，并且绘画已经成为一种商品，出现在了文化市场上，这又进一步促进了民间绘画的发展。当时，不只宫廷、衙署、厅堂常用绘画装饰，连商家的酒楼与茶肆也挂出字画来招徕顾客，社会对绘画的需求量增长。

中国古代皇帝中最具文艺气质的皇帝要数南唐的李煜和南宋的宋徽宗了，他们都是治国无力却向往和追求闲适的雅致生活。李煜在做皇帝前曾一度在庐山瀑前筑室读书，并自号“钟隐”。在他即位时，南唐政权已经到了不可收拾的地步，但他却擅长填词，且通音律，善书画，被称为“金错刀”，擅画墨竹花鸟，以诗词音律点缀歌台舞榭生活，仍想追求文人雅士的生活情调。

南唐画家卫贤完成《春江钓叟图》后，李煜就在画上题了一首《渔夫词》:“一棹春风一叶舟，一纶茧缕一轻钩。花满渚，酒满瓯，万顷波中得自由。”反映了他的情趣诉求，这可能也是迄今所知最早在画幅上的诗词。南唐中主李璟则在宫中设立了画院，收拢起了当时一大批优秀的画家。据史料记载，中主保大五年（947）元旦，李璟与兄弟景遂、景达及大臣李建勋、徐铉等人一起赏雪吟诗，召集“名手图画，曲尽一时之妙”，尽现文人生活场景，诗、书、画、琴的雅道一齐汇集。

顾闳中所画《韩熙载夜宴图》，描绘了失意官员韩熙载家设夜宴载歌行乐的场面，这是后主李煜为了了解他的生活状况特意派顾闳中潜往其府邸，目识心记，画成了组画。整幅画绘写的就是一次完整的韩府夜宴的雅集过程，包括有琵琶演奏、观舞、宴间休息、清吹、欢送宾客等五段场景，作品线条遒劲流畅，工整精细，构图富有想象力。从这里可以看到，书能记事，如《兰亭集序》；画可载雅，如《韩熙载夜宴图》，书画两项可以很好地记录一时一地的雅致生活场景，互为融通，更合雅趣。

到了宋代，皇室贵族对绘画提出了更多更高的要求，出于政治需要的绘画及对帝王生活及肖像的描绘，成为宫廷画家们的重要任务。宋代宫廷还十分重视对古今书画的鉴定整理与收藏，成立了翰林图画院，培养皇家所需要的绘画人才，到宋徽宗时代还一度成立画学，成为宫廷画最为繁盛的时代。

北宋时期的李公麟（1049—1106）是一位雅道能人，其创造的白描技巧自成一家，成为继吴道子之后影响最大的画家。出身于安徽名门大族的李公麟，与王安石、苏轼、黄庭坚、米芾都有交往，家藏古器名画法书甚多，自幼知识渊博，好古善鉴，多识奇字，自夏商以来钟鼎尊彝皆能考订世次，辨别款识。他长于诗文，以书画闻名于京城，行楷书皆有晋人之风。据记载，哲宗绍圣年间朝廷得一古玉玺，下礼部加以鉴定，一时众说纷纭，李公麟根据玉色、质地、形制、字体判定为秦时玉玺，众人皆服。

在绘画方面，李公麟对道释、人物、鞍马、宫室、山水、花鸟无所不能，水平卓绝。记载说他画《归去来兮辞》，表现诗人陶渊明不堪官场酬应，不愿同流合污而弃官归田的高尚情操。李公麟不是把笔墨用在罗列“田园将芜”，“三径就荒，松菊犹存”的表面现象上，而集中刻画足以反映诗人高洁情怀的“临清流而赋诗”的意态，这样的表态，说明李公麟对原诗内容有深刻领会。

张择端（生卒年不详）的《清明上河图》创作于北宋末年，是一幅反映都市生活的优秀风俗画，横卷长达 528.7 厘米，画面描绘仅仅的是东京汴梁外城东南角，远离北宋开封城市中心的繁华地段。《清明上河图》共画有五百五十多个人物，而且每一个人物的动作、神态都不一样，除此之外，画卷中还记录了北宋各种各样的店铺。画中有几间茶肆，里面饮茶者把盏闲谈、各得其乐，店门前摆着茶桌、茶凳。画的一个角落有几个人在小馆子里，一边喝茶一边闲谈。图中还有一些流动的茶摊、茶寮散布其间。一间“鲜明花朵”花店，则表明那时买花还有座椅供你坐下来慢慢欣赏。画中有一招牌写着“刘家上色沉檀楝香”的香店，还有购买“集香丸”的香药铺。在古玩店门口的旗帜上则写着“诗画古玩”，三人正展开一轴字画在欣赏鉴定。在一家叫“集贤堂”的书坊门口，挂着“古今名人文集诗”的牌子，这些都折射出北宋时期的京城雅道十分兴旺，已经进入了寻常百姓家的日常之中。

许多人了解米芾是因为他的一手草书，知道他是一位大书法家，其实，他还是一位大画家，而且父子共称“二米”，如同书法界里的“二王”。米芾富于收藏，精于赏鉴，擅长书画，在艺术上修养很高。米芾的儿子米友仁，继承家学书画，擅长山水，“点滴烟云，草草而成，而不失天真，自题为墨戏”。

宋代翰林图画院正式建立于宋太宗雍熙元年（984），与之平行建立的还有御书院、棋院、医官等局，但画院和书院的地位更受到重视，“诸待诏每立班，则以画院为首，书院次之，如琴院、棋、玉、百工皆在下。”看这一架势，琴棋书画无一不缺，完全就像建立了一个宏大的“雅道院”。在画院中，又将画家根据水平高低分为了四个等级：待诏、艺学、祇侯、画学生，开始时没有定员规定，后来在仁宗时设定了待诏三人、艺学六人、祗侯四人、画学生四十人的编制，画家需要通过考试及推荐才能进入翰林图画院，翰林图画院成员的水平代表了两宋时期的最高水平。

宋徽宗于崇宁二年（1104）设立的“画学”，在大观四年（1110）并入了翰林图画院，把绘画正式纳入科举考试之中，使民间画家有机会捧上皇家饭碗。宋代宫廷美术全盛，画院规模齐备，名家辈出。考生进入“画学”之后，按分数分等级，所供的饭菜也不一样。画学成员按家庭出身不同，将士大夫出身者称为“士流”，而将一般民间工匠归入“杂流”，“别其斋以居之”，并设立专科学习。所画的内容包括有佛道、人物、山水、鸟兽、花竹、屋木，另设有文化学科，教授《说文》《尔雅》《方言》《释名》，对画学成员不仅注重绘画技艺的训练，而且还十分重视文化修养和素质的提高。宋徽宗常摘录诗句为题进行考试，取其意思超拔者为上，其标准是：“笔简意全，不模仿古人而物之情态形色俱若自然，意高韵古为上；模仿前人而能出古意，形色象其物宜，而设色细运思巧为中；传模图绘，不失其真为下。”画中的古意往往只可意会，不可言传，北宋画学教授《说文》，客观上提升了画师领会古意的思维能力。

在宋人四艺中，绘画只要求挂画，并没有要求亲自作画，显然是对雅道的要求放低了许多。正因为要求的放低才使得收藏与挂画得到普遍，一时出现了处处挂画的情景。吴自牧《梦粱录》中载：“汴京熟食店，张挂名画，所以勾引观者，流连食客。今杭城茶肆，插四时花，挂名人画，装点门面。”所谓的“名人画”，就是宫廷画院的画家之作，那时几乎所有的娱乐场所、茶肆酒楼都挂有画院名家的真迹画，绘画已然进入了日常生活之中。

古代的中国画家经常描绘宫廷佳丽折花的场景，绝色佳人在宫闱中梳妆、宴饮、折花、簪花，这种雅致的场面十分宜人温馨。后蜀主孟昶的贵妃花蕊夫人作有长诗《宫词》，描绘了后蜀国宫中嫔妃们的日常生活，其中写到了赏花与采花的场景：“小雨霏微润绿苔，石楠红杏傍池开。一枝插向金瓶里，捧进君王玉殿来。”但在宫宴散后，许多宫嫔头上花枝乱颤，插花已毫无章法，令花蕊夫人颇为不屑：“夜深饮散月初斜，无限宫嫔乱插花。”折枝一直是中国花鸟画的表现形式之一，花卉不画全枝，只选择其中一枝或若干小枝入画，加上有佳丽的相映成趣，就显得更为华丽。

在宋代，折枝花画十分流行，此时的文人热爱赏花，画家亦热衷画花，他们笔下的花草恬然生动，写实素雅，反映了宋代审美意境的典型程式。在宋御府收藏的名画中，就有边鸾的《折枝李实图》、李公麟的《写生折枝花》、赵昌的《写生折枝花图》、滕昌祐的《写生折枝花图》等。《宣和画谱》评边鸾“作折枝花，亦曲尽其妙”，赵昌“作折枝极有生意”，滕昌祐“为折枝花果，谓之丹青”。

二、元明绘画，名家愈多

元代绘画中，文人画成为画坛主流，出现了许多身居高位的士大夫画家和在野的文人画家，他们的创作比较自由，多表现自身的生活环境、情趣和理想，作品强调文学性和笔墨韵味，重视以书法用笔入画和诗、书、画的三结合。在元代短短九十余年间，画坛名家辈出，其中以赵孟頫、钱选、高克恭、王渊等和号称“元四家”的黄公望、吴镇、倪瓒、王蒙最负盛名，他们是元后期活跃在江浙一带的画家，主要画水墨山水和竹石，艺术上受赵孟頫影响较大，代表了元代文人画的风貌和特色。“元四家”重视笔墨，讲求风格，在作品中努力通过山水来抒发主观感怀，把宋金以来的士大夫文人画推向新阶段。

黄公望（1269—1354）常往来游走于吴越间，结交文人画友，挥毫濡墨，吟诗填词，擅画山水，于作品中表露遁世思想和文人情趣。他于 50 岁后专心致力于绘画，流传于世的作品基本上都是他的晚年之作，《富春山居图》即是他的精意之作。黄公望重视绘画格调，指出“作画大要，去邪、甜、俗、赖”四个字，强调法派要正，“画一窠一石，当逸笔撇脱，有士人家风”。

吴镇（1280—1354）的先祖在宋代做官，宋亡后全家不愿入仕，隐居于家乡，无意功名利禄，不与世苟合，喜欢漂泊于江泽湖泖，过着悠闲自适的生活。吴镇知识渊博，精于诗文书画，精研儒释道诸学，善画山水，喜爱梅竹，曾在屋室前后遍植梅花，号梅花道人，自称画竹五十年，尤爱画风竹、野竹，借此表现其卓荦的人格与志趣，他曾作《雪竹图》，题以“董宣之烈、严颜之节，砍头不屈，强项风雪”，将不畏强权的后汉洛阳令董宣和宁死不降的后汉名将严颜的形象指代竹子傲雪不屈的气节。

倪瓒（1301—1374）出生在江南富家，但幼年丧父，由兄倪文光照料教养，家中筑有清闭阁、云林堂，收藏法书和名画文物，又有朱阳宾馆、逍遥仙亭等园林建筑，优渥的生活环境和家庭教养使得倪瓒自小就可以研习诗文书画，经常以文会友，吟诗作画，参禅论道，倪家本身也是江南文人画家聚集之所。倪文光是一位道教徒，受到影响后倪瓒也崇信道教，过着“闭户读史书，出门求友生”的超然安适的生活，他常画江南园林和庭院中的树石丛竹小景，以表达一种格调清雅、清幽秀美的意境。

王蒙（1308—1385）是赵孟頫的外孙，在“元四家”中年龄最小，自幼受到外祖父赵孟頫的影响和舅父赵雍的指授，能够出生在这样一个雅道世家中真是王蒙的幸运。据说他“为文章不尚矩度，顷刻得数千言可就”，书法绘画受赵家影响最深，却又画风多样，在造型和笔墨方面有较高造诣。王蒙画山水多表现深山隐居生活，章法稠密，景色郁然深秀，林木幽深。

明代江浙一带的绘画活动相当繁盛，出现了职业画家群体，宫廷则继续征用技巧高超的画家为皇家服务，使得一些画家的才能得到发挥。自明代早期，江南地区就有一批继承元代水墨画传统的文人画家，如徐贲山水承董源、巨然，笔法苍劲秀润；王绂喜用披麻兼折带皴作山水，繁复似王蒙，墨竹挺秀潇洒，被称为明代“开山手”；刘珏山水取景幽深，笔墨浓郁，近王蒙、吴镇；姚绶主要师法吴镇、王蒙，风格苍厚，他们的画风堪称吴门派先驱。还有一些画家，虽未归宗立派，亦各有建树，如初宗马远、夏圭，后师法自然，以画《华山图》著名的王履；被称为院派，给唐寅、仇英以较大影响的周臣等。

明代中期，随着工商业的发展，苏州逐渐成为江南富庶的大都市，一时人文荟萃，名家辈出，文人名士经常雅集宴饮，诗文唱和，很多优游山林的文人士大夫也以画自娱，相互推崇。他们继承和发展了崇尚笔墨意趣和“士气”“逸格”的元人绘画传统，其间以沈周、文徵明、唐寅、仇英最负盛名，画史称为“吴门四家”，他们开创的画派，被称为吴门派或吴派。

沈周（1427—1509），出身于当地沈氏大家族中，父亲沈恒吉、叔父沈贞吉都擅长书画，且家藏丰富，兄弟俩归隐于田园，喜欢与诗人和画家交往。沈周从小耳濡目染，在诗文书画方面都有较深造诣。沈周一生不愿做官，却为人宽厚和善，乐于施教，“吴门四家”中有另位二家文徵明和唐寅都得到他的奖掖。沈周 40 岁前多作小帧，40 岁后拓为大幅，但有时也作细笔山水和青绿赋色，人称“细沈”，作品中有大量描写江南地区风光胜景并穿插超然优雅的文人生活。沈周的诗文造诣也相当高，其诗格调平易，情感真挚，意境清新而有画意，例如：“溪山落木正萧萧，野客寻诗破寂寥。一路夕阳秋色里，不知吟到段家桥。”他诗文长题，与绘画相映成趣，提高了作品的思想深度和艺术品位。在《落花图》长卷中，落花如雨，一人静坐水边，目对纷纷落花，潺潺流水，神情忧伤;远处桥那边一仆人携琴将至。画上还有诗文、书法、印章，而作为绘画收藏的重要藏品，《落花图》现收藏于台北故宫博物院内，一件绘画作品，竟然收纳进了花、琴、书、画、藏、诗六项雅道内容。

文徵明（1470—1559），出身仕宦书香门第，其父文林曾任南京大理寺丞及温州知府，受家庭影响，文徵明从小受到雅道熏陶，学诗文于吴宽，学书法于李应祯，学画于沈周，处处受到名家指点，加上自己的刻苦勤奋，在诗文书画方面都取得很好的造诣。在绘画上，文徵明多画江南景物及园林别墅等文人生活环境和风雅活动，带有浓郁的书卷气，例如《真赏斋图》记录的是无锡富户、著名收藏家华氏，画中真赏斋处于优美的园林之中，是文人心目中理想的清雅环境。宽敞的茅斋中，主人正与客人一起欣赏书画，卷后还有文徵明自书小楷《真赏斋赋》一篇。他的《惠山茶会图》则记录了文徵明与友人游惠山，煮茶品茗的闲适风雅的生活场景。文徵明喜欢在温雅的艺术气氛中安顿自己，他赠白阳诗“香消酒醒都无赖，一卷残书意独亲”，其实道出了自己的生活状态。

文徵明的儿子文彭和文嘉也是书画家，只是成就不如父亲而已。文震亨则是文徵明之后的“文四代”，他是文彭的孙子，是一位出色的书画家、园林家，著有《长物志》十二卷，为传世之作，其中也涉及了种茶、插花的技艺。长物者，乃指身外之物，饥不可食、寒不可衣，然则凡闲适玩好之事，自古就有雅俗之分，长物者，文公谓之“入品”，实乃雅人之致。可见，文徵明这一大家子的文人，在茶道、花道、书法、绘画、收藏和诗词方面都有造诣和成就，真是江南一大雅道家族。

唐寅（1470—1523），出身于小商人家庭，但自幼聪颖好学，少年时即显露非同一般的才华，受到过沈周、文林、吴宽等苏州士大夫们的欣赏和栽培。因受“科场受贿案”株连，唐寅在被终身剥夺入仕资格后回到苏州，筑室于桃花坞，从事诗文书画活动，唐寅晚年信佛，希望求得解脱。唐寅在绘画上，山水、人物、花鸟无一不精，取材广泛，且长于书法和诗文，完全可以靠卖画生活。《寓意录》卷四载唐寅仿杜堇《绝代名姝册》，共有西施戏瓢、文君琴心、昭君琵琶、飞燕娇舞、绿珠守节、太真玉环、碧玉留诗、梅妃嗅香、莺莺待月、薛涛戏笺十人，这十位绝代名姝人人身怀绝艺，分明就是十位雅道高手在隔空对话，成为千年来女子争学的榜样。

仇英（1493—1552），出身于工匠家庭，仇英以临摹古画而受到士大夫的赏识与器重，有一段时间仇英直接住在著名收藏家项子京的家里，从事临摹和修补古画的工作，因此有机会接触到不少古代珍品，对他受益很大，他所临摹的唐宋名笔的功夫，被誉为“粉纸黄图，落笔毛乱真”。从临摹古画开始到跻身于名家之林，仇英画风纤丽秀雅，算是创下了一个人生奇迹。在他的《玉洞仙湖图》中，山麓岩洞泉水缓缓流出，有人临水抚琴，一侧有童子侍应。仇英的女儿仇珠亦善画，卓有父风。

随着经济和文化的发展，明代的民间绘画比较活跃，尤其是木刻版画有较大发展。创作者主要是民间画工，但也有一些文人士大夫画家参与活动，如从事木刻的陈洪绶、萧云从等人，曾为适应版画的需要而创作了不少画稿，主要内容有风俗画、历史故事、神像画、水陆画及肖像画等，许多不知名的民间画工所绘制的肖像画流传了下来。木刻年画至明代逐渐普遍，到明末已初步形成苏州桃花坞、天津杨柳青南北两大创作基地，为清代年画的繁兴创造了条件。

四、清代绘画，继往开来

清代绘画，呈现出特定的时代风貌，卷轴画延续元、明以来的趋势，文人画风靡，山水画勃兴，水墨写意画法盛行，呈现出崇古和创新两种趋向。在题材内容、思想情趣、笔墨技巧等方面各有不同的追求，并形成纷繁的风格和流派。

宫廷绘画在康熙、乾隆时期也获得了较大的发展，并呈现出迥异前代院体的新风貌。清代宫廷绘画设如意馆，集纳画士，还有一些词臣工画者为皇家服务。康熙时，王原祁任户部侍郎，在宫廷鉴定古画。民间绘画以年画和版画的成就最为突出，呈现空前繁盛的局面。

清初画坛受董其昌“南北宗”文人画理论影响发展起来一批画家，代表人物有称为“四王”的王时敏、王鉴、王翚和王原祁。

在江南一带还有一批隐遁山野的文人画家寄情山川，具有不同程度的创新，“四僧”朱耷（八大山人）、石涛（原济）、弘仁（浙江）、髡残（石溪）在改朝换代中满怀家国之痛，在绘画中抒发内心的情绪。清代中叶，扬州地区商业繁荣，文人画家聚集，富户附庸风雅，使扬州成为江南绘画创作的活跃地区。乾隆、嘉庆时期考据学金石学盛行，影响到书法篆刻及绘画风格的变化，形成了被称为“扬州八怪”的一批画家。

“扬州八怪”活跃于清初康熙晚期及雍正、乾隆年间，此时正是扬州的全盛时期，这里聚集着大量盐商富户，他们家赀百万，生活豪奢，喜欢结交文人学士和书画名流，收藏古玩，举行诗文雅集。“扬州八怪”并非都是扬州人，多数来自其他地区，他们的画风并不完全统一，而是各具特色。

华喦（1682—1756），福建上杭白沙村人，出身贫寒，但自幼好画，聪慧好学，曾为家乡祠堂作画，年长后至杭州，结识厉鹗等文士，刻苦力学，在文学和绘画上都有很大进步，在花鸟、人物、山水、走兽等方面无所不能。

金农（1687—1763），字寿门、司农、吉金，号冬心先生、稽留山民、曲江外史、昔耶居士、寿道士等，仁和（今浙江杭州）人，非常博学，擅金石书法，能诗，是当时很有影响的收藏家和鉴赏家。金农有一号为“吉金”的上古时的钟鼎彝器，他就学用“金吉金”作画款，以示自己的金石之好。他爱石如命，在一方砚台上有他的砚铭：“宝如球璧，护如头目脑髓。”

罗聘（1733—1799），自号花之寺僧，原籍安徽歙县，其父辈移居扬州，幼孤，但读书作画不辍，受到扬州名流器重，拜金农为师后诗词绘画艺事大进，于人物、仙佛、山水、花卉、兰竹、杂画等无不擅长。

黄慎（1687—约 1770），幼时家境贫寒，曾寄寓庙宇借佛殿长明灯读书，其画风严谨工致，凡人物、山水、楼台、花鸟尽得其妙，中年后出游外地，画名渐著。绘画内容多取高士、渔樵、传说中的神仙及市井人物为题材；写意花鸟则明显受徐渭影响，寥寥数笔即逸趣横生。清代人物画缺少突出创造精神，但黄慎却敢于独辟蹊径，以雅俗共赏的写意人物在八怪中独树一帜。

李鱓（1686—1762），江苏兴化人，出身名门，以善画而受到康熙皇帝赏识得入宫侍从，随蒋廷锡学花鸟，后因受到排挤而离开宫廷。雍正年间再次入京，从高其佩学画，获益颇深。从官场离职后，李鱓重回扬州，过起了“途穷卖画”的生活。他的画敢于突破成规，以雄奇恣纵的笔墨构成奇趣，以诗书画相融合的方式抒情言志，成为其个性的鲜明表露。

郑燮（1693—1765），号板桥，江苏兴化人，虽出身书香门第，但家道已败落，学习刻苦，曾以教私塾维持生活，清苦坎坷，后到扬州卖画。郑燮以画兰竹著称，行笔劲拔潇洒，天机横溢，章法新奇，形象清瘦劲挺而优美，在墨竹绘画中独树一帜。郑燮的诗文和书法都有相当造诣，他的题画诗语言平易，有时富有风趣，有时则发泄其郁闷牢骚。

“扬州八怪”中的人物，历史上列名并不统一，据统计被列入过的画家多达十五人之多，因此除了以上六位外，主要还有高翔（1688—1753）、汪士慎（1686—约 1762）、李方膺（1693—1755）、高凤翰（1683—1748）、边寿民（1684—1752）、闵贞（1730—？）等人，这些人物之间大多都有交往，或为师弟，或为朋友，但也不乏竞争对象，但他们共同维系着“扬州八怪”的艺术生态。例如，高翔在艺术上倾慕石涛，石涛去世后，高翔坚持每春为之扫墓，又与金农、汪士慎相友善。汪士慎嗜茶能诗，擅书法篆刻，精于绘画，与金农、高翔等为学友，经常吟诗作画酬答或雅聚集会。

清代民间绘画在写实技法、表现形式等方面均有进一步发展，存世作品也相当多。版画创作在康熙、乾隆时期曾兴盛一时，由官家主持的殿版版画，出现了许多鸿篇巨制，多由著名画家起稿。同时，在小说、戏曲等书籍的木刻插图中也有不少精品。

清末中国逐步沦为半殖民地半封建社会，绘画领域也发生了新的变化。视为正宗的文人画派和皇室扶植的宫廷画日渐衰微，而辟为通商口岸的上海和广州，逐渐成为新的绘画要地，出现了海派和岭南画派。常居上海的画家为适应新兴市民阶层需要，绘画在题材内容、风格技巧方面都形成了新的风尚，被称为海派，其代表画家有赵之谦、虚谷、任熊、任颐、吴昌硕，作品取材广泛，立意新颖，构思巧妙，笔墨灵活，以清新明快、雅俗共赏的格调博得了广大市民阶层的喜爱，他们的绘画对近现代影响甚大。广东的岭南画派形成时间较晚，他们汲取素描、水彩画法所形成的中西结合画风，为中国画的新发展做出了有益尝试。

第十三章　收藏传承

中国有着收藏的传统，早在殷商时期就有了收藏行为，南朝时名迹买卖兴旺，以至出现造假，并成为普遍现象。收藏还是历朝历代帝王贵族们的一种特权和雅好，是他们十分热衷的一种活动。中国私人收藏家的出现，最早可追溯到东晋时期，王、谢两大家庭是当时的望族，收藏巨丰。艺术珍品能够流传百世，完全得助于收藏。收藏是一门学问，商周鼎彝、秦汉圭璧、传世书画、古陶珍瓷、翡翠珠宝、奇石家具、善籍孤本、文房雅玩，无不经历了岁月沧桑，演绎过时代的传奇，传送着古韵的雅风。

到宋代时，收藏雅风已经出现庶民化、艺术化和商品化的倾向。中国文人大多爱好收藏文物，除了古玩自身的保值功能外，重要的还在于通过收藏品的格局、分量和气息，可以感受到中华文化的精髓所在。收藏雅风的强与弱，正是决定着文化与艺术品位的高低。收藏不仅为我们打开了知识大门，也让我们得到更多美的享受，还赋予了我们迷人的乐趣。

一、雅藏博古，人不可以无癖

中国的收藏历史悠久，可以溯源到中华文明的开端——夏商周三代时期。在那个时代，已经非常重视珍藏象征国家权力的物品，例如大禹所铸的九鼎，夏商周三个王朝都将其视为国家象征而予以珍藏。《尚书·顾命》记载了周成王祭奠仪式使用的，同样也象征国家政权的各种珍宝，当时还设有专门的机构来管理这些收藏。周代的王室收藏管理机构叫作“玉府”“天府”，由专职官员“藏室史”负责，著名的思想家老子就曾任“周守藏室之史”。

到了春秋战国时期，受圣贤崇敬观念影响，诞生了一种新的古物收藏形式——孔子庙堂，专门用来收集与儒家圣人孔子相关的物品。《史记·孔子世家》载，孔子去世后，“鲁世世相传，以岁时奉祠孔子冢，而诸儒亦讲礼、乡饮、大射于孔子冢。孔子冢大一顷。故所居堂弟子内，后世因庙藏孔子衣冠琴车书，至于汉二百余年不绝。”《史记》作者司马迁曾来参观过“仲尼庙堂车服礼器”。孔子庙堂的建立和后来的家族观念，以及与祖先崇拜观念相结合，在中国最终形成了宗祠家庙的收藏习俗。

宋代把收藏称为“博古”，取“博古通今”的意思，开始出现大量的“博古图”，主要有两大类，一种是金石学著作中摹绘古器形制的插图，可称作“博古图谱”；另一种是描绘收藏者鉴赏文物古玩情景的卷轴画，可称作为“博古图轴（卷）”。宋徽宗尚古意，便收藏天下古董珍玩，编纂《宣和博古图》，收录皇室珍藏的古董。

据叶梦得《避暑录语》所述，宋徽宗宣和年间，因皇家尚古器，士大夫之家竞献所藏文物，“而好事者复争寻求，不较重价，一器有直千缗者。利之所趋，人竞搜剔山泽，发掘冢墓，无所不至。

往往数千载藏，一旦皆见，不可胜数矣。”宋代蔡京四子蔡絛在《铁围山丛谈》中也载 ：“世既知其所以贵爱，故有得一器，其直为钱数十万，后动至百万不翅者。于是天下冢墓，破伐殆尽矣。”为了挖掘到古器，卖个好价钱，民间甚至刮起了盗墓之风。

近代大学者王国维指出：“近世学术多发端于宋人，如金石学，亦宋人所创学术之一。宋人治此学，其于搜集、著录、考订、应用各面，无不用力。不百年间，遂成一种之学问。”现代中国的考古学就是在宋清两朝的金石学基础上发展起来的，考古学界仍在使用的青铜古器名称，如钟、鼎、簋，“皆宋人之所定”。据统计，宋代有姓名可考的金石学家超过六十位，宋人编撰的金石学著作有一百一十九部之多。李清照的丈夫赵明诚就是一位热爱收藏的金石学家，收录了近两千件古代金石器物、碑刻、书画的目录。

赵明诚李清照夫妻当时经常跑到大相国寺“淘宝”，乐而忘返。这段美好的时光后来成了李清照一生中最难忘的记忆。多年之后，她写文章回忆说 ：“予以建中辛巳归赵氏，时丞相作吏部侍郎，家素贫俭，德甫（赵明诚，字德甫）在太学，每朔望谒告出，质衣取半千钱，步入相国寺，市碑文、果实归，相对展玩、咀嚼从宦，便有无穷尽天下古文奇字之志，传写未见书，买名人书画、古奇器。”后来，赵明诚果然著成《金石录》三十卷。

元代内府的收藏品则是在接收金及南宋内府大量收藏的基础上进一步搜求补充而得，一直延至明清，到乾隆时达到极盛。在中国历史上，每当改朝换代之际，收藏品厄运也随之而来。因此，历代以来的古玩品整体上呈逐代趋减的趋势。但由于帝王能凭一国之力，也能使一些埋世名作重见天日，多少弥补了一些损失。到明代成祖朱棣年间，收藏文化又逐渐抬头，书画、文玩等藏品开始流行。在明朝中晚期，收藏文化得到快速发展，以至万历年间的官窑瓷器烧制品数量大增，万历五彩瓷成为收藏市场中的龙头品种，深受藏家喜爱。由于文化发达，明代中晚期很多经济条件允许的文人都开私坊刻书，印数极少，仅为收藏之用。因此，明代中晚期的绝版、孤本刻本特别多。

此外，晚明竹木牙角类文玩藏品的兴起，对后世的中国文化影响深远。如今常见的笔筒，就是在晚明时期出现，并且迅速成为一类重要的藏品。风靡晚明并流行至今的，还有紫砂壶、黄花梨家具、和田玉牌和各类铜炉、墨砚等，当今市场上天价迭出的各类杂项，大多是在晚明时期进入文人主流文化生活的。晚明时期也是大收藏家辈出的年代，包括有董其昌、项元汴、倪瓒、张修羽、朱之赤等大量收藏名家。几百年后，这些人依然是藏家顶礼膜拜的对象，他们对传世文物的判别以及所提倡的收藏体系和理念，对今天依然有着深厚的影响。

清代文学家张潮（心斋居士）在《幽梦影》中说："花不可以无蝶，山不可以无泉，石不可以无苔，水不可以无藻，乔木不可以无藤萝，人不可以无癖。"在这最后的"癖好"中，收藏就是一个主要的方面。当时的贵族家庭和文人墨客普遍喜欢收藏，并赋予了一个别名为"雅好之士"。其实"雅好"一词早已有之，汉代张衡《西京赋》中就有："雅好博古，学乎旧史氏，是以多识前代之载。"文中"博古"通常就是指古器物，因此收藏家中常设"博古架"。

张潮就是成长在"田宅风水、奴婢器什、书籍文物"一应俱全的优裕环境里，因着父亲严格的家教，没有沾染官宦富贵人家子弟常见的纨绔习气，自幼"颖异绝伦，好读书，博通经史百家言，弱冠补诸生，以文名大江南北"。开门延客，四方士至者，必留饮酒赋诗，经年累月无倦色。他的《幽梦影》主要着眼于以优雅的心胸、眼光去发现美的事物，可以说是求美的著作，全书以经史子集为底，浸透了传统中国文人教养的生活观。

二、雅好典籍，观前世以为鉴

在收藏品之中，最常见也是最容易的恐怕要算藏书了，不论是宫廷皇家，还是乡村穷秀才，没有一点藏书就不能算是有家财的，连寺院都有独立的藏经楼（阁）来专门存放经书。《晋书·王珣传》中记载："时帝雅好典籍，珣与殷仲堪、徐邈、王恭、郗恢等并以才学文章见昵于帝。"宋司马光《刘道原十国纪年序》有"英宗皇帝雅好稽古，欲徧观前世行事得失以为龟鉴"，这里提及的两位皇帝分别是东晋第九位皇帝孝武帝司马曜和宋代第五位皇帝赵曙，他们都以收藏典籍为乐。中国人藏书的传统，可以说自有了所谓的文化，就一直连绵不断。

据记载，夏代和商代的宗庙即兼有收藏功能，至少从周代开始，历朝历代皆有收藏文物、舆图、古籍、档案等的府、阁、库、馆等专门机构，如周代的"玉府""天府"，汉代的"天禄阁""石渠阁"，唐代的"司宝库""甲库"，为保护、传承浩如烟海的中华历史文化遗产发挥了极其重要的作用。

东汉人曹曾，字伯山，《拾遗记》载其积书万卷，"及世乱，家家焚庐，曾虑其先文湮没，乃积石为仓以藏书，故谓曹氏石仓"。这是说曹曾在天下大乱时，还不忘用石头垒成一个仓库来藏书，那是对书籍有多大的热爱啊，这也自然成为了天下爱书人和藏书者的楷模。

北宋著名文学家欧阳修晚年自号六一居士，曰:“吾《集古录》一千卷，藏书一万卷，有琴一张，有棋一局，而常置酒一壶，吾老于其间，是为六一。”他最后终老山林，归于田园。藏书一万卷，恰好与杜甫在《奉赠韦左丞丈二十二韵》中所写诗句相应，可谓“读书破万卷，下笔如有神”，正是藏书一万卷，造就了欧阳修的文才雄风。

元代倪瓒家中藏书数千卷，均由他亲手勘定。他家中有一座三层的藏书楼“清闭阁”，内藏经、史、子、集、佛经、道籍千余卷。倪瓒每日在楼上读书作诗，除精心研读典籍外，对佛道书籍也多有涉猎。清闭阁内还藏有历朝书法。明代陈眉公在《小窗幽记》中说:“闭门阅佛书，开门接佳客，出门寻山水，此人生三乐。”把“阅佛书”列为了人生三乐之首。

清代张潮对藏书深有体会，在他的《幽梦影》中多处提及藏书的方式与意义，在开卷第一条就写道:“读经宜冬，其神专也；读史宜夏，其时久也；读诸子宜秋，其致别也；读诸集宜春，其机畅也。”曹秋岳对此评论说:“由此可想其藏书丰富。”曹秋岳还在张潮“艺花可以邀蝶”一段话下评注:“藏书可以邀友”，即收藏书籍可以邀请到志同道合的文人笔友，雅趣相近，雅致深沉。张潮则相信，“藏书不难，能看为难；看书不难，能读为难；读书不难，能用为难;能用不难，能记为难”，可见其对藏书理解之深。

浙江的宁波地区具有良好的藏书传统，天一阁就是其最重要的代表。天一阁是中国现存最早的私家藏书楼，建于明朝中期，由当时退隐的兵部右侍郎范钦主持建造。范钦喜好读书和藏书，所藏各类图书典籍达七万余卷，以方志、政书、科举录、诗文集为特色，他根据郑玄所著《易经注》中的“天一生水……地六承之”

之语，将藏书楼命名为“天一阁”，并在建筑格局中采纳“天一地六”的格局，楼外筑水池以防火，“以水制火”；同时，采用各种防蛀、驱虫措施保护书籍，是当时最先进的藏书建筑。

据全祖望《天一阁藏书记》载，范钦去世前将家产分为藏书和其他家产两部分，长子范大冲自愿放弃其他家产的继承权，而继承了父亲收藏的七万余卷藏书，这也形成了天一阁“代不分书，书不出阁”的祖训。范大冲在维系和补充天一阁藏书的同时，又建立了维系天一阁藏书的族规，规定藏书归子孙共有，非各房齐集书橱钥匙，不得开锁。这些制度在天一阁私藏时期一直保留，并得到历代补充。天一阁现藏各类古籍近三十万卷，其中珍椠善本八万卷，尤以明代地方志和科举录最为珍贵，天一阁因此成为亚洲现有最古老的图书馆和世界最早的三大家族图书馆之一。

中国历史上曾经留下过的藏书楼数以千计，其中最负盛名、最具影响力的要算清代建立的四大藏书阁：北京文渊阁、沈阳文溯阁、承德文津阁、杭州文澜阁。北京文渊阁位于故宫东华门内文华殿后，原明代圣济殿旧址，于清朝乾隆三十九年至四十一年（1774—1776）建成，是皇家收藏《四库全书》的图书馆，以非常考究的楠木书箱盛装，安置在书架上。文渊阁为三层楼房，仿宁波天一阁规制，楼上通为一间，楼下分为六间，取“天一生水，地六承之”，意在防火。

沈阳文溯阁建于乾隆四十七年（1782），专为存放《文溯阁四库全书》而建，另有《古今图书集成》亦存于阁内。阁后是仰熙斋，东西有抄手游廊，是皇帝读书之所。所有的门、窗、柱都漆成绿色，外檐彩画也以蓝、绿、白相间的冷色调为主，以“白马献书”“翰墨卷册”等与藏书楼功用相谐的图案，给人以古雅清新之感。承德文津阁位于避暑山庄平原区的西部，建于乾隆三十九年（1774），它不仅是清代的重要藏书之所，也是一处很有特色的小园林。文津阁内原藏《古今图书集成》万卷、《御制诗》四集，1785年《四库全书》也曾收藏于此。辛亥革命后，《四库全书》运往北京图书馆，《古今图书集成》早年已被军阀盗卖净尽。文津阁仿浙江宁波范氏天一阁形式修建，占地面积三千六百平方米，主要建筑由门殿、假山、水池、藏书楼、花台、曲池、山石、月门等组成。杭州文澜阁位于杭州西湖孤山南麓，初建于清乾隆四十七年（1782），是清代为珍藏《四库全书》而建的七大藏书阁之一，也是江南三阁中唯一幸存的一阁，改建的各项工费均由浙江商人捐办。

藏书楼曾经是中国传统文化中一个十分特殊的标志性建筑，这种保存与传递文化的方式曾经被东亚各国所效仿。天一阁作为亚洲现存最古老的私家藏书楼，应积极申报世界文化遗产，尤其是天一阁所藏连续实录中国传统文官选拔考试制度与结果的系列古籍——明代登科录，应该尽早申报世界记忆遗产。

三、雅集名迹，以死相逼求帖

在浩如烟海的传统文化中，书法艺术占据了很大的篇幅。中国书法的至美意境和传神，或如烟云杨柳，或如风驰落雨的笔画，是永远值得自豪的世界艺术瑰宝。历朝历代的皇室和名家都喜爱收集书法名迹，这本是中国特有现象，传到东亚各国后，在日本、韩国等国也有很悠久的集藏书法名迹的历史。

《书估》是唐代收藏家张怀瓘写的一本有关书法估价的著作，书中提到当时的钟绍京尚书酷爱收藏书法真迹，不惜破产而求佳作，他曾经花费几百万贯巨资，才购得王羲之行书五张，却仍然不能获得一张王羲之的正楷。宋徽宗尽管政治上昏庸，但书画上却是个天才，对书画收藏如醉如痴，设置了专门的装裱样式“宣和装”，编定《宣和画谱》和《宣和书谱》。

宋代时黄庭坚曾记载孔庙虞碑贞观刻，以千两黄金购得，这反映出虞世南《孔子庙堂碑》的价值，能够进入孔庙制成石碑的一定是当时最好的书法家，虞世南无疑是其中的杰出代表，而在印刷不易、交通不畅、信息不通的年代里能够获得一份自己心仪的碑帖自然需要不惜金钱才得如愿以偿。米芾曾经为了一幅字帖以死相逼，这事出自《铁围山丛谈》：“在真州，尝谒蔡太保攸于舟中。攸出所藏右军《王略帖》示之，芾惊叹，求以他画换易，攸意以为难。芾曰：‘公若不见从，某不复生，即投此江死矣！’因大呼，据船舷欲坠，攸遽以之。”

因为喜欢书法，文人雅士通常一并爱上文房四宝。传说苏轼从海南流放后回到江南，在拜访米芾时，米芾拿出自己收藏的谢安《八月五日帖》，希望苏轼题跋。苏轼题跋后，借走了米芾珍爱的文房紫金砚。不料，一个多月后苏轼卒于常州，有人准备把此砚石一起下葬，米芾听到消息后，火速赶到常州，把紫金砚要了回去。宋代欧阳修一生收藏拓本一千卷余，并编写了《集古录》，开拓片收藏研究之先河。赵明诚与妻子李清照一生酷嗜金石彝器，对两周以来金石拓片无所不涉，后辑成《金石录》传世。

明代万历中叶的关中奇士赵崡，走遍大江南北收集碑帖，曾以黄金百两购得宋拓《麓山寺碑》及《画像赞碑》拓片，并著有《石墨镌华》传世。明末著名书法家王铎收到一套《淳化阁帖》时，如获至宝。《瓶花谱》作者张谦德收藏书画名作，在《清河书画表》

自序中，他说“一时家藏珍图法墨甲于中吴”。据记载，张谦德家收藏的书画中有不少诸世珍品，如陆机的《平复帖》、王羲之的《二谢帖》、王献之的《中秋帖》、颜真卿的《刘中使帖》、赵孟頫的《三山秋爽图》、宋徽宗的《梅花鹘鹤图》等，每一件藏品都足以成为如今一家省级博物馆的镇馆之宝。

对于书法名迹的集藏，到了现代依然十分兴盛和富有传奇。生于苏州的吴湖帆，在上海嵩山路生活了近半个世纪，那里曾有他的梅景书屋。梅景书屋之名，源自宋刻《梅花喜神谱》，它是夫人潘静淑30岁的生日礼物，并与宋米芾《多景楼诗帖》、元吴镇《渔父图》、宋拓《梁永阳王敬太妃双志》，合称为“吴氏文物四宝”。在梅景书屋中，汇聚了祖父吴大澂愙斋、外祖父沈树镛宝董室、岳家潘氏攀古楼三宗收藏，主人又广肆搜罗，精加鉴别，数量远过诸家，并多铭心绝品。吴湖帆致力画学，传其家声，师法古人，超迈时贤，名震大江南北，俨然为东南风雅盟主。

能够收藏到名家书法墨迹当然是好，没有的话退而求其次也可，因此，古今文人雅士于对书法拓片同样趋之若鹜，欧阳修、李清照、董其昌、王铎、陈介祺、康有为、鲁迅、于右任、胡适、郭沫若、齐白石等都是收藏拓片的大家。汉代《二十四字富贵砖》拓片，曾引得郭沫若、启功竞相题诗作赋，又有黄宾虹、张大千、黄胄、黄苗子、张伯驹等四十二位大师相继题跋。

民国时朱文钧以毕生心血，收集汉唐拓本七百余种，他为收藏宋拓《醴泉铭》，卖掉家藏明代沈周的《吴江图》和文徵明的《云山图》，才凑够4000元大洋。民国时期，考古学家罗振玉公开历代拓本售价，宋拓《唐皇甫君碑》2000元，明拓《瘗鹤铭》1200元，明拓《唐雁塔圣教序》290元。而罗振玉同时出售的书画中，宋代大家郭熙的画卷为1200元，明朝唐寅的《品茶图》仅为650元，清朝赵之谦的《花卉》四条屏为200元，可见当时拓本的价格之高。抗战期间，上海一度成“孤岛”，古籍文献流失严重。郑振铎缩衣节食，多方筹款予以抢救，其在《劫中得书记》中曰：“余以一人之力欲挽狂澜，诚哉其为愚公移山之业也！杞人忧天，精卫填海，中夜彷徨，每不知涕之何从！”

早在1992年11月，当时的书画收藏还远未成为热潮，香港收藏家收藏的宋拓《唐怀素草书千字文》在佳士得公司的拍卖会从3万美元起拍，最后以31.9万美元落槌，自此碑帖的收藏与拍卖成为了拍卖市场上热门收藏品种。电影《启功》中，启功先生说：“有个美国人，他叫安思远，他手上有咱们北宋的《淳化阁帖》，那是咱们的国宝，不见此帖，我是死不瞑目啊！”可见启功对书法国宝是何等的魂牵梦绕。《淳化阁帖》是宋太宗令内府拓印的一部汇集各家书法墨迹的拓本合集，美国收藏家安思远称它是中国书法的《圣经》。1994年安思远在纽约拍卖会上拍得其中四卷，并在2003年将这四卷《淳化阁帖》转让给中国政府，现藏于上海博物馆。

因为过于酷爱，书法名迹也时常遭到灭顶之灾，例如《南史·梁本记》等书中记载：王羲之妻弟郗昙收藏有大量右军墨迹，死后以之殉葬；晋末桓玄雅好王书，兵败后将所有收罗投之于江；梁武帝以帝王之尊搜访羲之书法，江陵陷落后被梁元帝付之一炬。“承圣末魏师袭荆州，城陷将降，乃聚古画法书典籍二十四万卷焚之。”这种极端的独爱倾向，对于后世人来说只是一场场悲剧而已。

四、雅纳名作，胜友晴窗赏画

中国绘画从魏晋南北朝，到唐宋元明清，再到现代的山水、人物、花鸟，惟妙惟肖，是世界文化史上的一颗璀璨明珠。自古而今，大批宗师巨匠以“造化自然，天人合一”的人文理念，承前启后，创作了众多的不朽作品，把中华文化艺术推向高峰。

中国历史上出现过两次大规模的皇家书画收藏，一次是北宋徽宗进行的“宣和内府”收藏工程，其中仅《宣和画谱》就有二十卷，包括二百三十一名画家的六千三百九十六件作品。另一次是乾隆主导的清宫收藏，历经乾嘉时代三次编订，构成了如今故宫博物院、辽宁省博物院、上海博物馆和台北故宫博物院的高古书画的收藏主体。

绘画收藏是古代文人雅士的共同爱好，大凡有点财力的没有不在这方面投入资金的，有的甚至因收藏书画而到了破产的地步。唐代时，由于文风炽盛，在李世民、武则天、李隆基统治时期，对书画的搜求不遗余力，极一时之盛，朝廷贵族与文人雅士竞相重价抢购书画，书画行情由此一路走高，并形成了一个书画市场，出现了专门吃这一行的书画商。唐朝张彦远一门，从高祖起就从事收藏，历经五代，所以，他能写出巨著《历代名画记》也就在情理之中了。杜甫有诗“忆昔咸阳都市会，山水之图张卖时”，就是对当时咸阳书画市场的写照。唐德宗贞元之后，书画商“手揣卷轴，口定贵贱”，一番奇货可居、众人围观的景象，一时风光无限，可见彼时的收藏绘画风气已经深入寻常百姓家。

宋代的书画市场主要集中在宋都汴京（今开封）的相国寺和殿后资门前，这里也是当时文人雅士必去之处。大书法家米芾就经常在市场里流连忘返，在这里他用七百金买到了唐代王维的《雪图》，八百金买到了徐熙的《桃两枝》，自然欢欣不已。宋代因此还涌现了一大批收藏家：刘敞藏有“先秦鼎彝数十”；欧阳修“喜集往古石刻”；夏竦“性好古器奇珍宝玩。每燕处，则出所秘者，施青毡列于前，偃卧牙床，瞻视终日而罢”；李建中“好古勤学，多藏古器名画”；王晋卿“藏古今法书名画，常以古人所画山水置于几案屋壁间，以为胜玩”；李公麟“平日博求钟鼎古器，圭璧宝玩，森然满家”；米芾“遇古器物、书画则极力求取，必得乃已”；贾似道“广收奇玩珍宝”；洪迈“家蓄古彝器百种”；赵孟坚“多藏三代以来金石名迹，遇其会意时，虽倾囊易之不靳也”；单炜“好古博雅，所蓄奇玩甚富，乃精于辨别，平生俸入，尽费于此”。在文人雅士中事实上存在攀比和竞争的倾向，在突显自己的收藏能力和品格方面，他们个个都不甘示弱，纷纷投入巨资进行绘画等珍品的收藏。

元代倪瓒本身是一位画家，但同时收藏有大量的书画，在他收藏的名画中，有三国钟繇的《荐季直表》、宋代米芾的《海岳庵图》等。倪瓒对这些名作朝夕把玩，心摹手追，尤其对董源的《潇湘图》、李成的《茂林远岫图》、荆浩的《秋山图》，潜心临摹，揣摩其神韵气质。同时，他常外出游览，见到有价值的景和物随手描绘，精细地观察自然界种种现象，认真地写生，归后往往画卷盈笥。倪瓒博采各家所长，勤奋学习，为他后来在绘画上的创新打下了坚实的基础。

明代陈眉公在《小窗幽记》中说：“三月茶笋初肥，梅风未困；九月莼鲈正美，秫酒新香。胜友晴窗，出古人法书名画，梦香评赏，无过此时。”原来，在文人雅士来访时，“出古人法书名画”是最高的礼遇与待客之道，志同道合，乃为知音也。他因此以收藏物为比喻，区别不同朋友的品位与个性:“怪石为实友，名琴为和友，好书为益友，奇画为观友，法帖为范友，良砚为砺友，宝镜为明友，静几为方友，古瓷为虚友，旧炉为熏友，纸帐为素友，佛尘为静友。”在这一段中，可以看到在一间书房中，陈眉公至少收藏有十二样宝贝:玩石、古琴、书籍、书画、字帖、砚台、铜镜、几案、瓷器、香炉、宣纸、拂尘，可谓琳琅满目，雅趣横生。

清代皇室内府收藏十分丰富，在乾隆时达到鼎盛，超过任何朝代，藏品经鉴定、品评，还编纂成著录书，全面完备，乾隆时期编有卷帙浩繁的书画著录书《石渠宝笈》《秘殿珠林》等。清代宫廷通过征求、进呈、抄没、制作等方式积累了为数众多的珍贵文物，形成了一笔蔚为壮观的民族文化财富，乾隆因此被视为中国历史上空前绝后的第一大收藏家，并被戏称为“故宫博物院第一任院长”。清代的民间私人收藏十分活跃，大批明内府散出的书画，为梁清标、高士奇、安岐等著名鉴藏家购进，但至乾隆朝又大部分被收入内府。

一代画师刘海粟也是收藏大家，一生积累了丰富的高价值书画珍品，在其晚年时一次性就向以他名字命名的国家美术馆捐赠了九百十三件唐、宋、元、明、清历代名家的书画真迹。在这些字画中，其中包括北宋巨然的《茂林叠嶂》、元代赵孟頫书画挂作以及仇英、沈周、倪瓒、八大山人、董其昌、王蒙、唐寅、文徵明等的作品。巨然的《茂林叠嶂》是刘海粟在 20 世纪 30 年代从军阀陈夔龙手上获得。最初听说要出售此画时，张大千先唤价 160 两黄金，刘海粟获知后找上门去看画作，结果一看爱不释手，又是请客吃饭又是加价，最终以 200 两黄金收入囊中。

将自己的收藏珍宝捐献给以自己名字命名的博物馆、艺术馆和纪念馆等，是现代收藏家的一个普遍做法，这样可以最大程度地保存主人公的完整收藏品。早在 1985 年，钱君匋就将自己毕生收藏的书画篆刻等珍贵文物四千多件悉数捐赠给了桐乡君匋艺术院。

五、雅玩器物，动辄倾囊相酬

古代的帝王将相大多数都有自己的秘藏，据《史记·梁孝王世家》记载：西汉文帝的爱子梁孝王刘武是古物收藏家，也是当时的首富，他收藏有一件青铜罍，并视其为至宝，就立下遗嘱："善保罍樽，无得以与人。"就是不得将此罍给外人。当他的孙子刘襄继位成为梁平王，平王王后心生贪念，想要得到这件罍，这时祖母李太后（刘武之妻）还健在，刘襄也不顾祖母的反对，强行将罍取出送给了王后。李太后死后不久，梁国有一个叫犴反的人向朝廷告发，详细说出了梁平王夫妇和祖母争罍的事情，朝廷百官提出要按法律废梁王为平民，皇帝给予宽大处理，削去梁国八座城市，把王后绑赴刑场斩首。这个因罍而起的历史事件，印证了罍的至高价值与至尊意义。因这件罍而起的祸事，史称"梁王争罍"。

在宋代，虽然青铜器在收藏物中地位有增无减，在得不到传世青铜器的情况下，人们就开始了对古青铜器的仿制。北宋，金石学兴起，名士皆以收藏商周青铜器为乐事，宫廷于是以内府所藏的青铜礼乐器加以仿制，以作为郊庙所用。宋徽宗常命良工巧匠仿制他新得的古器，宣和年间还编纂了《宣和博古图》，著录了宋代皇室所藏的青铜器精品。此书后来在民间流传，清代被收录进了《四库全书总目》。

宋代的城市中已出现古玩商店与地摊，《东京梦华录》载，开封东十字大街的茶坊，“每五更点灯博易，买卖衣物、图画、花环、领抹之类，至晓即散，谓之鬼市子”；潘楼附近的集市，“每日自五更市合，买卖衣物、书画、珍玩、犀玉”；大相国寺也有古玩市场，“殿后资圣门前，皆书籍、玩好、图画，及诸路罢任官员土物、香药之类”。耐得翁《都城纪胜》也记载，杭州“自大内和宁门外，新路南北，早间珠玉、珍异及花果、时新海鲜、野味、奇器，天下所无者，悉集于此”。

对于器物的收藏，往往与对于书画的迷恋是一致的，在器物收藏方面最著名的收藏家当属宋徽宗。大观初年，内廷“凡所藏者，为大小礼器，则已五百有几”；政和年间“为最盛，尚方所贮至六千余数百器，时所重者，三代之器而已，若秦汉间，非殊特，盖亦不收”；宣和之后，“则咸蒙贮录，且累数至万余”，“宣和殿后，又创立保和殿者，左右有稽古、博古、尚古等阁，咸以古玉印玺、诸鼎彝、法书图画咸在”，这完全是大型博物馆的规模。

明朝时，据沈德符《万历野获编》说：“嘉靖末年，海内晏安。士大夫富厚者，以治园亭、教歌舞之隙，间及古玩。”“玩好之物，以古为贵，唯本朝则不然。永乐之剔红，宣德之铜，成化之窑，其价遂以古敌，始于一二雅人，赏识摩挲，滥觞于江南好事之缙绅，波靡于新安耳食之大贾，曰千曰百，动辄倾囊相酬。”当时涉及的收藏器物项目极其丰富，包括钟鼎、法书、画册、窑器、漆器、石印、琴瑟、剑器、古镜、座几、椅榻、文房、虫物、插花、花艺等，凡可玩弄鉴赏的，无不纳入。

《瓶史》作者袁宏道在吴县做县令两年，对江南地区的收藏风气十分感叹，自己也加入到了收藏的队伍之中。他特别喜爱当地产的砚台，并多次将砚台作为礼物相送于人。当时，苏州的一些工匠制作的名器纷纷成为世人追求的时尚之物，诸如龚春、时大彬的砂壶，胡四的铜炉，何得之的扇面，赵良壁的锡器，一时竞相争购。《瓶花谱》作者张谦德所在的张氏家族收藏古董颇丰，许多古铜器还被他用来插花，并深谙不同花器特性，认为深埋土中的古铜器浸润过土气，用来养花插花可以令花色鲜艳明媚，如同活的枝头一般，以千年古董来插花则会令鲜花明艳滋润。张谦德对书斋中的花器也是精挑细选，一一列出，有各式各样的古壶、胆瓶、尊、觚、一枝瓶，认为此类瓶器高洁雅致不俗气，是书斋中的绝佳陈设品。明代仇英版的《清明上河图》（现辽宁省博物馆藏）画出了一家古玩商店、一个摆卖古器的街边摊，反映的是中晚明的城市生活。

晚明社会再现收藏热，也多有博古图轴问世，如仇英画有《竹院品古图》，崔子忠画有《桐荫博古图》，张翀画有《育鉴图》，杜堇画有《玩古图》，尤求画有《品古图》。有意思的是，明代画家笔下的博古图轴，多为临摹、模仿宋人作品，或者干脆以宋人鉴赏古器为题材，仿佛宋朝就是明人描绘繁华世相的一面镜子。

清代吴大澂的愙斋，以其所获愙鼎而得名。自同治末年他放任外官后，二十余年间，愙斋收藏迅速增长，门类囊括吉金、古玉、书画、碑帖、古印、封泥、文房等，琳琅满目，成千上万。可惜他晚年仕途失意，老境颓唐，收藏不无散失，幸得嗣孙吴湖帆，克绍箕裘，守护先人遗物，得以弗失。

民国于右任的金石收藏也颇丰，搜集有北朝墓志达三百余方，其中有夫妇成双者七组，由此还将书房命名为“鸳鸯七志斋”。适逢战乱，狼烟侧畔而用心在故纸，辗转各地，箱中非金银细软，却也放心不下，于是每每需通过老部下杨虎城等人动用军车专列运送之。

中国各电视台播放的大型文博探索节目《国家宝藏》、连续纪录片《我在故宫修文物》《如果国宝会说话》等节目，引发了一阵新的“文物热”与“收藏热”，为了补课和丰富收藏知识，人们纷纷走进各大博物馆、美术馆和纪念馆。2019 年全年，北京故宫的观众数量突破一千九百三十万，成为全球参观人数最多的博物馆。

六、雅收杂类，所遇暂得于己

收藏的门类极其广泛，除了典籍、名迹、绘画、器物之外，还有许多工艺品和稀罕之物存在有收藏、鉴赏与传世的意义和价值，因此在晚清民国之后，收藏中的“杂项”得到了更多人的响应，并渐渐成为收藏中不断涌现的小众而让一些人如痴如醉。

宋徽宗爱天下一切至美，他也喜欢各种奇石，在位时设立花石纲，强征天下美石，将美石统统收入五万平方米的奇石园林艮岳之中。米芾也是一位“石痴”，见奇石就拜，要是碰上一大块和田玉，甚至会长跪不起，到了痴迷之态。据《梁溪漫志》记载：米芾在安徽当官时，濡须河边有一块奇形怪石，当时人们出于迷信，以为神仙之石，不敢妄加擅动，怕招来不测。米芾听说后立刻派人将其搬进自己的府邸，摆好供桌，上好供品，向怪石下拜，念念有词：“我想见到石兄已经二十年了，相见恨晚。”此事后来被传到众官耳中，百官觉得这等行为实在是有失体统，联名上书弹劾，米芾再次被罢了官。但米芾一向不为功利所动，因此即使被罢官也不后悔，后来就作了《拜石图》。李东阳在《怀麓堂集》时说："南州怪石不为奇，士有好奇心欲醉。平生两膝不着地，石业受之无愧色。"

宋代之所以收藏成风，正如王国维所点出："缘宋自仁宗以后，海内无事，士大夫政事之暇，得以肆力学问。其时哲学、科学、史学、美术，各有相当之进步，士大夫亦各有相当之素养。赏鉴之趣味与研究之趣味，思古之情与求新之念，互相错综。"有赖于社会的安定、商业的发展、生活的富足、文化的进步，收藏活动在宋代成为士大夫文化生活的重要组成部分。

张谦德是明朝素人博雅生活的写照，他是一位无爵位、无官衔、无派别的黎庶常人，也是朴素无饰、天然自在的出世逸人，但他具有博雅气质，广博多闻、优雅广识，在《四库全书总目提要》的"清河书画表"记载："其高祖即出沈度、沈粲之门，其高祖亦与沈周游，其祖、父皆与文徵明父子为姻娅、世好，渊源有自，故丑特以赏鉴闻。"在王稚登《清秘藏序》中对张谦德父亲张应文有一段这样的描述："嘉定人，字茂实，号彝斋，一作彝甫，又号被褐先生。监生，屡试不第，乃一意以古器书画自娱。博综古今，与王世贞为莫逆之交；善属文，工书法，富藏书。长于兰竹，旁及星象、阴阳。自嘉定迁长洲后，取倪瓒清秘阁之意，名藏书处曰清秘藏。"对于花卉种植，张应文也几乎无所不通，莳菊插梅、种竹滋兰，并应此著有《菊书》《罗篱斋兰谱》等。

张谦德就是出生在这样一个书香门第之家，从小可以浸淫在藏书楼中，在耳濡目染之下，张谦德因袭幽居雅事的嗜好，十八岁就写出了《瓶花谱》，作为一种谦言，自称"余亦稚龄作是数语"，"余亦"就是与父亲一样，"稚龄"也是对自己的一种得意，"作是数语”算是一种谦虚了。子以父贵，父以子荣，有一些文献中介绍到张应文时，也会重点介绍他的儿子张谦德，如“子张丑，知名书画鉴藏家。亦善藏书，日加搜讨，上自秦汉，下至当代，遂著有《清河书画舫》十二卷、《清秘藏》二卷，另有《张氏藏书》《巢居小稿》等”。从这些介绍中可知张应文张谦德父子是一对真正的雅道中人，在雅道八项中，至少涉及了茶道（张谦德亦著有《茶经》一篇）、花道（张谦德著《瓶花谱》）、书法（工书法）、绘画（父子均为书画鉴藏家）、收藏（善藏书，有清秘藏）、诗词（善属文等）等六项，虽然未见香道与琴道的记载，但在他们的生活中未免没有这些内容。

历史上靠收藏而成为巨富的人，实在是数不胜数。明代中叶，因为江南经济的发达，涌现了一大批书画鉴藏家，如文徵明父子、项元汴家族、王世贞兄弟以及董其昌等等。这些收藏家同时又是著名的书画家，他们的收藏一方面推动了当时书画市场的繁荣，同时也推动了经济的发展。

明代最大收藏家是项元汴，他淡于仕途做官，把毕生的精力都投入到鉴赏、收藏文物上，其“天籁阁”收藏空前绝后，在当时蜚声中外，所著《蕉窗九录》《石渠宝笈》均是后市收藏鉴赏的经典之作。项元汴出身名门望族世家，富甲一方，他博雅好古，研读文史，醉心翰墨，是一位鄙夷官场的风流人物。明万历年间，明神宗朱翔钧闻其名“玺书征聘”，让他去京做官，他却无动于衷，而潜心收藏。项元汴也十分善于理财，开源方面，项元汴除了继承家业以钱生钱之外，还大规模地进行书画古玩等艺术品的买卖，既获暴利，又沾风雅。家资富饶，广收法书名画，所藏法书、名画以及鼎彝玉石，储藏之丰，甲于海内，“极一时之盛”。项元汴曾获一古琴，上刻“天籁”两字，故将其储藏之所取名天籁阁，并镌有天籁阁、项墨林等印，经其所藏历代书画珍品，多以“天籁阁”等诸印记识之，往往满纸满幅。项氏以天籁阁名传后世，阁早已毁。故宫博物院的国宝唐李白“上阳台帖”，即经他当年收藏，并加盖“墨林项季子”藏印。项元汴精于鉴赏，辨别真赝，析及毫发，当时无人可比；又曾遴选能工巧匠制作各种器具，凡几榻架柜奁盒等，镌以铭识，都极精巧，如同秦汉之物。他的追随崇拜者，清有乾隆皇帝，今有众多世界一流博物馆。

现在的收藏品包罗万象，无奇不有，大到飞机、坦克，小到邮票、钻石，即使是无形无踪的气体和声音，现在也成了收藏品。不过自古以来，书画、玉器、瓷器、铜器和工艺品最为历代收藏家所重视，而年份越久远、品种最稀少、工艺最精美者最受收藏家珍爱。此外，民间艺术品、日常用物等渐渐地进入了收藏领域，如邮票、钱币、皮影、剪纸、奇石、连环画、票证、古代家具等等。

当代著名收藏家张伯驹对于收藏的理解在于：“予所收藏，不必终予身，为予有，但使永存吾土，世传有绪，则是予所愿也。”这与王羲之《兰亭集序》所言“欣于所遇，暂得于己”的心得有相通之处。收藏之举，心为物役，藏之何藏，藏之欲念也。一旦物散，心神恬释，坦然如易安居士者毕竟不多，“旧时天气旧时衣，只有情怀，不似旧家时”。故言：大藏家称过眼了经手了，即为收藏了。

第十四章　诗词传承

中国号称“诗国”，自古以来创作了大量优秀的诗词，如满天繁星般光芒闪耀。如今，诗词被视为上雅之作，似乎只有文化人才能吟诵与创作。其实，最早的诗歌恰恰来自最朴实的生活，远古时期的诗人来自民间，诗人就是平凡的百姓，诗歌所反映的内容正是百姓身边的自然景象与生活状况，识文断字者将大家喜欢的句子记录下来，经过传播，即有了最初的歌谣，也就是最早的诗歌。可以说，最初的诗人是芸芸众生中的你我他，而没有只会咬文嚼字的职业诗人这一群体。

苏轼曾评论说：“诗至于杜子美，文至韩退之，书至于颜鲁公，画至于吴道子，而古今之变天下之能事毕矣。”这句话是说，诗歌到了杜甫，散文到了韩愈，绘画到了吴道子，书法到了颜真卿，那么就到了古往今来能人的最高境界了。这与本书所论诗词、书法、绘画这三项雅道是一致的，因此雅道并非通俗文化，它低可至平民百姓的日常，高可达文化艺术的最高境界。

一、不学《诗》，无以言

最初的歌谣，诗词与歌谣一体，有诗便有歌，有谣便有词，歌与谣的区别则主要在于是否有音乐的伴奏，《康熙字典》记："曲合乐曰歌，徒歌曰谣。"歌谣的基本特点是朗朗上口，婉转起伏，通俗易懂，容易诵记。在历代的乡野僻壤、市井里巷流传的诗歌往往更贴近生活，更让人喜闻乐见，流传千年的四季歌、五更调、信天游、爬山歌、采茶歌、牧羊曲、花鼓调、龙船调、盘歌等，至今一脉相承，深受百姓喜爱。

《诗经》被称为中国诗歌的伟大源头。现在的人们再读《诗经》，它所带来的诗风以及人们对它的熟悉与喜爱程度，远远超出了诸多颂歌。《诗经》是中国第一部诗歌总集，最早的记录为西周初年，最迟产生的作品为春秋时期，前后长达五六百年。《诗经》达到的高度是后人难以想象的，其影响之大和品位之高也不是其他诗集所能撼动的。一部发于民间的文学作品，由诗入经，长期位居儒家五经之首，成为中国传统文化的重要代表，这种现象在世界文化史上极为罕见与独特。

卜商《诗序》云："《诗》有六义焉：一曰风，二曰赋，三曰比，四曰兴，五曰雅，六曰颂。""六义"后来成为中国诗学研究的重要内容，其中的"雅"与本书内容最为密切。《诗序》云："言天下之事，形四方之风，谓之雅。"雅又有小雅、大雅之分，《诗经》中包括《小雅》七十四篇，《大雅》三十一篇，共一百零五篇，合并亦称"二雅"。

《诗·大序》曰："雅者，正也，言王政之所由废兴也。政有小大，故有《小雅》焉，有《大雅》焉。"认为"雅"的字义为"正"，由"正"

联系到“政”，从“政”的小大来解释雅有小大之别。雅的内涵，其两千多年的发展过程是在不断变化与充实之中，从最初的乐、歌、舞为主体，也推展至更多广泛的内容，《诗经》本身也有许多歌咏花草、馨香、琴乐、绘画和诗文的内容。

孔子是儒家圣人，但酷爱诗，曾说自己“兴于《诗》，立于礼，成于乐”。这三项都可以归于雅道之内，孔子为此告诫儿子“不学《诗》，无以言”。儒家文化是中国传统文化的主流，儒家对诗的推崇大大促进了诗文化在中国的兴起与发展，使之几度达到创作高潮。周代甚至设有“采诗”的官吏，专门收集民间的好诗句，并让公卿列士“献诗”，以便“观风俗，知得失，自考正”。

战国时期，南方的楚国华夏族和百越族语言逐渐融合，其诗歌集《楚辞》突破了《诗经》的一些形式限制，体现出南方语言的特点。楚辞是楚国诗人屈原创作的一种新诗体，并且也是中国文学史上第一部浪漫主义诗歌总集，代表作有《离骚》《九章》《九歌》《天问》等。

汉代时乐府诗形成，乐府诗是为了配乐演唱的，相当于现代的歌词，称为“曲”“辞”“歌”“行”等。汉乐府是继《诗经》《楚辞》而起的一种新诗体，它开创了诗歌现实主义的新风。汉乐府民歌中女性题材作品占重要位置，它用通俗的语言构造贴近生活的作品，采用叙事写法，刻画人物细致入微，创造人物性格鲜明，故事情节较为完整，而且能突出思想内涵着重描绘典型细节，开拓叙事诗发展成熟的新阶段，是中国诗史五言诗体发展的一个重要阶段。三国时期以建安文学为代表的诗歌作品就吸收了乐府诗的营养，为后来的格律更严谨的近体诗奠定了基础。

汉魏以后，诗与歌逐渐分家，一部分诗可以入乐，或者专门为乐歌而作，而大部分的诗成为徒诗，即不为乐歌而诗，只用于吟诵，“凡有井水处，即能歌柳词”者愈来愈少。但是，从民间的歌谣与乐歌转向专门的诗词创作，出现了大批有名有姓的诗人，诗词创作的体裁也越来越丰富多彩，对诗词的合辙押韵等格律要求也越来越具体，使诗句自然流美、易诵易唱。从南朝沈约等人起，在诗文创作中开始讲求四声，逐渐要求平仄、对仗、押韵，诗体句式也日渐固定，并至唐而成熟，至宋而严密，直到在科举考试中出现僵化的现象，大有“戴着镣铐跳舞”的感觉。

在唐代之前，诗歌或诗文早已进入有教养的名士大户人家，许多人自小可以念诵诗句，长大后则亲自作诗吟唱。在陈郡谢氏家族中，共出现了十四位文学家，他们文韬武略，文章璀璨，留下了诸多优秀的诗文，他们的代表作主要有：

谢　尚：《大道曲》

谢　安：《兰亭诗二首》

谢　万：《兰亭诗》

谢道韫：《泰山吟》

谢　混：《诫族子诗》

谢　晦：《从宋公戏马台送孔令诗》

谢灵运：《登池上楼》

谢惠连：《雪赋》《秋怀诗》

谢　庄：《月赋》《喜雨诗》

谢世基：《伟哉横海鳞》

谢　朓：《晚登三山还望京邑》

谢　朏：《洞井赞》

谢　微：《济黄河应教诗》

谢　兰：《北兖州刺史萧楷德政碑》

青莲居士、诗仙李白就对雅道先人谢安十分敬仰，前后有十五首诗写到了谢安，热情赞扬他的才气和风度，在《永王东巡歌十一首》中，李白写道：

三川北虏乱如麻，四海南奔似永嘉。
但用东山谢安石，为君谈笑静胡沙。

三川指黄河、洛河、伊河，北虏指安禄山叛军，叛军到处烧杀抢掠，造成广大三川地区人烟断绝，千里萧条。历史惊人相似，李白想起晋怀帝永嘉五年（311）时，前汉刘聪的相国刘曜攻陷晋都洛阳，把百姓推入水深火热之中。这时的李白是多么希望谢安可以再世，依旧从容镇定，谈笑之间，边下棋边平定“胡沙”。

唐代诗僧皎然写有一本论诗专著《诗式》，甘生统先生在《皎然诗学渊源考论》一书中研究认为，从诗道观产生的历史看，皎然的诗学理论是与以诗教为核心的雅道联系在一起的。唐代诗人和文学评论家都以雅道为诗歌正统，以是否雅正端方之内容和教化社会之功能为依据，对历代诗歌做批判性评价，并以为诗歌史呈现着一代不如一代的发展态势。在这些论述中，诗道就与作为雅道内涵之一的“诗教”之间，有着不可分割之联系。

古时才子必会吟诗作词，与才子佳人中“佳人”一词相当的“千金”，最初是指出类拔萃的少年，竟然也是源自陈郡谢氏的后代。谢朏，是谢庄之子、谢弘微之孙，谢弘微又是谢万（谢安弟）的曾孙，推算起来应该是“谢安六代”。谢朏幼时聪慧，妙笔生花，十岁时就写出了名作《洞井赞》，得到梁武帝萧衍的赞赏。一次，谢朓随父亲谢庄出游，父亲让他写一篇游记，谢朓援笔即成，当时的宰相王景文就对谢庄说："令郎真是福童啊，将来一定会飞黄腾达。"谢庄听了很高兴，就拍着儿子的背说："你真是我们家的千金啊。""千金"一词自从夸谢朓之后，便开始用来指代出类拔萃的少年男子，到了元代之后，才把少女称为"千金"或"千金小姐"，有了才子佳人中女性"千金"的含义。元代张国宾杂剧《薛仁贵荣归故里》中有："你乃官宦人家的千金小姐，请自稳便。"这可以说是"千金"专指官宦人家的小姐的开始。

诗歌本来应当是相当接地气的，是连官宦人家的千金小姐都要学会的东西，不应该到了现代把诗歌仅仅当为"象牙之塔"里的供品来对待，让更多人学诗、写诗，正是现代雅道要倡导的重要方面。

二、一日不作诗，心源如废井

诗，是我们与万物相感、相知的表现与再现，能让人趋于高华，脱俗于世。古人作诗，如风遇水，自然成波，此为"诗心"。现代人由于疲于应付庸碌的日常，心同枯井，胸无清泉。唐代诗人贾岛有云："一日不作诗，心源如废井。"诗，让我们与众不同。

唐代是我国诗歌发展的全盛时期，是古典诗歌的黄金时代，清代编撰的《全唐诗》收录了诗歌四万八千九百多首，加上明人辑录的《全唐诗外编》，共五万余首，作者达二千六百多人，比西周至南北朝一千六百余年留下来的诗歌多近三倍；独具风格的著名诗人就有五六十位，这是中国历史上任何一个朝代都无法超越的成就。

唐诗形成了固定的分类，一是古体诗，也叫古风，是指模仿唐代以前的传统诗体，没有一定格律，篇幅可长可短，用韵平仄都比较自由，主要有五言古体和七言古体两种；二是近体诗，也叫今体诗（“今”指唐朝），即格律诗，在篇幅、用韵、平仄、对仗等方面都有严格的要求，基本上可分为两种：律诗和绝句，超过八句的律诗称作排律。

初唐时期的陈子昂（661—702），以恢复风雅传统为己任，推崇汉魏风骨，把唐诗的发展引入康庄大道。陈子昂落第后回故里金华山研读，“数年之间，经史百家，罔不赅览。尤善属文，雅有相如、子云之风骨”，为他后来革新文学奠定了坚实的基础。陈子昂提倡风雅之风，让诗的创作更贴近社会生活实际，使士大夫开始关注社会，关注百姓生活。

初唐时期已经诗人辈出，除了陈子昂，还有初唐四杰：王勃、杨炯、卢照邻、骆宾王，到了盛唐，诗仙李白和诗圣杜甫登上了浪漫主义与现实主人的顶峰。以王维和孟浩然为代表的山水田园派诗人和以高适、岑参为代表的边塞派诗人共同把唐诗推进到了鼎盛时期。中唐时期，韩孟诗派和元白诗派同进崛起，前者以韩愈、孟郊为代表，后者以贾岛、卢仝、李贺等为代表。晚唐虽然是唐诗的衰落和黄昏期，但也出现了像杜牧、温庭筠、李商隐、皮日休、郑谷等一批优秀的诗人。

读诗写诗，是唐代学子的必修课，正是在这样的氛围下，产生了一大批少年诗人。从历史文献中我们可以找到许多天才诗人在年少时留下的精彩诗篇。

鹅，鹅，鹅，曲项向天歌。
白毛浮绿水，红掌拨清波。

这是中国绝大多数儿童学习诗歌时接触到的第一首诗，它是初唐诗人骆宾王（约 619—687）7 岁时所作的《咏鹅》，他把自己的所见所闻用童真本色的语言提炼成了一首传颂千余年的名诗。

别路云初起，离亭叶正稀。
所嗟人异雁，不作一行归。

这首收录在《全唐诗》中的五言诗《送兄》，据说出自一位 7 岁女童。她将所见所感化为优美诗句，用极为简练与精彩的文字记述当时送别哥哥的心情。斯人已去，经典永恒。

离离原上草，一岁一枯荣。
野火烧不尽，春风吹又生。
远芳侵古道，晴翠接荒城。
又送王孙去，萋萋满别情。

《赋得古原草送别》传为白居易（772—846）16 岁时完成的作品。他五六岁就开始学作诗，9 岁已了解和掌握了声韵，在 16 岁时就留下“野火烧不尽，春风吹又生”这样的千古绝句。晚唐诗人郑谷（约 848—909）7 岁便“岳阳楼上敢题诗”。像这样的少年诗人，在唐代还有许许多多，丰富多彩的生活素材与严明和雅的传世家风造就了一批批伟大的诗人。

在唐代，留下了许多关于写诗的佳话，有师长提携的，也有好友改诗的，更有伯乐相助的。台州进士项斯读书吟诗长达三十年，一直不为人知，他带着自己的诗文前去拜谒文学家杨凌之子杨敬之。杨敬之非常欣赏项斯的才华，写下了一首《赠项斯》：“几度见诗诗总好，及观标格过于诗。平生不解藏人善，到处逢人说项斯。”并大力举荐。《赠项斯》一诗，因为这种难得的、可贵的诗情而广为流传，成为杨敬之最有名的诗作，并从这首诗中派生出一个成语——“逢人说项”，流传至今。项斯后来被列为唐代百家之一，其诗在《全唐诗》中就收录了一卷计八十八首。

杨敬之因喜欢提携后辈而享有伯乐之名，其选贤荐能、揄扬人善的实际行动，为后人树立了典范。杨敬之以文学名播当时，好与士类交接，韩愈、刘禹锡、柳宗元等比之为当代贾岛、马戴，李贺、项斯、濮阳愿皆为其忘年交。贾岛（779—843）素以“诗奴”称于后世，与马戴（799—869）经常以诗歌唱和和来往。马戴写给贾岛的诗歌共计六首，马戴的山水诗、边塞诗以清丽著称，贾马之交反映了当时诗人间一种志同道合的交往，伯乐杨敬之周围也形成了一个与诸多诗人往来交流的圈子。

写诗是唐代文人的日常，诗人与僧人的交往十分频繁，成语中的“一字之师”，就记录了这样的互动。当时，沩仰宗僧人齐己写了一首诗《早梅》：

万木冻欲折，孤根暖独回。
前村深雪里，昨夜数枝开。
风递幽香出，禽窥素艳来。
明年如应律，先发望春台。

他把诗拿给诗人郑谷看，没有想到郑谷看后对他说：“意境很好，情致也很高。但你写的是早梅，早梅就是最早开的梅花，数枝就是开了一片啦，如果把数枝改为一枝，就更能显出这梅花是早开的梅花。”齐己听后，向郑谷连忙作拜说：“改得好！你真是我的一字之师啊。”于是就有了“一字之诗”的典故。

对齐己和郑谷这两位诗人，许多人可能不太熟悉，其实他们的诗在唐代是有相当地位的。《全唐诗》中共收录了齐己诗作八百余首，数量仅次于白居易、杜甫、李白、元稹而居第五；收录了郑谷诗作三百二十五首，郑谷有“晚唐诗坛巨擘”之称。在《全唐诗》还收录许多其他诗僧的作品，其中著名的就有灵澈、皎然、齐己、贯休、寒山等人。

雅道各项存在着诸多的共通之处，而且互相之间可以促进。茶助诗兴，花开词兴就是最常见的现象。由上海文化出版社出版的《历代茶诗集成・唐代卷・宋金卷》共收集茶诗六千七十九首，其中唐代茶诗六百六十五首、宋代茶诗五千二百九十七首、金代茶诗一百十七首，三代茶诗作者共计一千一百五十八人。当唐代大诗人卢仝收到好友孟简寄来的新茶后，心情大好，连饮七碗，茶后即写了《走笔谢孟谏议寄新茶》一诗，凭着这一首千古名诗，就了有著名的“七碗茶歌”，卢仝也收获了“茶仙”这样一个雅号。茶人以茶入诗，诗人以茶论诗，于是在历史上留下了万余首“茶诗”。

五代徐衡撰《雅道机要》二卷，是一本专论诗格的著作，在这里徐衡把诗与雅道等同起来，认为作诗应“明六义：歌事曰风。布义曰赋。取类曰比。感物曰兴。正事曰雅。功成曰颂”。大雅题：天地、海岳、风雨、四时、日夜。大雅句，诗曰：“日月光天德，山河壮帝居。”小雅题：松、竹、鹤、僧、道、池亭、寺观。小雅句，诗曰：“斋归门掩雪，讲彻柏生枝。”在诗的世界里做了很好的意境描绘。

元代文学家辛文房编纂的十卷本《唐才子传》，所幸元刊十卷足本很早就已传入日本，得以完整保存。书中对中晚唐诗人事迹所记尤详，包括部分五代诗人，共收载了二百七十八位才子，以唐代重要诗人的生平和创作为基本架构。通过对他们生平事迹、诗文创作、作品流派等基本史料的逐条考证，起到了记录唐代诗人事迹资料库的作用。《唐才子传》书名“才子”，以是否擅长于诗为取舍标准，至于其人之德行、功业、身世等则一概不论。

三、一曲新词酒一杯，去年天气旧亭台

在唐诗之后，宋词又进入了一个新的高地，据唐圭璋编著的《全宋词》，共收录了宋代一千三百三十多位词人的近两万首词作。在唐代中期，由诗派生出新的体裁，这种体裁到了宋代最为发达，这就是词。由于词是由诗派生出来的，所以词又被称为“诗余”；另外，由于词的句子字数长短不一，古人也称其为“长短句”。

宋词是继唐诗之后的又一种文学体裁，分为婉约派和豪放派两大类。婉约派侧重儿女风情，结构深细缜密，重视音律谐婉，语言圆润，清新绮丽，具有一种柔婉之美，以李后主、柳永、周邦彦等词家为“词之正宗”。豪放派创作视野较为广阔，气象恢宏雄放，喜用诗文的手法和句法，语词宏博，不拘守音律，北宋黄庭坚、晁补之、贺铸等人都有这类风格的作品，辛弃疾更成为创作豪放词的一代巨擘。

婉约词的正式提出始于明朝张綖所著《诗余图谱》：“词体大略有一体婉约，一体豪放。婉约者欲其词调蕴藉，豪放者欲其气恢宏。”“诗余”之称，意为词比不上诗，不像诗那样“正大”，或

冠以小字，叫作“小词”。北宋宰相王安石，在闲暇时读另一宰相、著名词人晏殊词集时，看到晏所写就笑了起来说：“当宰相的人也可以写小词吗？”王安石的弟弟王安国在旁边说：“他也是偶然高兴了才写的，可是看他一生的事业，岂是这些词所能比拟的。”说明当时对词作有一种偏见，而实际上，词广受喜爱，不少宫廷大官，例如司马光、范仲淹等人都写有艳词。

晏殊是个神童，5 岁就能作诗，还未成年便已名满江南。江南安抚张知白很欣赏他，以神童的名义，把他推荐给了宋真宗。于是，14 岁的晏殊入殿参加考试，年纪虽小，但他毫不胆怯，提笔几下就答完交卷。宋真宗很是欣赏他的才思敏捷，打算破格让他成为进士。过了两天，再进行诗、赋、论的考试，晏殊看了一眼试题，很诚实地禀告主考官，“这些题我曾经做过了，请换一套别的题目。”有才有德，宋真宗赐予其同进士出身，担任秘书省正字。晏殊最著名的词都是在舞榭歌台、花前月下写出来的：“一曲新词酒一杯，去年天气旧亭台。夕阳西下几时回？无可奈何花落去，似曾相识燕归来。小园香径独徘徊。”“金风细细，叶叶梧桐坠。绿酒初尝人易醉，一枕小窗浓睡。紫薇朱槿花残，斜阳却照阑干。双燕欲归时节，银屏昨夜微寒。”

晏几道 18 岁时，父亲晏殊去世，家道中落，仕途也颇不顺，更受牵连入过牢房，形成了孤傲耿介的个性。好友黄庭坚总结他有“四痴”：“仕宦连蹇而不能一傍贵人之门，是一痴也；论文自有体，不肯一作新进士语，此又一痴也；费资千百万，家人寒饥，而面有孺子之色，此又一痴也；人百负之而不恨，己信人，终不疑其欺己，此又一痴也（《小山词序》）。”据《墨庄漫录》记载，晏几道藏书很多，每次搬移都很麻烦，老婆很厌烦，“简直就像叫花子把漆碗当宝贝一样！”对着不知心的老婆，晏几道只好苦笑，戏作一诗开解:“愿君同此器，珍重到霜毛。”在牢骚话中也不失风趣。

柳永从音乐体制上改变和发展了词的声腔体式，并在创作方向上改变了词的审美内涵和审美趣味，即变“雅”为“俗”。除反映市井世俗的内容外，在语言上也大胆地运用民间“浅近卑俗”（王灼《碧鸡漫志》）的语言，着意运用通俗化的语言表现世俗化的市民生活情调。如写对情人的中意和别后的后悔：“早知恁地难拚，悔不当时留住。其奈风流端正外，更别有，系人心处”;“堪恨还堪叹。当初不合轻分散。及至厌厌独自个，却眼穿肠断。”

在雅的一面，柳永表现出深厚的文学修养，如《满江红》:“归去来，一曲仲宣吟，从军乐”，用三国王粲登楼之典；《古倾杯》：“目极千里，闲倚危樯迥眺。动几许、伤春怀抱”，暗用屈原《招魂》诗意；《女冠子》中的“想端忧多暇，陈王是日，嫩苔生阁”则是化用南朝谢庄的《月赋》中“陈王初丧应刘，端忧多暇。绿苔生阁，芳尘凝榭”原句。柳词中不仅有雅词，且更多雅境，如《女冠子》：“银河浓淡，华星明灭，轻云时度。莎阶寂静无睹，幽蛩切切秋吟苦。疏篁一径，流萤几点，飞来又去”，是何等淡雅清幽的境界；《诉衷情近》中的“澄明远水生光，重叠暮山耸翠。遥认断桥幽径，隐隐渔村，向晚孤烟起”，又是何等淡远空明之境！

在宋末元初出现的《绝妙好词》，是一部“纯乎南宋之总集”的词学著作，其作者周密（1232—1298）也是一位出身于书香门第、雅道之家的作词高手，作品典雅浓丽、格律严谨。南宋灭亡后，周密隐居不仕，他工诗词、擅书画，早年曾随南宋音乐家、词学家杨缵学习，成为宋末三大词人之一、南宋末年雅词词派的领袖，在宋亡前他以风雅闲情、湖山胜景为主要题材，宋亡后则多咏国破家亡的伤痕与悲惋。周密著有小品笔记《武林旧事》《志雅堂杂钞》《浩然斋雅谈》等。周密还是一位著名的藏书家，自称家有三世积累，凡有书四万二千余卷及三代以来金石之刻一千五百余种，家藏图书极富。其父周晋积累的旧书就有四万卷，因此建有藏书楼“书种堂”“志雅堂”“浩然斋”等，编纂有《书种堂书目》《志雅堂书目》，可惜均已早佚。

宋词里的故事有许多，每一首词的背后都是一位作者的情感流露，良好的家教、幼时的刻苦、功名的争夺，都在为他们打下良好的文学底色；而生活的丰富、雅道的多彩、爱情的悲欢则为宋词的内涵注入无限的想象。那个时候的才子佳人，即便不会作词，也会吟唱，为诗词的传播和创新创造出极好的氛围。

四、直举胸情，独妙闻雅

元代与前代相比，在诗词创作方面处于低谷时期，但元代的诗文作家和作品的数量却相当多，而且出现了许多擅长诗文的少数民族作家。元代诗人鄙弃宋诗而专学唐诗的风气对明代诗歌有很大的影响，元初的诗文作家大多是由宋、金入元的，他们受江湖诗派和元好问的影响较深。元代中期，诗坛以宗唐为主导倾向，对于宋诗则多采取摒弃态度，努力学习唐人的浑融流丽、体式端雅的诗风。元代后期的诗人则大多学中晚唐秾丽奇诡之体。

在元代中期，社会逐渐稳定，民族矛盾有所缓和，诗歌创作重新活跃，诗坛上占主导地位的诗学观念是崇尚“雅正”。所谓“雅正”，一是诗风以温柔敦厚为皈依，二是题材以歌咏升平为主导。“雅正”的观念在当时得到许多诗人的认同，后代也有人把这看作是元代中期诗歌兴盛的标志，但诗词创作最流行的是歌功颂德、粉饰太平和赠答酬唱、题咏书画的题材，仅有少数诗人偶尔能突破这种风气。所谓“元诗四大家”，正是在这种风气孕育下的产物。“元诗四大家”是指虞集、杨载、范椁、揭傒斯四人，他们的诗歌典型地体现出当时流行的文学观念和风尚，所以备受时人称誉。

在元明两代，出现了一种新的体裁，叫曲，也称散曲。曲可以说是词的另一体，除了咏唱时的伴奏乐器不同外，在语言上更加接近口语，最突出的特点是可以加衬字，如张养浩的《闲居三首之一》:“昨朝杨柳依依，今朝雨雪霏霏，社燕秋鸿（忒）疾苦。（不是）浊醪有味，（怎）消磨（这）日月东西。”其中括号内的字就叫衬字。明代散曲总体上处于盛而不衰的状态，散曲作家作品众多，数量超过元代，但成就远不如元代。与曲调清新自然、语言浅俗活泼的元代散曲相比，明代散曲有脱离民间本色而文人化的趋向。

明代的诗歌创作相当繁荣，诗人或诗作的数量都超过元代，清代朱彝尊编选的明代诗歌总集《明诗综》有一百卷，录存明代诗人三千四百余人的作品；清代王昶编选的明词总集《明词综》十二卷，选录明代词人三百八十家。

明初诗人以模拟唐人唐诗为主，以求各抒心得，努力做到“隽旨名篇，自在流出”。在明永乐至天顺年间出现台阁体诗歌，因主要诗人杨士奇、杨荣、杨溥均为台阁重臣而得名，诗歌充溢着应制和颂圣之作，表面看来雍容华贵，实际内容极为贫乏。在成化至正德年间，茶陵诗派兴起，一些诗人重视民歌，认为“真诗乃在民间”（李梦阳《诗集自序》），并推崇汉魏、盛唐诗歌。在复古运动大盛之际，江南一批画家兼诗人，作诗不事雕饰，自由挥洒，不乏生趣盎然、才情烂漫的诗歌。

在明代嘉靖、隆庆年间，重现追求“雅正”之风的诗人，例如“直举胸情，独妙闻雅”的高叔嗣，“温雅丽密，有王孟之风”的薛蕙，“才高一时，婉丽多讽”的王廷陈等，之后一段时期诗必汉魏、盛唐的复古主义又统治了诗坛。万历、天启年间，李贽提出的童心说，为公安派、竟陵派的主张奠定了基础。公安派提出了“独抒性灵”的诗歌理论，认为“出自性灵者为真诗”，好诗就是“任性而发”“一一从自己胸中流出”（袁宏道《识张幼于箴铭后》）的结果。竟陵派欣赏“幽情单绪”“孤怀孤诣”“奇理别趣”之类的意境，更多地描写朦胧月色、淡淡雨丝、孤僻玄想和冷漠情怀，形成一种孤峭奇崛的诗风。

袁宏道研习禅宗，著有《西方合论》《德山谭麈》《金屑篇》《宗镜摄录》等佛教著作，同时也是中国历史上最具影响力的插花专著《瓶史》的作者。他的禅学与文学修为受到了其舅舅家的影响，袁宏道母亲龚氏之父，也就是他的外祖父龚大器于明嘉靖三十五年（1556）考中进士，授刑部主事，后任广西、江西、直隶藩臬及河南布政使等职，被人称为“龚佛”。袁宏道祖父袁大化与龚大器趣味相投，性情相似，结下深厚友谊，后来龚氏嫁到袁家，两家成了儿女亲家。

袁大化总以龚大器为榜样教导儿孙，要求他们刻苦读书，以求取功名、光宗耀祖，袁氏三兄弟不仅读书吟诗受到外公的影响，在个人性情与生活态度上也明显刻有他的烙印。袁宏道的二舅龚仲敏（字惟学，举人）在山东嘉祥、太原等地当过县令；三舅龚仲庆（字惟长，进士）官司至兵部郎中，学识渊博、品行刚正，并且爱好文学，他们对袁氏三兄弟的成长影响较大。当文学上的

“公安派”横空出世之时，人们大惑不解，说公安县地处偏远之地，怎么就冒出了三颗光耀夺目的星辰了呢？为此，兄长袁宗道在他的《送夹山母舅之任太原序》中有所回应：“盖谬疑开辟蓁芜自我兄弟，而不知点化熔铸，毕舅氏惟学先生之力也。”

明万历八年（1580），二舅龚惟学在县城创新了一个文社——阳春社，集中了当地一些颇有名气的举人、秀才，袁宗道、袁宏道都参与其中，他们时常聚会，饮酒为乐，吟诗作赋，自由洒脱，优哉游哉。袁宏道在每次雅集中都写下了一些诗文。阳春社在公安县存在了二十四年之久，龚惟学去太原后，16 岁的袁宏道一度继任社长一职。阳春社正是袁宏道文学结社的第一站，在这里他开始挣脱传统道学的约束，走上求“奇”和追求个性的性灵生涯。

明代陈眉公在《小窗幽记》中写出了明代文人的生活状态：“风阶拾叶，山上茶灶劳薪；月径聚花，素士吟坛绮席。”秋风吹过，拾起台阶上的落叶，可做山人隐士的煮茶柴薪；月光映照，集聚小径上的菊花，可做雅士吟诗的华丽席具。“结庐松林之间，闲云封户；徙倚青林之下，花瓣沾衣。芳草盈阶，茶烟几缕；春光满眼，黄鸟一声。此时可以诗，可以画，而正恐诗不尽言，画不尽意，而高人韵士，能以片言数语尽之者，则谓之诗可，谓之画可，则谓高人韵士之诗画亦无不可。”诗与画，已经被视为高人韵士的必备功课与本领要求。陈眉公在《小窗幽记》还写道：“才子安心草舍者，足登玉堂；佳人适意蓬门者，堪贮金屋。”意思是说，才子若安心于草堂而寒窗苦读，那么就会金榜题名，高居玉堂为官；佳人若顺心嫁给出自寒门的书生，那么就会苦尽甘来，金屋藏娇为妻。

明代中叶以后民歌十分繁荣，民间曲调广为流传，当时已经十分发达的印刷业更推动了民歌的流传和保存。著名通俗文学家冯梦龙编选的民歌专集《童痴一弄 • 挂枝儿》和《童痴二弄 • 山歌》很有特色，显示了明代民歌的主要成就。现存明代民歌总数有一千余首，多数作品以男女情爱为主题，具有浓郁的民间生活气息。如："不写情词不写诗，一方素帕寄心知。心知接了颠倒看，横也丝来竖也丝，这般心事有谁知？"（《山歌》卷十）

明代民歌的盛行对当时的文学创作产生了广泛而深远的影响，著名文人李梦阳、何景明、李贽、袁宏道、冯梦龙等都十分推崇民歌，并将民歌作为反对假道学、抒写真性情的手段。李梦阳在文学方面最为推崇民间歌谣，力主"真诗乃在民间"（《诗集自序》）。他的诗歌创作受到民歌的较大影响，他曾改写《童谣二首》，其《长歌行》等诗篇采用了民谣格调。袁宏道也积极向民歌学习，他的《江南子》等诗篇具有鲜明的民歌风味。

五、偷来梨蕊三分白，借得梅花一缕魂

清代诗人和流派众多，拟古主义和形式主义盛行，在技巧形式上不断追求创新，为诗歌的发展积累了一定的艺术经验。清初诗坛主流是"遗民诗"，即具有反清思想的明朝"遗民"诗人，他们写了不少表现民族大义、闪耀战斗光芒的诗篇。"江左三大家"钱谦益、吴伟业、龚鼎孳中钱谦益声名和影响都较大，他兼取唐诗及宋、金诸名家之长，才藻富赡，显露能够挽诗坛衰势的气概。

康熙、雍正两朝时一流诗人王士祯作诗提倡"神韵"，是清代"神韵派"的领袖，左右诗坛数十年。他擅长的七言近体诗，涵情绵邈而出以纡徐闲暇，善于融情入景，神韵悠然。他主要崇尚的是王维、韦应物一派的"唐音"，在艺术上有新的特色；内容多属模

山范水、吊古抒情之类。这时期堪与王士祯并称为第一流诗人的应推查慎行。查氏是清代学宋诗派成就最大的人，诗受苏轼、陆游的影响最深，用笔劲炼，运思刻入，不流于滑易。他讲究音节色泽，又兼得唐诗的好处。赵翼《瓯北诗话》说："故梅村后，欲举一家列唐、宋诸公之后者，实难其人。唯查初白才气开展，工力纯熟，鄙意欲以继诸贤之后。"《瓯北诗话》于唐代只论列李白、杜甫、韩愈、白居易四家，于宋以后只论列苏轼、陆游、元好问、高启四家，于清代只论列吴伟业、查慎行两家，由此可以略见吴伟业、查慎行两家诗的历史地位。

在雍正和乾隆初年的厉鹗，著有《宋诗纪事》，搜罗广博，对宋诗钻研颇深，所作诗幽峭妍秀，工于炼字，五古尤胜，在学宋诗派中能够别开生面，号为"浙派"领袖。袁枚、赵翼和蒋士铨合称"乾隆三大家"，袁枚的思想比较通达，论事论情，务求平恕，敢于菲薄崇古、泥古的观念，冲击沈德潜一派所宣扬的传统"诗教"。他作诗反对模拟，提倡自写"性灵"，作品从内容到形式都有新鲜之处。赵翼也是学识博通、重视创新的人，他的五言古诗，说理诙谐，评论世事，常有精辟而进步的见解，很有特色。蒋士铨诗骨力的坚苍胜于袁、赵，但创新不如。袁、赵两人，是清代"性灵派"诗的代表人物，张问陶、袁枚和赵翼则并称乾嘉"性灵派三大家"。

清诗总集，主要有沈德潜的《清诗别裁集》、王昶的《湖海诗传》和徐世昌的《晚晴簃诗汇》，收录作家作品较多。沈德潜（1673—1769）是乾隆年间影响较大的诗人，字确士，号归愚，苏州人，主张写古诗要以汉魏为准，写近体诗要以唐诗为准。他倡导"格调说"，即诗的内容要"温柔敦厚"，作诗要讲求格律、声调。他在朝做官时和乾隆皇帝关系密切，是诗友，退休后，乾隆路过苏州时还召见过他。沈德潜曾编选过《古诗源》《唐诗别裁》等几部书，直到21世纪仍在印行。

清代对读书、藏书、著书都有明显的整体概念，张潮说："对渊博友如读异书，对风雅友如读名人诗文，对谨饬友如读圣贤经传，对滑稽友如阅传奇小说。"四类朋友，与名人诗文相配的正是风度高雅的朋友，也就是说，在所有文字中只有诗是最能体现风雅的。他还指出："斗方止三种可存。佳诗文一也，新题目二也，精款式三也。"是说，一尺见方的册页书画只有三种情况有保存价值和可能：一是要有好的诗词文章，二是要有新颖的题材，三是要有精美的落款和式样，他是把好诗文作为书画留在的第一要务了。

张潮撰有《幽梦影》，朱锡绶在《幽梦续影》中说："花底填词，香边制曲，醉后作草，狂来放歌，是谓遣笔四称。"即起笔有四种用法：在花草下填写辞章，在香烛旁制作曲子，在醉酒后书写草书，在狂劲时放声歌唱。四句话中包括了八雅中的五雅：花、香、琴、书、诗。在美好的大自然中，作诗填词的灵感会随着花木的荣枯而起伏，正如朱锡绶在《幽梦续影》中说："村树宜诗，山树宜画，园树宜词。"

才子佳人的概念在清代得到了强化，张潮在《幽梦影》中说："才子而宝贵，定从福慧双修而来。""福慧双修"这一词却是从佛教中来的。他又说："十岁为神童，二十三十为才子，四十五十为名臣，六十为神仙，可谓全人矣。"能够符合他要求的，东晋的谢安便是，难怪众多雅士名臣为之倾慕不已。"才子遇才子，每有怜才之心；美人遇美人，必无惜美之意。我愿来世托生为绝代佳人，一反其局而后快。"对美人评说，在《幽梦影》中张潮指出："所谓美人者，以花为貌，以鸟为声，以月为神，以柳为态，以玉为骨，以冰雪为肤，以秋水为姿，以诗词为心，吾无间然矣。”以诗词为心，强调的正是才貌俱全的人才算是真正的美人。诗词在这里担当了特别重要的角色，它们是才气的明显特征。

一部《红楼梦》，展现的几乎全都是才子佳人的才艺，作者曹雪芹根据书中不同的人物形象创作出了近百首不同风格的诗词。在第四十八回“滥情人情误思游艺，慕雅女雅集苦吟诗”里，有一段写林黛玉教香菱读诗写诗的场景：

香菱道：“我只爱陆放翁的‘重帘不卷留香久，古砚微凹聚墨多’，说的真切有趣。”黛玉道：“断不可看这样的诗。你们因不知诗，所以见了这浅近的就爱，一入了这个格局，再学不出来的。你只听我说，你若真心要学，我这里有《王摩诘全集》，你且把他的五言律一百首细心揣摩透熟了，然后再读一百二十首老杜的七言律，次之再李青莲的七言绝句读一二百首。肚子里先有了这三个人做了底子，然后再把陶渊明、应、刘、谢、阮、庾、鲍等人的一看，你又是这样一个极聪明伶俐的人，不用一年工夫，不愁不是诗翁了。”

在《红楼梦》里共有三首《咏白海棠》，其中一首写道：

半卷湘帘半掩门，碾冰为土玉为盆。
偷来梨蕊三分白，借得梅花一缕魂。
月窟仙人缝缟袂，秋闺怨女拭啼痕。
娇羞默默同谁诉，倦倚西风夜已昏。

这首诗是写“秋闺怨女”林黛玉为父服丧，身穿白色孝服，虚实结合，既描绘了白海棠哀愁的形象，也反衬出黛玉除尘绝艳的哀愁个性。上半首实际上是写插花的过程，在一个半卷湘帘半掩门的空间里，碾冰为土玉为盆，并用偷来的梨蕊和借来的梅花，插作出一盆有魂有愁感的插花作品来。下半首描写了黛玉才高命薄，似乎不食人间烟火，成为林黛玉自身的个性特征。类似的诗在《红楼梦》中还有不少，可以从中窥见清代富贵人家中才子佳人的雅道日常。《红楼梦》金陵十二钗之一的妙玉喝茶“三杯论”，出自第四十一回“栊翠庵茶品梅花雪”，妙玉以杯数来区分喝茶的雅俗，“一杯为品，二杯是解渴的蠢物，三杯便是饮牛饮骡了”。意为浅尝最为甘美，也最为持久，过度反而乏味，正所谓：过犹不及。

如今，人们对古诗文的接触机会较少，对汉语章节与韵律的美感也越来越陌生，由敬畏神秘而生畏惧之心。由此，对诗词创作产生两个极端：或放弃学习与创作，觉得这是难于上青天的事情，只属于少部分文人雅士；或故意歪曲和打破格律要求，只作打油诗、老干体，把能够凑足二十字或三十八字的，就称为五绝或七律。

诗词学习，定自唐宋开始，如同书法，必从钟王学起。

参考文献

[1] 丛艳姿 . 芝兰玉树生庭阶——谢安与谢氏家风 [M]. 郑州：大象出版社 . 2016

[2] 刘雅茹 . 真名士，自风流：谢安这个人 [M]. 天津：天津教育出版社 . 2008

[3] 姜正成 . 江左风流谢安 [M]. 北京：海潮出版社 . 2014

[4] [明] 陈眉公 . 小窗幽记 [M]. 郑州：中州古籍出版社 . 2008

[5] [清] 张潮 . 幽梦影 [M]. 郑州：中州古籍出版社 . 2008

[6] [宋] 赵佶原著，沈冬梅，李涓 . 大观茶论（外二种）[M]. 北京：中华书局 . 2013

[7] [明] 朱权，田艺蘅原著，黄明哲，吴浩 . 茶谱　煮泉小品 [M]. 北京：中华书局 . 2012

[8] [元] 至柔编，寇丹，朱敏点校 . 霞幕北飞　石屋普愚语录诗文集 [M]. 北京：中国文学艺术出版社 . 2016

[9] 姚子芳 . 妙西文踪：妙西历代诗文集 [M]. 北京：中国文学艺术出版 . 2016

[10] 梁荣章 . 无我茶会　茶道艺术家的茶会作品 [C]. 北京：北京时代华文书局 . 2016

[11] 鲍志成 . 径山茶宴 [M]. 杭州：浙江摄影出版社 . 2016

[12] 潘向黎 . 茶可道 [M]. 北京：生活 • 读书 • 新知三联书店 . 2011

[13] 李文杰 . 茶与道 [M]. 上海：上海文化出版社 . 2014

[14] 马莉编 . 茶与佛 [M]. 上海：上海文化出版社 . 2014

[15] 方雯岚 . 茶与儒 [M]. 上海：上海文化出版社 . 2014

[16] 纯道 . 禅艺茶道 [M]. 上海：上海文汇出版社 . 2017

[17] 纯道．日本茶挂 [M]．上海：上海文汇出版社．2018

[18] 叶灵之著．性灵山月：袁宏道传 [M]．北京：作家出版社．2018

[19] 顾炎武，黄汝成．陶庵梦忆 [M]．武汉：长江文艺出版社．2015

[20] 袁宏道著，刘琦注．袁中郎随笔 [M]．北京：中华工商联合出版社．2016

[21] 王闰吉，袁宏道．珊瑚林金屑编校释 [M]．北京：中国社会科学出版社．2017

[22] 孙虹，谭学纯．袁宏道散文评注 [M]．上海:上海古籍出版社．2016

[23] 曾经鑫．晚明风骨袁宏道传 [M]．西安：陕西人民出版社．2012

[24] 黄永川．瓶史 • 瓶花谱 [M]．济南：山东画报出版社．2015

[25] 李霞编．瓶花谱 • 瓶史 [M]．南京：江苏凤凰文化出版社．2016

[26] 张文浩，孙华娟．瓶花谱 • 瓶史 [M]．北京：中华书局，2012

[27] 黄永川．中国插花史研究 [M]．杭州：西泠印社出版社．2015

[28] 王莲英，秦魁杰．中国传统插花艺术 [M]．北京：中国林业出版社．2000

[29] 张梅雅．佛教香品与香器全书 [M]．台北：台湾商周出版．2010

[30] 全佛编辑部．佛教的香与香器 [M]．北京：中国社会科学出版社．2003

[31] 叶岚．闻香 [M]．济南：山东画报出版社．2011

[32] [明] 项穆原著，李永忠．书法雅言 [M]．北京：中华书局．2010

[33] 周小儒，张扬．中国历代僧侣书法 [M]．济南：山东画报出版社．2011

[34] 陈振濂．历代书法欣赏 [M]．台北：台湾蕙风堂印．1991

[35] 王蓓蓓．笔歌墨舞属二王——王羲之王献之 [M]．北京：中华工商联合出版社．2015

[36] 孙晓云．书法有法 [M]．南京：江苏美术出版社．2010

[37] 蒋勋．汉字书法之美 [M]．南宁：广西师范大学出版社．2009

[38] 陈廷祐．中国书法 [M]．北京：五洲传播出版社．2003

[39] 王志军，陈虎编．一本就通中国书法 [M]．台北：台北联经出版公司．2013

[40] 薄松年．中国绘画史 [M]．上海：上海人民美术出版社．2013

[41] 潘天寿．中国绘画史 [M]．郑州：河南人民出版社．2017

[42] 陈鹏举．收藏历史 [M]．上海：上海书店出版社．1998

[43] 诗经 [M]．郑州：中州古籍出版社．2007

[44] 贾晋华．皎然年谱 [M]．厦门：厦门大学出版社．1992

[45] 陈云琴．一代诗僧皎然 [M]．北京：昆仑出版社．2005

[46] 李绍文．中国山水诗开山鼻祖谢灵运 [M]．北京：中国社会出版社．2006

[47] 林文月．谢灵运 [M]．北京：生活·读书·新知三联出版社．2014

[48] 钱婉约．国学要义精讲读 [C]．上海：上海三联书店．2020